21 世纪高职高专财经类
21SHIJI GAOZHIGAOZHUAN CAIJINGLEI GU

生产运作管理

（微课版）

Shengchan
yunzuo guanli

王肇英 ◎ 主编
周媛 童憬 周晶晶 ◎ 副主编

21SHIJI GAOZHIGAOZHUAN CAIJINGLEI GUIHUA JIAOCAI

人民邮电出版社
北 京

图书在版编目（CIP）数据

生产运作管理：微课版 / 王肇英主编. -- 北京：
人民邮电出版社，2018.1（2021.12重印）
21世纪高职高专财经类规划教材
ISBN 978-7-115-46701-0

Ⅰ. ①生… Ⅱ. ①王… Ⅲ. ①企业管理－生产管理－
高等职业教育－教材 Ⅳ. ①F273

中国版本图书馆CIP数据核字(2017)第195751号

内 容 提 要

本书突出案例分析和讲解，内容涵盖了生产运作管理一线岗位的基本知识和技能。

全书共有八个项目，分别是认识生产运作系统、编制综合生产计划和主生产计划、编制作业计划与作业排序、物料需求管理与控制、工作设计与工作研究、工艺选择与设备管理、生产控制、生产现场管理。

本书提供电子课件、电子教案、技能训练答案、课后练习答案、单元小测验答案、教学动画、模拟试卷等。索取方式参见"更新勘误表和配套资料索取示意图"。

本书可以作为高职工商企业管理、机电、数控等专业的教学用书，也可以作为企业生产一线管理人员的培训用书。

◆ 主　　编　王肇英
　　副主编　周　媛　童　憬　周晶晶
　　责任编辑　万国清
　　责任印制　焦志炜
◆ 人民邮电出版社出版发行　　北京市丰台区成寿寺路 11 号
　　邮编　100164　　电子邮件　315@ptpress.com.cn
　　网址　http://www.ptpress.com.cn
　　北京虎彩文化传播有限公司印刷
◆ 开本：787×1092　1/16
　　印张：14.5　　　　　　　2018 年 1 月第 1 版
　　字数：362 千字　　　　　2021 年 12 月北京第 7 次印刷

定价：42.00 元
读者服务热线：(010)81055256　印装质量热线：(010)81055316
反盗版热线：(010)81055315
广告经营许可证：京东市监广登字 20170147 号

前　言

生产运作管理是管理类专业的传统核心主干课程，同时机电、数控等专业也常开设本课程。本课程兼具理论性与实践性，所学内容是制造类企业生产管理岗位和技术岗位、服务类企业运作管理岗位的必备知识与技能。

对于没有生产实践经验的在校学生来说，因为缺乏感性认识、涉及知识面宽，学习本课程会遇到许多困难。为解决这一难题，本书做了以下尝试，希望对使用本书的教师和同学有所帮助。

（1）突出内容的实用性。突出实用性、突出技能学习，根据生产运作管理相关岗位必备知识和技能确定本书内容；案例的选取以实例为主，按照生产运作管理的工作内容类别设计学习项目和学习任务。

（2）以动画、视频等形式展示生产运作工作场景及工作内容。扫描重要知识点的二维码可观看动画演示、工作场景视频、案例实例等，更直观、更具体地向读者展示生产运作工作场景及工作内容。

（3）以案例主导理论学习。针对高等职业技术教育学生的学习特点讲解理论知识，尽量避免概括性、抽象化的描述，主要通过案例分析和解答将理论内容具体化，以使读者易于理解。

（4）突出"做什么，怎么做"。教材中设计的每一个任务既是学习的内容，也是生产运作管理工作中的一项具体管理工作内容。每个任务都针对本任务中学习的知识和技能设计了一个案例，读者通过案例可知道完成这个任务要做什么工作，案例的分析和解答告诉读者这项工作应该怎样做。

（5）突出"看我做，跟着做，自己做"。在一些重点理论和方法知识中设计了小练习，小练习的解答让学生看我是怎样做的，即"看我做"，通过小练习的解答让学生理解理论知识和学会应用方法；在学习完必备知识之后，运用所学的知识与教师一起完成综合案例（情境）解答，即"跟着做"；同时根据本任务的技能要求设计一个技能训练，推荐由学生独立完成，即"自己做"。

（6）充足的课后练习。充足的练习是读者牢固掌握所学知识和技能的必要手段，课后练习题能满足一般学习需求。如课时多或读者学有余力，可扫描"单元小测试"二维码，获得更多练习题目，授课教师可据此布置更多练习。

以上几个尝试希望能对本课程的教学和学习起到帮助作用，但我们知道，本书仍有很多需要完善之处，希望能听到诸位同行和同学们的意见及建议，我们将不断完善本书，让本课程变成易学、有用的课程，好对读者未来职业生涯有所帮助。

本书提供电子课件、电子教案、技能训练答案、课后练习答案、单元小测验答案、教学动画、模拟试卷等，索取方式参见"更新勘误表和配套资料索取说明"。

本书由佛山职业技术学院王肇英任主编，周媛、童憬、周晶晶任副主编。全书由王肇英统稿、修改。

本书在编写过程中，参考借鉴了国内外一些教材、著作、案例资料，得到了有关企业的热情支持，在此向有关作者及有关支持者一并表示感谢。

编　者

2017 年 5 月

前　言

　　生产运作管理是管理类专业的传统核心主干课程，同时机电、数控等专业也常开设本课程。本课程兼具理论性与实践性，所学内容是制造类企业生产管理岗位和技术岗位、服务类企业运作管理岗位的必备知识与技能。

　　对于没有生产实践经验的在校学生来说，因为缺乏感性认识、涉及知识面宽，学习本课程会遇到许多困难。为解决这一难题，本书做了以下尝试，希望对使用本书的教师和同学有所帮助。

　　（1）突出内容的实用性。突出实用性、突出技能学习，根据生产运作管理相关岗位必备知识和技能确定本书内容；案例的选取以实例为主，按照生产运作管理的工作内容类别设计学习项目和学习任务。

　　（2）以动画、视频等形式展示生产运作工作场景及工作内容。扫描重要知识点的二维码可观看动画演示、工作场景视频、案例实例等，更直观、更具体地向读者展示生产运作工作场景及工作内容。

　　（3）以案例主导理论学习。针对高等职业技术教育学生的学习特点讲解理论知识，尽量避免概括性、抽象化的描述，主要通过案例分析和解答将理论内容具体化，以使读者易于理解。

　　（4）突出"做什么，怎么做"。教材中设计的每一个任务既是学习的内容，也是生产运作管理工作中的一项具体管理工作内容。每个任务都针对本任务中学习的知识和技能设计了一个案例，读者通过案例可知道完成这个任务要做什么工作，案例的分析和解答告诉读者这项工作应该怎样做。

　　（5）突出"看我做，跟着做，自己做"。在一些重点理论和方法知识中设计了小练习，小练习的解答让学生看我是怎样做的，即"看我做"，通过小练习的解答让学生理解理论知识和学会应用方法；在学习完必备知识之后，运用所学的知识与教师一起完成综合案例（情境）解答，即"跟着做"；同时根据本任务的技能要求设计一个技能训练，推荐由学生独立完成，即"自己做"。

　　（6）充足的课后练习。充足的练习是读者牢固掌握所学知识和技能的必要手段，课后练习题能满足一般学习需求。如课时多或读者学有余力，可扫描"单元小测试"二维码，获得更多练习题目，授课教师可据此布置更多练习。

　　以上几个尝试希望能对本课程的教学和学习起到帮助作用，但我们知道，本书仍有很多需要完善之处，希望能听到诸位同行和同学们的意见及建议，我们将不断完善本书，让本课程变成易学、有用的课程，好对读者未来职业生涯有所帮助。

本书提供电子课件、电子教案、技能训练答案、课后练习答案、单元小测验答案、教学动画、模拟试卷等，索取方式参见"更新勘误表和配套资料索取说明"。

本书由佛山职业技术学院王肇英任主编，周媛、童憬、周晶晶任副主编。全书由王肇英统稿、修改。

本书在编写过程中，参考借鉴了国内外一些教材、著作、案例资料，得到了有关企业的热情支持，在此向有关作者及有关支持者一并表示感谢。

编　者

2017 年 5 月

目　录

目　录

项目一
认识生产运作系统

【引言】

工厂拥有厂房、设备、人员、技术等资源，利用这些资源将原材料转化成客户需要的产品和服务，并最终将产品交付到客户手中或为客户提供服务。这个过程就组成了生产运作系统，对生产运作系统的管理就是生产运作管理。本项目通过了解生产运作管理流程、生产运作过程、生产过程的组织、生产设施的布置、生产运作能力的核算等内容，初步认识生产运作系统。

认识生产运作系统的基本内容如图1.1所示。

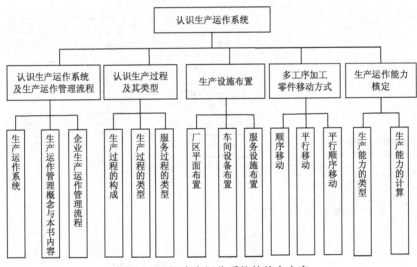

图 1.1　认识生产运作系统的基本内容

【学习目标】

【知识目标】

1. 掌握生产运作管理的基本含义；
2. 了解企业生产运作管理的基本流程；
3. 掌握生产与运作的分类与特点；
4. 掌握企业生产服务设施布置的基本方法；
5. 掌握企业生产过程时间组织的方法；
6. 掌握生产能力的计算方法。

【能力目标】

1. 能够根据生产运作管理流程图了解企业的生产运作特点；
2. 能够根据企业生产与服务类型，判断生产与服务的特点；
3. 能够根据设施布置的方式判断设施布置的合理性；
4. 能够运用生产能力的计算对工序能力进行生产平衡。

任务一 认识生产运作系统及生产运作管理流程

　　生产运作过程就是通过投入各种资源经过转换产出产品的过程。生产运作过程的有机结合组成了生产系统。我们不仅要了解企业生产运作过程的一般规律，还要了解特定企业独有的生产运作管理流程，因为企业运用生产运作管理流程，来组织、运用、管理生产资源，并进行生产。生产运作管理流程规定了生产活动过程中必须进行的工作和各项工作之间的关系，我们熟悉了企业生产运作管理流程，也就熟悉了这户企业生产运作活动的管理过程和管理特点。

【导入案例】

　　【情境1.1】某企业是一户小家电制造企业，生产运作管理流程如图1.2所示。请根据生产运作管理流程图，描述该企业的生产运作管理活动过程。

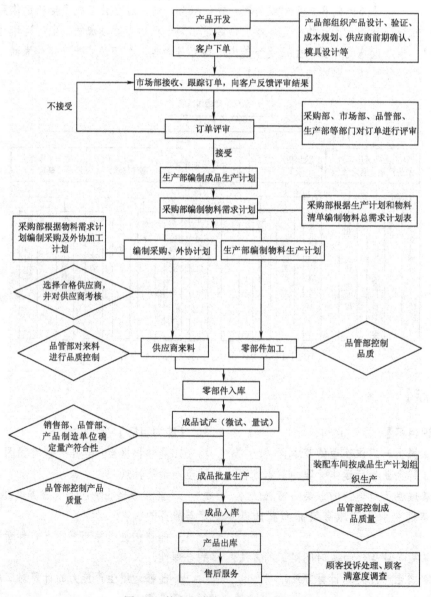

图1.2 某企业生产运作管理流程图

【**案例分析**】在图 1.2 企业生产运作管理流程中，不仅包括完成总体任务目标需要进行的各项活动，还包括这些活动之间的关系。这些活动是连续的、有顺序和相互联系的，每项活动都有开展的条件，都有活动的最终结果。流程还体现这些活动由谁负责，即单位和部门管理责任。

在进行描述时要注意以下几点：①管理活动从哪里开始，开始的条件；②每项活动的具体内容，活动间的顺序、关系及进行下去的条件；③关键活动由谁负责把关；④活动描述要完整。

一、生产运作系统

企业投入人力、设备、物料、技术、信息、能源、土地等资源，经过生产转换，制造类企业出产诸如家电、洗涤用品、家具、食品、机器等物质产品，服务类企业提供技术服务、运输服务、金融服务等服务产品，我们把利用资源经过转换提供产品和服务的过程看成是一个有输入和输出的系统，这个系统就是**生产运作系统**，如图 1.3 所示。一方面，在生产或运作阶段消耗各种资源形成产品；另一方面，要对转化活动进行管理，即通过计划、组织、领导、控制等一系列的活动，使物质资源转化及服务过程得以实现。

生产运作系统动画演示

有形产品的转换过程称为生产过程，无形产品的转换过程称为服务过程，也称为运作过程。上述两种情况合称为生产运作。

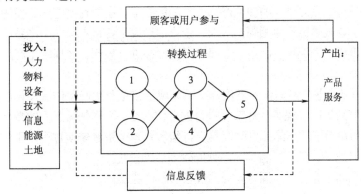

图 1.3 生产运作系统模型

表面上看，有形产品生产过程和无形产品的服务过程没有什么共同之处，但从生产运作系统模型来看，它们具有共性，都遵循"投入——转化——产出"这样的基本过程规律。从表 1.1 中也可以看出不同类型企业生产与运作过程的共同规律性特点。

表 1.1　不同类型企业生产运作过程举例

企业类型	主要输入	转化过程构成	主要输出
制造企业	土地、设备、劳动力、原材料、能源、动力、时间、信息	制造技术：设备、工具、工装、工艺 制造规模：能力安排、加工深度、任务安排、协调、物资物流控制、质量检验保证、人员作业规定与培训	产品及售后服务
零售企业	土地、房屋、劳动力、货物、能源、动力、时间、资金、信息	商业技术：货架布置、营销及作业规范 设施：运输、仓储 商品规模：服务深度、工作时间安排、货物与服务质量控制、员工素质培养、激励、选点与布局策略	商品与服务；使用指导宣传；选择咨询、导购
咨询企业	人员、时间、资金、信息、能源、设备	咨询技术：理论、方法、技巧 服务内容：规模、进度、效果控制、咨询人员培训	咨询意见、方案、战略、改进措施

二、生产运作管理概念与本书内容

简单地说，**生产运作管理**就是对产品生产过程和服务过程管理工作的总称。目前对生产运作管理的内容持有不同观点，本书重点学习以下内容。

为什么要学习本课程？如何学好本课程？学习中遇到问题怎样解决？扫描二维码可查看本书作者的意见。

（1）生产系统安排，是实现生产运作经营目标的手段。这部分内容包括确定生产过程的类型，服务过程的类型，生产设备布置，服务设施布置，生产时间组织，确定生产运作能力等。

（2）生产运作计划安排，指生产运作管理工作中的各种计划。这部分内容包括生产综合计划，主生产计划，作业计划，作业排序，物料需求计划等。

（3）生产管理与控制，指生产运作过程中各项管理与控制活动。这部分内容包括库存控制与管理，劳动消耗管理，物资消耗管理，生产现场管理，设备管理，生产工艺管理，工作设计，质量控制，成本控制，生产进度控制等。

三、企业生产运作管理流程

虽然把企业生产运作过程概括地描述为投入各种资源经过转换提供产品的过程，但是企业生产的产品类型、品种千差万别，即使生产同类产品的企业，所面对的客户，使用的设备、工艺方法、生产技术、企业规模也不尽相同。所以，企业都形成了各自不同的生产系统，运用各自不同的**生产运作管理流程**，来组织、运用、管理生产资源并进行生产，来规定生产活动过程中必须进行的工作任务。

图 1.2 描述了某企业生产运作管理流程。它体现了该企业生产运作过程管理的具体安排。它系统化地规定了产品生产过程各个环节要进行的工作，每项工作任务之间的顺序关系，每项工作的责任者。流程图说明了从产品开发到产品交付给客户整个资源转换过程的工作任务，在这个过程中包括计划、组织、领导、控制等一系列的管理活动过程。

生产同类产品的企业，可能拥有同样的设备、同样的规模，但它们的生产运作管理流程可能不同。即使有相同生产运作规律的企业，生产同类产品，也可能有不同的生产运作管理流程，也就是生产转换过程中的生产运作管理方式不同，体现出企业生产管理活动的独有特点。因此，特定的企业有特定的生产运作管理流程。

【导入案例解析】

根据【情境 1.1】资料，该企业生产运作管理流程描述如下：

（1）产品部组织产品开发设计、产品验证，负责模具、设备、成本规划等，并确认供应商的供应；

（2）接到客户订单时，由市场部跟踪客户订单；

（3）接到订单时先由采购部、市场部、品管部、生产部等进行订单评审，评审结果通知市场部，由市场部向客户及时反馈订单评审结果，对评审不通过的事项进行协商；

（4）订单通过评审由生产部编制产品生产计划；

（5）采购部根据生产计划和物料清单编制物料总需求计划；

（6）采购部根据物料需求计划编制物资采购计划和外协加工计划，采购过程中要对供应商进行选择，并进行考核，生产部根据物料需求计划编制自制的物料生产计划；

（7）供应商来料的质量由品管部进行控制，自制零件也由品管部控制，零部件合格后入库；

（8）生产物料备齐后，进行试产，由销售部、品管部、生产制造单位确定产品的量产的符合性；

（9）具备生产符合性后，由装配车间按照生产计划组织生产，品管部负责控制生产过程产品质量；

（10）完工的成品由品管部负责质量把关入库；

（11）根据订单要求出库，交付产品；

（12）由售后服务接收顾客的反馈意见，处理投诉问题。

【技能训练】

根据【情境 1.1】所述，列出生产运作管理的内容范围。

【要点总结】

生产运作管理就是对生产运作过程的管理，或者说是对生产系统的管理。生产运作管理流程是生产运作管理的一种具体化形式。通过流程化管理，生产出客户满意的产品，达到满足客户需求的目的。

任务二 认识生产过程及其类型

生产过程与生产组织方式密切相关，与设备布置方式密切相关，与生产单位设置也密切相关。生产过程有差异性也有规律性，生产运作类型相同的企业具有相同的规律性特点，我们要掌握不同类型生产过程的特点，以利于指导我们选择生产组织形式、生产技术手段和生产管理方法。

【导入案例】

【情境 1.2】某电动玩具厂专业生产各类电动玩具枪产品，公司设有成品、冲压、注塑、模具等车间和电机分厂。其中成品车间负责成品组装，模具车间负责模具开发生产，电机分厂专业生产两个型号的微型电机，电机除了满足自己需求之外，还向市场出售。请从生产任务重复程度和工作的专业化程度的角度，分析成品车间、模具车间和电机分厂的生产运作特点。

【案例分析】成品车间、模具车间和电机分厂同属一个厂，但是三个单位生产过程规律不同。

（1）对于成品车间来说，车间是根据客户的订单或者市场预测来生产的。客户对产品的规格型号需求不尽相同，需求数量也不尽相同，所以，该车间根据市场预测和客户的要求，按批次生产；当再有同类需求，库存不能满足时，安排下一批次的生产，每次生产都形成一定的批量。

（2）模具车间根据成品生产需求，开发、设计生产配套模具。模具的生产量是单件或者少数几件。当向市场推出新的产品时，模具也要更新。

（3）电机分厂只生产两个型号的微型电机，它是电动玩具的一个通用零件，并向外出售，产品品种变化小，产量非常大，生产过程变化很小。

显然，三个生产部门生产过程类型不一样，其特点也不一样。

一、生产过程的构成

对于制造企业来讲，**生产过程**是指从原材料投入开始，经过加工产出成品的全部过程。

（一）生产过程划分

按承担任务性质划分，生产过程分为以下几个部分。

1．生产技术准备过程

生产技术准备过程是指产品在投入生产前进行各种生产技术准备工作，如产品开发、设计、工艺设计、工装设计与制造、材料消耗定额和工时定额的制定与修订，设备的调整与维护、人员的组织、材料储备等。对应的工作部门有研究所、设计科、试制车间等。

2．基本生产过程

基本生产过程是指对劳动对象进行工艺加工的过程，也就是使用设备和工具来加工产品的过程。工艺加工过程通常划分为两大类，一类是加工装配式生产，另一类是流程式生产。基本生产过程反映企业生产技术先进水平、生产特征。对应的生产单位有生产车间、工段、班组等。

3．辅助生产过程

辅助生产过程是指为保证基本生产过程的正常进行所必须的各种辅助生产活动过程。比如为了基本生产提供的电力、蒸汽、煤气、压缩空气等；制造工具、夹具、刀具等；设备修理与维护等。对应的生产单位有机修车间、工具车间、锅炉房、变电站等。

MINI 车型生产线
生产过程（视频）

4．生产服务过程

生产服务过程是指为了保证基本生产过程和辅助生产过程的正常进行所必须的各种服务型工作。比如原辅材料的供应、运输、保管、产品检验等。对应的生产单位有材料库、成品库、计量室、实验室、装卸队等。

（二）生产工序

生产过程由许多连续的工序组成。**工序**就是一个工人（一组工人）在一个工作地（一台设备）对同一劳动对象进行的加工作业。工序可划分为加工工序、检验工序和运输工序。

（1）加工工序，是利用工具改变劳动对象的物理或化学性质的工序。工艺水平的高低直接影响加工对象的工艺质量。

（2）检验工序，是对原辅材料、半成品、成品进行质量检验的工序。

（3）运输工序，是在各工序间运送加工对象的工序。

工序是人为划分的，工序划分主要取决于产品生产技术要求，根据采用的工艺方法和设备来划分工序，一般将采用相同的工艺方法和机器设备的加工作业划为一道工序，比如陶瓷生产加工可划分为六道工序：练泥→成型→利坯→干燥→上釉→烧结，如果是二次烧成则可分为七道工序：练泥→成型→利坯→干燥→素烧→上釉→釉烧。工序划分非常重要，它影响生产过程的组织、劳动定额、配备操作工人、设备选用和制订生产计划等。

（三）合理组织生产过程的基本要求

生产过程必须符合如下要求。

（1）生产过程的连续性，是指产品生产各个阶段、各道工序之间在时间上紧密衔接、连续进行。生产过程的连续性与采用的生产技术、生产设施布置及生产运作管理水平有关。采用先进的生产技术、生产设施布置合理、生产安排合理、管理到位，能够提高生产过程的连续性。提高生产过程的连续性，能够缩短产品生产周期，减少在制品存量，降低存货成本，减少场地占用，提高设备利用率。

（2）生产过程的平行性，是指生产过程各个阶段、各道工序实行平行交叉作业，从而缩短生产周期，减少生产耗费。要实现生产过程的平行性，生产设施的选址与布局至关重要。

（3）生产过程的比例性，是指生产过程的各阶段、各工序在生产能力上要保持一定的比例关系，在工人人数、设备数量、占用场地面积、生产能力、出产进度等方面，都必须相互协调、相互适应。比例不合理将导致生产过程出现"瓶颈"，制约生产能力利用。所以，无论在生产过程的日常组织管理上，还是在生产活动的预先安排上，都要保证各个生产环节的比例性。当工艺发生改变、产品结构发生变化、工人技术水平提高使能力发生变化时，各个生产环节的能力比例关系会发生改变，此时，需要采取措施调整各个环节的比例以达到协调性要求。

（4）生产过程的均衡性，是指从原料投入到产品完工入库，都能保持按照均衡的节奏生产，不出现工作时紧时松现象，保持各个工作地生产负荷均匀，避免突击赶工。均衡生产有利于资源合理利用，避免产品积压和各种浪费损失，提高产品质量，减少在制品占用，有利于安全生产，加强生产控制是保证均衡生产的重要措施。

（5）生产过程的适应性，是指生产过程组织能够较好地适应生产需求的变化，满足顾客的个性化需求。这就需要生产围绕市场做出快速的反应，满足产品交货期越来越短、质量越来越高、成本越来越低的要求。

上述五项基本要求相互联系、相互制约，企业要努力达到这些要求，使生产过程取得良好的经济效益。

二、生产过程的类型

如果说生产运作管理流程反映的是某一具体企业从材料转化为产品过程的管理特点，那么生产过程类型反映的则是生产组织过程规律的特点。生产过程类型相同或者相近的企业，其生产组织形式、管理方法也具有相似性。生产过程分类方法有：以生产工艺特点为标准分类，以产品市场特征为标准分类，以生产任务的重复程度和工作地专业化程度为标准分类等。

（一）流程式生产与加工装配式生产

按生产工艺特点分，生产过程可分为**流程式生产**与**加工装配式生产**，或者称为连续型生产与离散型生产。

1. 流程式生产
流程式生产是指物料均匀、连续地按照一定工艺顺序运动，在运动中不断改变形态和性质，最后形成产品的生产。流程式生产又称**连续型生产**，自动化程度较高，生产过程的加工工序固定不变，生产设施按照工艺流程布置，劳动对象按照固定的工艺流程连续不断地通过一系列设备和装置被加工成为成品。比如采用连铸连轧工艺生产钢板，从炼钢到轧制钢板连续不间断进行；再比如石油化工厂，投入原油提炼出产汽油、煤油、石蜡、沥青等产品，还有玻璃、水泥、造纸、化工、食品等生产都属于流程式生产。流程式生产通常是 24 小时不间断生产。

2. 加工装配式生产
加工装配式生产的产品是由许多零部件组成，各零部件的加工过程是独立的，各零部件生产工艺是离散的，物料的移动过程也是离散的，通过总装零部件形成最终成品，所以，也称__离散型生产__，加工装配式生产自动化程度低。比如汽车、船舶、机床、家具、家电、计算机、服装等生产都属于加工装配式生产。其生产加工过程呈间歇性特点。流程式生产与加工装配式生产的比较如表 1.2 所示。

表 1.2　流程式生产与加工装配式生产比较

特　征	流程式生产	加工装配式生产
用户类型	较少	较多
产品品种	较少	较多
产品差别	有较多标准产品	有较多用户要求的产品
营销特点	依靠产品的价格与可靠性	依靠产品的特点
资本/劳动力/材料密集	资本密集	劳动力材料密集
自动化程度	较高	较低
设备布置的性质	流水式生产	批量或流水式生产
设备布置的柔性	较低	较高
生产能力	可明确规定	模糊的
扩充能力的周期	较长	较短
对设备可靠性的要求	较高	较低
维修的性质	停车检修	多数为局部修理
原材料品种数	较少	较多
能源消耗	较高	较少
在制品库存	较低	较高
副产品	较多	较少

流程式生产与加工装配式生产特点不同，使其管理特点也不同。流程式生产的生产设施地理位置集中，生产自动化程度高，生产管理的重点是保证设备运行正常，控制工艺参数。这样，生产就能得到保障，就能生产合格产品，生产过程中协调任务少。由于生产环境有高温、高压、易燃、易爆的特点，对生产系统可靠性和安全性要求较高。

加工装配式生产的生产设施地理位置分散，零件加工和产品装配可以在不同地区进行，而且零件种类繁多，工艺多样化，加工单位、加工设备各式各样，原材料种类多，生产过程关系复杂，协调任务重，生产管理复杂。

（二）备货型生产与订货型生产

按产品市场特性分，生产过程可分为__备货型生产与订货型生产__，或者称为__库存式生产与订货式生产__。流程式生产一般为备货型生产，加工装配式生产有备货型生产也有订货型生产。

1. 备货型生产

备货型生产是指在没有接到用户订单的时候，根据市场预测按已有的标准产品或者产品系列进行生产。生产的目的是补充成品库存，通过维持一定量的成品库存来满足客户需求。大多数基础原材料生产企业都属于备货型生产。比如水泥、石油化工、金属冶炼等生产企业，还有一些需求量大的标准件、通用件也属于备货型生产，比如螺栓、铆钉、微型电动机等产品。

2. 订货型生产

订货型生产是指按用户订单进行的生产。用户可能对产品提出各种要求，企业按照合同规定的品种规格、质量标准、数量、交货期等要求组织设计、生产。随着经济的发展，需求的多样化与个性化，越来越多的企业采用订货型生产运作模式。订货型生产的产品类型比较广泛，比如经销商定制的各种服装、家电、日用百货等，生产用户定制的机器、设备、生产线、工具等。备货型生产与订货型生产的比较如表 1.3 所示。

备货型生产与订货型生产的管理特点也不同。备货型生产是在市场调查、预测的基础上，选择生产产品的品种、数量，所以需要"产、供、销"密切衔接，既要防止库存积压，又要防止缺货。组织生产时要平衡各个环节的能力，这种生产通常是标准化、大批量地轮番生产，生产效率较高；订货型生产的订单是随机的，生产能力难以平衡，难以做到均衡生产，保证交货期是比较突出

表 1.3　备货型生产与订货型生产的比较

项　目	备货型生产	订货型生产
产品	标准产品	用户要求的定制产品
对产品的要求	可以预测	难以预测
价格	事先确定	订货时确定
交货期	不重要	很重要，订货时决定
设备	使用高效专用设备	使用通用设备
人员	专业化人员	多种操作技能的多面手

的问题，要合理地计划与组织保证工作协调性，保证生产过程的有效衔接。

（三）大量大批生产、成批生产与单件小批量生产

按照生产任务重复程度和工作地专业化程度分，可以把生产分为**大量大批生产**、**成批生产**与**单件小批量生产**。很明显，产品品种数量越多，每一种产品的数量就越少，生产的重复性就越低，则产品生产的专业化程度就越低；相反，产品品种越少、数量就越大，生产的专业化程度就越高。

当前单纯的大量生产和单件生产都比较少，一般都是成批生产。成批生产又分为大批生产、中批生产和小批生产，大批生产与大量生产的特点相近，习惯称大量大批生产；小批量生产与单件生产的特点接近，习惯称单件小批量生产。大量大批生产效率高、成本低，但是要根据市场需求，不能盲目生产造成库存积压；需求的多样化要求多品种小批量生产，以降低市场风险，但是又面临生产效率低、成本高的风险。解决生产的效率和市场需求多样化的矛盾，是生产运作管理的重要挑战。

1. 大量大批生产

大量大批生产品种很少，产量大，生产重复程度高，经常重复生产一种或者少数几种相似的产品，工作地专业化程度高，生产过程稳定。

在产品设计方面，由于生产的重复程度高，产品可以采用标准图纸生产，从而减少了设计工作量、设计阶段的时间，保证了设计质量。

在工艺设计方面，产品结构相对稳定，设计图纸变化小，工艺流程稳定，有利于生产工艺标准化，使用高效的专业化设备，工艺标准化又有利于制定材料消耗定额，减少浪费。

在生产组织方面，生产可进行精细化分工，工作地专业化程度高，工人操作简化，有利于操作标准化，提高工作效率。

在生产运作管理方面，由于产品品种少，产量大而稳定，生产均衡，原材料、毛坯变化小，有利于与供应商建立长期稳定的协作关系，质量、交货期容易得到保证，程序性管理工作多，生产运作管理相对简单，生产管理人员容易熟悉生产工艺，易于生产管理控制。

大量大批生产一般是备货型生产，生产周期短，并有利于提高自动化水平，降低成本，稳定产品质量，大量大批生产适用于社会需求量大，并且需求相对稳定的产品，适用生产产品的类别与备货型生产相同。

2. 成批生产

成批生产的特点是产品品种多，各种产品在计划期内成批轮番生产。各个工作地一般都负担较多的工序，当一批产品生产结束后，就转产另一批产品，此时工作地的设备和工具就要做一次调整，就要消耗一次生产准备时间。每批产品的数量越大，则工作地上的调整时间越少，反之就越多。比如小家电总装线，当生产完成一批电热水壶之后，要生产一批电咖啡壶，当完成电咖啡壶生产后，又要生产一批电火锅，这些产品的装配工艺具有相近性，每次进行生产转换时，都要对总装生产线进行调整。生产准备时间直接影响生产效率，要合理选择生产批量。

3. 单件小批量生产

单件小批量生产与大量生产特点相反，单件小批量生产品种繁多，每种产品生产量很少，一般不重复生产。比如模具、大型船舶、专用起重设备、定制的非标设备等。

在产品设计方面，每生产一种新产品都要重新设计，设计经常变动，设计工作量大，设计成本高，由于是不重复生产，设计问题不能在制造过程中检验，产品设计质量不易提高。

在工艺设计方面，每一种新产品要求的新工艺方法都要重新设计，工艺设计周期长，工艺质量不易改进提高，由于生产的重复性低，材料消耗定额标准难以准确制定。

在生产组织方面，单件小批量生产难以进行精细分工，工作地专业化程度不高，需要工人是多面手具有多种技能，使用通用设备，效率低、生产转换时间长，零件加工路线长，效率低，产品生产成本高，质量难以保证。

在生产运作管理方面，由于产品生产重复性低，一次性的工作多，工时定额粗略难以准确，很难按期交货，物料品种多、数量少，难以与供应商建立稳定的协作关系，生产计划制订难度大，非程序性的工作多，生产运作管理复杂。

大量大批生产、成批生产和单件小批量生产的比较如表 1.4 所示。

表 1.4 大量大批生产、成批生产和单件小批量生产的比较

项 目 \ 生产类型	大量大批生产	成批生产	单件小批量生产
产品品种	单一或很少	较多	很多
产品产量	很大	较大	单件或者少量
产品更新	慢	较快	很快
产品成本	低	较高	高
设备布置	按对象原则采用流水线	按对象原则或按工艺原则	基本按工艺原则
设备类型	专用设备	专用设备与通用设备	通用设备
设备利用率	高	较高	低
劳动生产率	高	较高	低
劳动定额	详细	有粗有细	粗
原材料储备	大量	中等	少量
计划管理	较简单	较复杂	复杂而变化
生产控制	容易	难	很难
质量控制	严格	正式控制制度	非正式控制制度
工人技术水平	低	较高	很高
在线管理人员	职能管理人员多	职能管理人员略多	职能管理人员少

三、服务过程的类型

服务过程的划分与制造企业生产过程划分类似，可以根据不同的划分规则分为多种类型，各种类型各有不同的组织特点和运作特点。

1. 基于服务批量和标准化程度的服务类型划分

在制造企业生产过程类型划分中，我们根据生产的工艺特点分，把生产分为流程式生产与加工装配式生产；按照生产任务重复程度和工作地专业化程度分，把生产分为大量大批生产、成批生产与单件小批量生产三种类型。服务业也可以比照这样的产品生产类型进行类似的分析，按照服务批量和标准化程度可以将服务过程划分为**单件型**、**成批型**、**流水线型**和**流程型**，如图 1.4 所示，特点如表 1.5 所示。

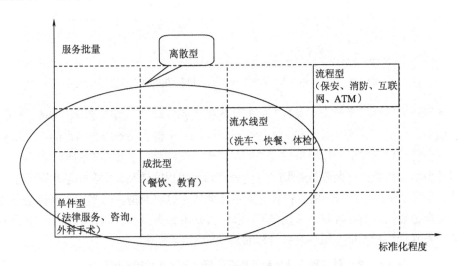

图 1.4　基于服务批量和标准化程度的服务过程类型划分

表 1.5　基于服务批量和标准化程度服务过程类型的特点比较

项　　目	单 件 型	成 批 型	流水线型	流 程 型
服务特性	个性化服务	多样化程度较高	多样化程度较低	多样化程度较低
人员设备特性	人员密集；高知识；技能人员	人员密集；一定的技能人员；一定的设备密集程度	设备密集；一定的人员密集程度	设备密集或人员密集
服务周期	长短不一	较短	短	没有明显的开始和结束标志
成本	很高	中等	高低不一	较低
运作管理目标	柔性化；个性化	均衡性；一定柔性	均衡性；稳定性	持续性；稳定性

2. 基于顾客需求和运作系统特性的服务类型划分

服务过程类型还可以按照运作流程的特点来划分，按照这一规则划分从两个方面考虑：一是服务过程与顾客的接触程度及服务需求的个性化程度；二是运作系统的设备密集程度或劳动密集程度。一般服务业人员密集程度高于制造业，对人的管理重于对设备的管理，基于这个思路，服务过程类型可以划分为**服务工厂型**、**服务车间型**、**大量服务型**和**专业服务型**，如图 1.5 所示。

	与顾客接触程度以及服务需求个性化程度	
	低 ←————————————————→ 高	
运作系统特性 / 设备密集	**服务工厂：** 航空公司 运输公司 饭店 健康娱乐中心	**服务车间：** 医院 汽车修理 其他修理 餐馆
运作系统特性 / 劳动密集	**大量服务：** 零售 批发 学校 商业银行	**专业服务：** 医生诊疗 律师事务 会计咨询 建筑设计

图 1.5　基于顾客需求特性和运作系统特性的服务类型划分

在以上四种服务过程类型中，服务工厂型设备密集程度较高，顾客接触程度或个性化服务程度较低。航空、运输、饭店的运作属于这种类型，银行、金融、保险服务后台的运作也属于这种类型。当顾客接触程度或个性化服务程度增加时，服务工厂型变成服务车间型，医院、修理、餐馆等的服务属于这种类型。大量服务型的特点是劳动密集程度较高，顾客接触程度和个性化服务程度较低，零售、批发、学校、商业银行的前台服务属于这种类型。当提高顾客接触程度，把个性化服务当作主要的服务目标时，大量服务型就转变成专业服务型，医生、律师、咨询专业、建筑师等的服务属于这种类型。四种服务过程的特点如表 1.6 所示。

表 1.6　基于顾客需求特性和运作系统特性的服务过程类型的特点比较

项　目	服务工厂	服务车间	大量服务	专业服务
资本密集程度	高	高	低	低
流程模式	刚性较高	有一定柔性	有一定刚性	柔性很高
流程与设备的关联性	设备是流程的集成部分，选择性较低	设备对流程有重要意义，但存在多种利用方式	关联性不强，与设施及其布置有较强关联	与设备或设施的关联都不强
日常计划的难易	有时较难，需求高峰难易应对	一般	较易	较难
能力的度量	比较清楚，有时可以用物理单位	模糊，很大程度上取决于需求组合	能力限制往往取决于设施，而不是流程时间	模糊，不易度量
设施布置	倾向于流水线布置	专业化或固定布置	典型的固定布置，但可以改变	设施布置的影响不大
库存、物流的重要性	库存和物流都很重要	库存比物流更重要	库存很重要	不太重要
顾客参与程度	很少	较多	有一些	很多
流程质量控制	可以用标准方法	可以用一些标准方法，容易确定检查要点，员工培训比较重要	不易用标准方法，员工培训很重要	易用标准方法，员工培训非常重要
员工技能水平	一般较低	较高	有高有低，但通常较低	非常高

【导入案例解析】

根据【情境 1.2】资料，任务实施如下：

（1）判断生产过程的类型。从生产重复程度和工作地专业化程度的角度分析生产过程类型可知，成品车间属于成批生产，模具车间属于单件小批量生产，电机分厂属于大量大批生产。

（2）列出各生产类型的特点。大量大批生产、成批生产、单件小批量生产三种生产过程类型的特点列于表 1.6 中。

同时要说明，玩具成品生产属于库存式生产或订货式生产，因为既有按订单生产又有按市场预测生产；电机是通用零件，主要是发挥它的生产能力，是按库存方式生产；模具是根据新产品的开发而进行的配套生产，属于订货式生产，其特点如课本所述。

【技能训练】

根据【情境 1.2】所述，以生产工艺特点为标准，分析成品车间、模具车间和电机分厂的生产过程特点。

【要点总结】

学习生产过程让我们初步了解生产过程任务范围和主要工作内容，对生产活动有一个初步的了解。学习生产过程的类型，让我们掌握不同生产类型的特点及其对企业管理的影响，为合理地选择生产组织形式、生产技术手段和生产管理方法提供帮助。

任务三 生产设施布置

生产设施布置影响生产系统的运作效率。从缩短生产物流和方便业务密切性的角度对生产设施进行空间布置；合理布置生产设施的目的是使产品在生产过程中路线最短、时间最省、耗费最少。首先要了解企业生产过程，了解合理地组织生产过程的基本要求，然后按照这一要求对厂区平面合理地布局，对车间、仓库等生产单位的设备合理地布置。

【导入案例】

【情境 1.3】某机械厂生产大型阀门和减速机产品，工厂设有材料库、成品库、铸造车间、焊接车间、热处理车间、机加工车间、精加工车间和装配车间等。大型阀门和减速机都是专用性比较强的产品，实行定制生产，专门设计、专门生产。两种产品的结构有很大的不同，总装过程的技术要求和工艺不同，但是零件生产设备通用，生产工序如图 1.4 所示。阀体的毛坯由铸造车间铸造，阀门内件（除阀体的其他零件）毛坯在机加工车间制造；减速箱的箱体、齿轮先由铸造车间铸造，轴类零件在机加工车间下料。请分析生产过程特点，初步画出厂区布置图，按三排三列布置（暂不考虑各车间地面积），且铸造车间不能与锻造车间相邻。说明各车间布置原则，假设运输量以单位计，列于工序图 1.6 中。

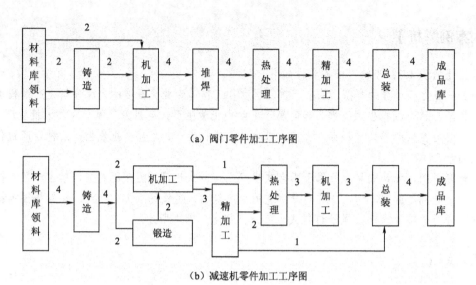

（a）阀门零件加工工序图

（b）减速机零件加工工序图

图 1.6　生产工序示意图

【案例分析】两种产品类型不同但是使用通用设备，工艺类似，要合理布置各个生产单位，使零件移动距离最短，要掌握以下知识。

（1）生产设施布置的基本原则，即布置生产设施有怎样的要求；

（2）生产设施布置的方法，就是布置生产设施用什么样的工具方法。

一、厂区平面布置

在厂区空间合理地布局各个生产单位（部门）非常重要，是合理组织生产的先决条件。

（一）厂区平面布置的原则

（1）厂房布置应该满足生产过程的要求，尽可能使厂区内物料运输路线最短，减少交叉和往返运输，从而缩短生产周期，节约生产成本。

（2）充分利用厂区面积，使厂区布置紧凑，减少占地面积，节约投资和生产费用。

（3）生产联系和协作紧密的单位要靠近布置。

（4）充分利用社会公共设施与外部条件。例如，充分利用道路、交通、通信、供水、供电等公共设施。

（5）厂区布置要有利于安全和职工健康。例如，易燃、易爆生产部门远离仓库、人员稠密的主生产车间、办公区等。

（6）厂区布置要充分考虑企业发展的需要，预留发展余地。

（二）厂区布置的方法

1. 物料运量图法

物料运量图法是根据原材料进厂后经过加工、装配等环节，物料在生产过程的总量大小来布置各个车间、仓库和其他设施，物料流量大的生产单位安排在相近的位置，尽量使物料一直向前移动，减少往返运输。这种方法适合运输量较大的企业，有利于降低运输费用。

采用物料运量图法的基本步骤如下。

第一步，根据产品加工的要求编制工艺路线图；

第二步，统计各个生产单位间的运输量，编制运量表；

第三步，绘制运量相关线图；

第四步，根据运量相关线图按照运输量大小依次安排，运输量大的单位靠近在一起。

【小练习1.1】某企业有六个生产单位，根据各种型号产品的工艺路线图编制出运量表，如表1.7所示。试合理布置这六个生产单位。

表1.7　物料运量表　（单位：吨）

从＼至	01	02	03	04	05	06	合计
01		10				2	12
02			7	4		2	13
03		4		4	6		14
04		2			8	8	18
05				4			4
06	1						1
合计	1	16	7	12	14	12	62

解：（1）根据表1.7运量表画出物料运量相关线图，如图1.7所示。

（2）按单位间的运输量大小排列顺序。04↔05，12吨；02↔03，11吨；01↔02，10吨；04↔06，8吨；02↔04，6吨；03↔05，6吨；03↔04，4吨；01↔06，3吨；02↔06，2吨。

（3）与04↔05相关的运量大的还有04↔06；将04、05、06排在相邻的位置；与02↔03相关运量大的还有01↔02；把01、02、03排在相邻的位置；在两组相邻的排列中，再考虑运量大的03↔05、02↔04之间的运量。布置结果如图1.8所示。

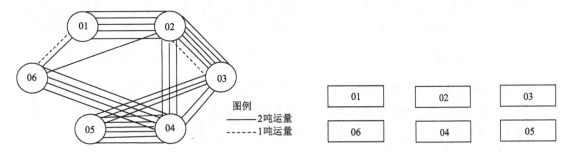

图1.7　运量相关线图　　　　　图1.8　某企业生产单位平面布置图

2．作业相关图法

除了考虑物流关系，还要考虑其他因素的影响。在企业中生产车间、仓库之间存在大量的运输业务，但生产单位、辅助生产单位和业务管理部门之间没有物流关系，它们之间存在业务关系，但密切程度不同，我们可以根据各个单位之间业务活动关系的密切程度来布置它们之间的位置，这种方法就是作业相关图法。作业相关图法通常采用如下步骤。

第一步，用图表示部门关系密切程度，分为六个等级，A表示绝对紧密；E表示特别紧密；I表示较紧密；O表示紧密关系一般；U表示不重要；X表示没有关系。

第二步，将关系密切程度符号填写在两个部门交叉的方格中，确定出相互关系的密切程度，如图1.9所示，然后按照密切等级高的部门相邻布置的原则，布置各个部门。

【小练习1.2】某公司专业生产大型非标机械设备，要将技术、生产、业务、工艺、质量、供应布置成二排三列，已知六个部门业务关系的密切程度如图1.10所示，请据此合理布置。

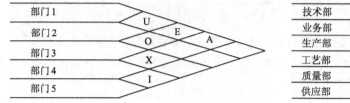
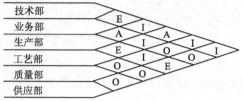

图1.9　作业相关图示例　　　　图1.10　某企业六个部门业务关系相关图示例

解：（1）初步设置好关系为A的部门，见图1.11。

（2）设置好关系为E的部门，调整技术部与业务部相邻，业务部与生产部相邻，供应部与生产部相邻，见图1.12。

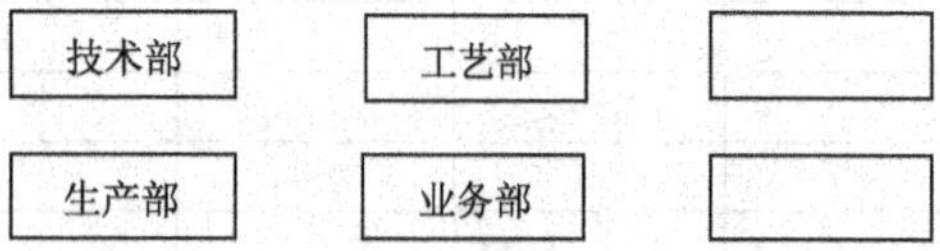

技术部	工艺部	
生产部	业务部	

图1.11　某企业部门初步布置图

技术部	工艺部	
业务部	生产部	供应部

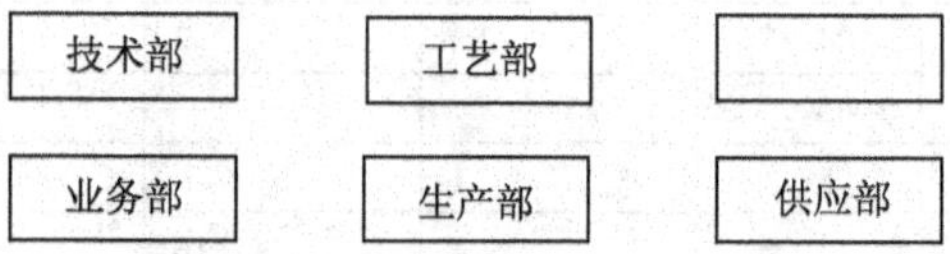

图1.12　某企业部门初步布置图

（3）设置好关系为I的部门，最后布置质量管理部见图1.13。

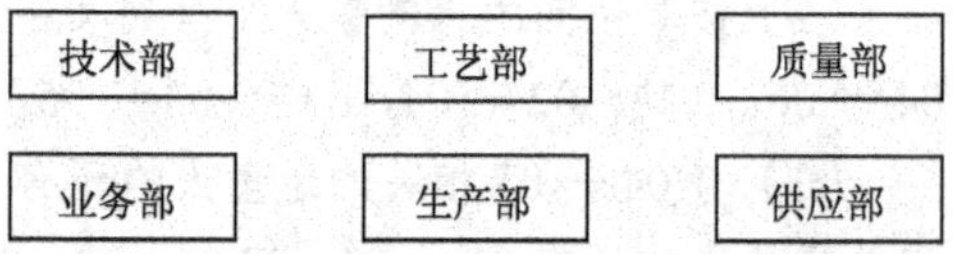

技术部	工艺部	质量部
业务部	生产部	供应部

图1.13　某企业部门布置图

二、车间设备布置

车间设备布置是根据生产组织方式来进行的，它受企业产品加工工艺过程、生产量、技术水平、生产的专业化程度等因素影响。

（一）设备布置的原则

车间设备布置应遵循以下几项原则。

（1）工人工作方便，尽可能使工人在工作过程中的移动距离最短；

（2）合理设计设备间距，保证工人操作方便，保证工人的安全环境；

（3）保证设备的维护方便；

（4）充分利用车间面积。

（二）车间设备布置的基本形式

1. 产品原则布置

产品原则布置也称作**对象专业化布置**，如图1.14所示。它是指按照产品（零件、部件）的不同来设置生产单位，在这个生产单位里，各种设备按产品（零件、部件）加工顺序排列，形成一套封闭的工艺过程，全部或者大部分加工过程在这一生产单位完成。产品原则布置形式适合重复度较高的生产活动，生产的品种较少或者加工对象相似，比如汽车发动机、标准件生产均采用产品原则布置形式。

产品原则布置的优点：

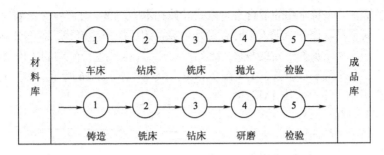

图 1.14 产品原则布置示意图

（1）可以大大缩短产品生产过程的运输路线，节约运输成本；

（2）便于采用先进的生产组织形式，缩短生产周期，减少在制品占用；

（3）减少单位之间的工作协调，简化计划、调度、核算等管理工作；

（4）设备专业化程度高，对操作工人技能要求不高。

产品原则布置的缺点：

（1）设备专用性强，对产品变化的适应性差；

（2）个别设备故障可能影响整个生产系统运行；

（3）工艺复杂难以对工艺进行专业化管理；

（4）分工过细，工作单调乏味，工人发展机会少。

2. 工艺原则布置

工艺原则布置也称为**工艺专业化布置**，如图 1.15 所示，是指把相同或相近的设备布置在一起，完成相同工艺加工任务，比如机械厂的铸造车间、机加工车间、铆焊车间、热处理车间等。不同的加工对象有不同的工艺路线、不同的工艺操作程序，设备用途广泛，有利于适应加工工艺变化调整。

图 1.15 工艺原则布置示意图

工艺原则布置的优点：

（1）能适应产品品种变化的工艺要求，产品生产适应性强；

（2）同种设备布置在一起，便于工艺专业化管理，比如便于工人培训、设备维修和技术指导等；

（3）能够充分利用设备生产能力和生产面积；

（4）设备是独立运行，个别设备故障不影响其他设备的运行；

（5）作业多样化，有利于调动操作人员的工作积极性。

工艺原则布置的缺点：

（1）产品加工路线长，有往返运输现象，运输劳动量大；

（2）在制品占用多，产品停放时间长，资金占用大；

（3）生产单位之间协调工作多，设备利用率低，生产运作管理复杂；

（4）对员工技术等级要求高。

3. 混合布置

在实际生产中单纯的产品原则布置和工艺原则布置很少，而是两种布置结合起来，既有产品原则布置也有工艺原则布置，这种结合的布置方式就是**混合布置**。比如像前面所述的机械厂的铸造车间、机加工车间、铆焊车间、热处理车间等是按工艺原则布置，总装车间又是按产品原则布置。混合布置包括一人多机、成组技术等具体应用方法。

（1）一人多机，是一种常用的混合布置方式。其基本原理是：如果一个人看管一台设备的生产量达不到满负荷，可以让一个工人同时看管几台设备组成的小生产线，既充分利用人力，又可以在这个小生产线上使物流有一定的秩序。比如，丰田汽车公司生产配件的小松公司采用 U 型装配线，一般每条线有 5 至 6 台设备，由 1 至 2 名工人操作，如图 1.16 所示。其工艺过程不一定是 M1 至 M5 顺次加工，也可能是 M1→M2→M4 或者 M2→M3→M4→M5，这种布置使生产线更加紧凑，减少物料运量。

（2）成组技术布局，是将不同的设备分成单元来生产具有相似形状和工艺要求的产品。成组技术布局中一组技术完成的是一组相似零件所必需的工艺，所有的零件遵循相同的路线，这种方法被广泛应用于金属加工、

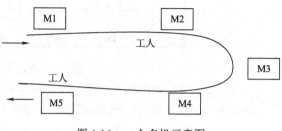

图 1.16　一人多机示意图

计算机芯片制造和装配作业，大大提高了多品种小批量相似零件生产加工的效率。

（三）车间设备布置的方法

车间设备布置除了可以采用物料运量图法和作业相关图法外，**从至表法**也被经常采用。从至表法是根据设备之间的相对位置和距离，先计算出零件在各工作地之间的运输次数及总运输距离，再按零件运输次数最少、运输距离最短的基本原则确定设备的布置方案的方法。它主要适用于机械制造企业多品种小批量生产情况。产品品种多，加工路线各不相同，适合采用从至表法。

采用从至表法布置设备的基本步骤如下：

第一步，编制零件综合工艺路线图；

第二步，按照工艺路线图编制零件从至表；

第三步，调整从至表，使移动次数多的靠近对角线；

第四步，绘制改进后的从至表；

第五步，计算改进后的零件移动距离以验证方案。

【小练习 1.3】某车间共有七台设备及毛坯库和检验台，共生产七种零件，产品的加工路线如图 1.17 所示，假设相邻的设备之间距离相等，七种零件分别各按一个单位计算，试用从至表法对生产单位进行合理布置。

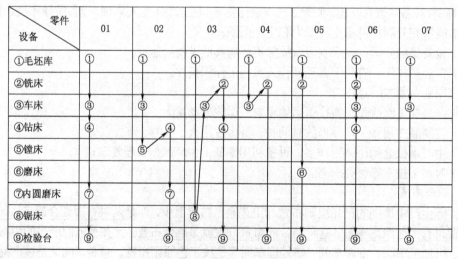

图 1.17　零件综合工艺路线图

解:（1）根据零件综合工艺路线图编制从至表。零件的移动路线是：零件05和零件06两个数量单位的零件是从毛坯库到铣床；零件01、02、04、和07共4个数量单位的零件从毛坯库到车床；零件01、06两个数量单位零件从车床到钻床等等，同理将各个设备之间的运量列于表1.8中。

（2）调整从至表。从至表中靠近对角线越近，代表运输距离越短，反之则越长。调整数据大的靠近对角线，数据小的远离对角线。首先调整车床靠近毛坯库，再调整内圆磨床靠近钻床，调整检验台靠近内圆磨床。调整后的运量从至表如表1.9所示。

表 1.8　某车间运量从至表

从\至	①毛坯库	②铣床	③车床	④钻床	⑤镗床	⑥磨床	⑦内圆磨床	⑧锯床	⑨检验台	合计
①毛坯库		2	4					1		7
②铣床			1	1		1			1	4
③车床		2		2	1				1	6
④钻床							2		2	4
⑤镗床			1							1
⑥磨床									1	1
⑦内圆磨床									2	2
⑧锯床			1							1
⑨检验台										
合计		4	6	4	1	1	2	1	7	26

表 1.9　某车间调整后运量从至表

从\至	①毛坯库	③车床	②铣床	④钻床	⑦内圆磨床	⑨检验台	⑤镗床	⑧锯床	⑥磨床	合计
①毛坯库		4	2					1		7
③车床			2	2		1	1			6
②铣床		1		1					1	4
④钻床					2	2				4
⑦内圆磨床						2				2
⑨检验台										0
⑤镗床			1							1
⑧锯床		1								1
⑥磨床										1
合计		6	4	4	2	7	1	1	1	26

（3）初始方案毛坯库至各地的运量计算。毛坯库2个运量单位到铣床，1个距离单位（到对角线1个格）；毛坯库4个运量单位到车床，2个距离单位（到对角线2个格）；毛坯库1个运量单位到锯床，7个距离单位（到对角线7个格）；所以毛坯库至各地总运量为$2 \times 1 + 4 \times 2 + 1 \times 7 = 17$。

（4）改进方案毛坯库至各地的运量计算。毛坯库4个运量单位到车床，1个距离单位（到对角线1个格）；毛坯库2个运量单位到铣床，2个距离单位（到对角线2个格）；毛坯库1个运量单位到锯床，7个距离单位（到对角线7个格）；所以毛坯库至各地总运量为$4 \times 1 + 2 \times 2 + 1 \times 7 = 15$。

同理，计算各个工作地之间的运输量，结果列于表1.10中。可见调整后的方案比初始方案减少了 11 单位的运输量，节约了运输费用。

表 1.10   设备布置方案零件移动距离计算表

工作地之间	布置方案	
	初始方案	改进方案
①毛坯库至各地	2×1+4×2+1×7=17	4×1+2×2+1×7=15
②铣床至各地	1×1+1×2+1×4+1×7=14	1×1+1×1+1×3+1×6=11
③车床至各地	2×1+2×1+1×2+1×6=12	2×1+2×2+1×4+1×5=15
④钻床至各地	2×3+2×5=16	2×1+2×2=6
⑤镗床至各地	1×1=1	1×3=3
⑥磨床至各地	1×3=3	1×3=3
⑦内圆磨至各地	2×2=4	2×1=2
⑧锯床至各地	1×5=5	1×6=6
合 计	72	61

从至表法可以用在设备的布置优化，也可以用在设备布置的间距和运输成本的优化方面，但在实际布置设备过程中，如果产品的品种很多，工艺路线很多而复杂，就要借助于计算机工具完成。

三、服务设施布置

服务不仅存在于服务企业，也存在于制造企业。比如制造企业的设备维修、生产物流、动力输送、员工培训等都属于生产服务。服务企业提供的服务范围更加广泛，包括零售服务、金融服务、酒店服务、运输服务、医疗保健服务等。制造业提供的服务很少直接面对顾客，其服务设施布置遵循效率、效益优先原则，服务企业提供的服务直接面对顾客，除了考虑质量、成本、时间外，还要考虑通过方便顾客、吸引顾客增加市场机会，面向顾客的服务设施布置必须具有美观、方便、时效性、吸引力等特点。由于服务种类繁多，服务设施布置也存在较大的差异，具体的服务设施布置方式可以参考相关服务行业的专门书籍资料，比如零售服务的卖场陈列、酒店服务的酒店客房设计与布置等。本书仅以仓库布置与办公室布置为例，说明特定服务设施布置方法的特点。

（一）仓库布置

服务企业与制造企业一般都设有仓库，在进行仓库布置时，要达到总搬运量最小的目的，也就是在安排货区时，缩短出入库的移动距离和出入库的作业时间，以使补货方便。仓储式卖场也是遵循这一基本原则，销量大的商品货位安排在拿取方便、补货方便的位置。仓库布置可以有不同的方案，现举例说明。某家电用品仓库有 14 个货区分别储存 6 种家电，仓库只有一个出入口，进出仓库的货物都要经过这个出入口，如图 1.18 所示。假设仓库每种物品每周的存取次数如表 1.11 所示，应如何布置各个物品的货区？

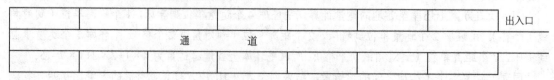

图 1.18   家电用品仓库平面图

在厂区平面布置和车间设备布置中，不同的生产单元之间都有运输量，但本例子要简单得多，因为所有货物的搬运路径只是货区到出入口之间，货区单元之间没有运输量，我们要寻找一个方案使得总搬运量最小，可以借助负荷距离法来解决这个问题。如果货区面积相同，只需把搬运次数最多的物品布置在靠近出入口之处，即可使得搬运负荷最小；如果货区面积不同，首先要计算物品的

表 1.11　家电用品仓库出入库信息

库存物品名称	搬运次数（次）	所占货区（个）
空调	480	4
冰箱	270	3
洗衣机	220	2
电热水器	100	1
微波炉	150	1
电饭煲	660	3

搬运次数与所需货区数量之比，取比值最大者靠近出入口，然后依次排列。本例比值从大到小排列的顺序为电饭煲 220∶1、微波炉 150∶1、空调 120∶1、洗衣机 110∶1、电热水器 100∶1、冰箱 90∶1。布置方案如图 1.19 所示。

冰箱	电热水器	洗衣机	空调	空调	电饭煲	电饭煲	出入口
			通　道				
冰箱	冰箱	洗衣机	空调	空调	微波炉	电饭煲	

图 1.19　货区面积不相同时的仓库布置方案

上面是以总负荷数最小为目标的一种仓库货区布置方法，在实际工作中我们可能有多个目标，特别是现代物流业的发展，采用了先进的仓库管理技术，效率大大提高，比如自动化立体仓库采用了计算机管理，不需要人员搬运操作，实行自动化作业，仓库布置要考虑方便自动化作业管理，考虑作业总体效率，方便运输工具一体化服务。

（二）办公室布置

办公室布置主要考虑两个因素，一是信息传递与交流的迅速、方便；二是人员的劳动生产效率。信息传递与交流既包括书面文件、电子信息传递，也包括人与人之间的交流，信息传递与交流的便利性与部门之间的位置距离密切相关。有的办公室工作需要互通信息协作工作，这时候劳动生产效率与信息传递和交流有很强的相关性，有的工作相对要专注和独立，需要安静的环境。下面介绍两种办公室布置的模式。

1. 传统的封闭式办公室

办公楼被分割成多个小房间，每个房间形成一个独立的办公室。这种布置可以保持工作人员的独立性，但不利于信息交流与传递，不利于人员之间的沟通。

2. 开放式办公室

在一间大办公室里容纳一个或几个部门，十几个人或几十个人在这个大办公室共同工作。这种布置方便信息交流、方便传递，方便人员沟通，在一定程度上消除了等级隔阂，办公室布局调整较为方便、容易，但有时会相互干扰工作。

【导入案例解析】

第一，根据【情境 1.3】资料，厂区布置和车间布置考虑如下因素。

（1）大型专用阀门与减速机是专用定制产品，生产量是单件或者小批量，产品体积大，重量较大。

（2）根据情境中工艺顺序描述，两种产品的零件工艺过程相似，工艺设备通用，所以厂区布置应考虑工艺顺序要求，尽量使上下游工艺的车间相邻，以减少运输量和便于生产衔接。

（3）车间内布置分两种情况，零件的加工应按照工艺原则布置；总装车间应按照产品原则布置，因为产品属于不同类别的产品，结构也不相同，装配的工装、夹具也不同，对工人的专项技能要求也不一样。

第二，根据图 1.6 所示，计算运量，编制从至表，见表 1.12。

表 1.12 初始运量从至表

从 \ 至	材料车间	铸造车间	机加工车间	精加工车间	焊接车间	锻造车间	总装车间	热处理车间	成品库	合计
材料车间		6	2							8
铸造车间			4			2				6
机加工车间				3	4		3	1		11
精加工车间							5	2		7
焊接车间								4		4
锻造车间			2							2
总装车间									8	8
热处理车间			3	4						7
成品库										
合 计	6	11	7	4	2	8	7	8	53

第三，根据初始从至表进行调整，运输量大的靠近对角线，如表 1.13 所示。

表 1.13 调整后运量从至表

从 \ 至	材料车间	铸造车间	机加工车间	焊接车间	成品库	总装车间	精加工车间	热处理车间	锻造车间	合计
材料车间		6	2							8
铸造车间			4						2	6
机加工车间				4		3	3	1		11
焊接车间								4		4
成品库										0
总装车间					8					8
精加工车间						5		2		7
热处理车间			3				4			7
锻造车间			2							2
合 计	6	11	4	8	8	7	7	2	53

第四，根据调整后的从至表画平面布置图。从调整后的从至表可以看出，成品库与总装车间要相邻；铸造车间与材料车间要相邻；精加工车间与总装车间和热处理车间要相邻；机加工车间与铸造车间和焊接车间要相邻；综合以上考虑，平面布置图如图 1.20 所示。

图 1.20 厂区平面布置示意图

【技能训练】

　　某企业平面布置如图 1.21 所示，业务部、厂办公室等其他各部门设在办公楼，请分析判断该企业的生产过程类型和特点（提示：生产部设在车间，为了方便跟踪生产，与车间协调生产）。

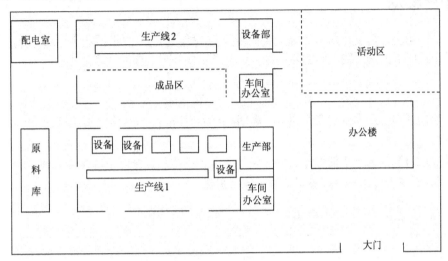

图 1.21　某企业厂区平面布置图

【要点总结】

　　企业生产设施布置与企业的生产过程类型密切相关，即使生产同类产品，大量生产、批量生产、单件小批量生产，三种不同的生产过程类型都会影响生产设施布置方式，车间设备的具体布置方式有产品原则布置、工艺原则布置和两者结合的混合原则布置三种形式。生产设施布置的目的就是减少生产活动过程的运输量和方便协调沟通，减少生产成本。

任务四　多工序加工零件移动方式

　　合理的工厂平面布置与车间的设备布置，为生产过程中的合理空间组织提供基础。生产过程的时间组织也影响生产系统的生产运作效率，合理安排零件在各道工序的移动顺序，使各个加工工序在时间上紧密地衔接起来，最大限度地保证生产过程的连续性和节奏性，能够提高设备利用率，缩短生产周期，提高生产过程的效率和效益。零件、部件在各工序的移动顺序有三种方式，分别是**顺序移动、平行移动、平行顺序移动**。

【导入案例】

　　【情境 1.4】某企业专业生产家用电饭煲，电饭煲内胆加工主要经过下料、冲压、喷涂三道工序，请安排内胆零件在加工过程中的移动方式。

　　【案例分析】合理地安排零件在加工过程中移动方式的目的是降低零件移动（运输）的费用、

提高生产效率、降低成本，零件移动方式与生产过程密切相关，比如，生产设备调整的复杂程度、调整的时间长短、零件的重量、大小、生产批量等，都影响零件在加工过程中的移动方式，所以，应该根据生产过程的特点选择零件的移动方式。

一、顺序移动

顺序移动是指一批零件在某一道工序全部加工完毕之后，才整批转入下一道工序加工。假设零件在各道工序之间的运输时间忽略不计，则该批零件的加工周期计算公式为

$$T_{顺} = n\sum_{i=1}^{m} t_i$$

式中，$T_{顺}$为顺序移动方式整批零件的生产周期；n为零件批量；t_i为第i道工序的单件工时；m为零件工序数。

【小练习 1.4】某批产品批量为 5 件，经过 4 道工序的加工时间分别为 4 分钟、8 分钟、4 分钟、8 分钟，求该批零件按顺序移动方式的生产周期。

解：$T_{顺} = n\sum_{i=1}^{m} t_i$ =5×(4+8+4+8)=120（分钟），如图 1.22 所示。

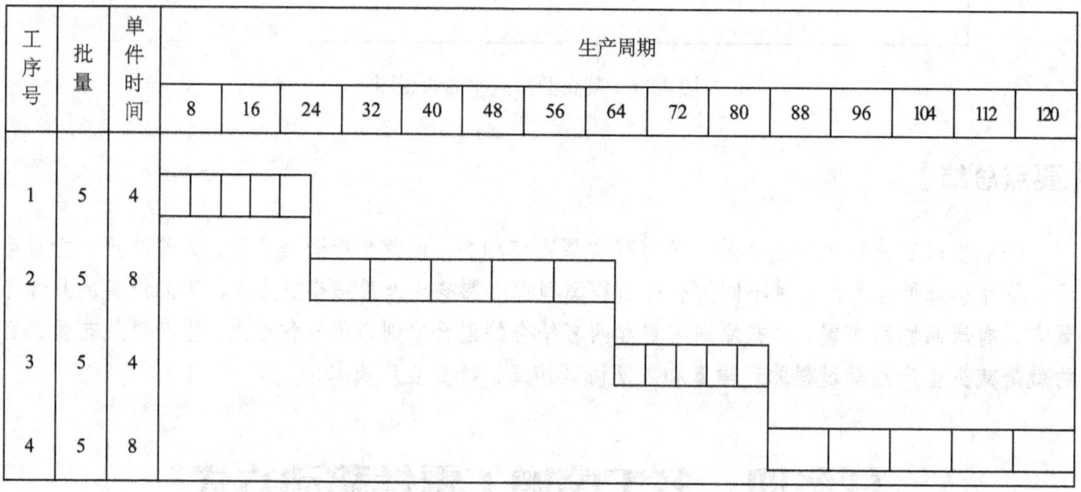

工序号	批量	单件时间	生产周期														
			8	16	24	32	40	48	56	64	72	80	88	96	104	112	120
1	5	4															
2	5	8															
3	5	4															
4	5	8															

图 1.22　零件顺序移动方式

二、平行移动

平行移动是指每一个零件在某一道工序加工完毕之后就进入下一道工序加工，整批零件一个一个地按照工序顺序依次加工。假设零件在各道工序之间的运输时间忽略不计，则该批零件的加工周期计算公式为

$$T_{平} = \sum_{i=1}^{m} t_i + (n-1)t_L$$

式中，$T_{平}$为平行移动方式整批零件的生产周期；t_L为最长工序的单件工时。

【小练习 1.5】将【小练习 1.4】中零件按平行移动方式加工，求其生产周期。

解：$T_{平} = \sum_{i=1}^{m} t_i + (n-1)t_L$ =(4+8+4+8)+(5-1)×8=56（分钟），如图 1.23 所示。

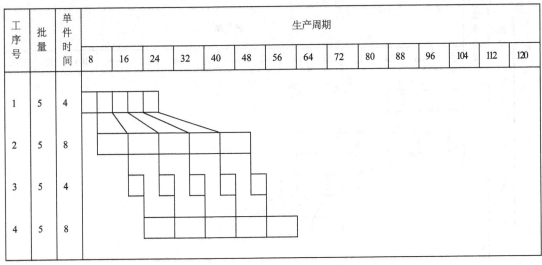

图 1.23 零件平行移动方式

三、平行顺序移动

平行顺序移动既考虑平行性，又考虑顺序性，<u>要求每道工序连续加工，但同时要求各道工序尽可能平行地加工</u>。

<u>当 $t_i \leqslant t_{i+1}$ 时，零件按平行移动方式生产</u>。

<u>当 $t_i > t_{i+1}$ 时，则等零件在前一道工序生产的数量，能够保证下一道工序连续进行时，才转入下一道工序，按顺序移动方式生产</u>，即以 i 道工序最后一个零件的完工时间为基准，往前推移 $(n-1) \times t_{i+1}$ 作为零件在第 $i+1$ 道工序的开始加工时间。

假设零件在各道工序之间的运输时间忽略不计，则该批零件的加工周期计算公式如下：

$$T_{\text{平顺}} = n\sum_{i=1}^{m} t_i - (n-1)\sum_{i=1}^{m-1} Min(t_i, t_{i+1})$$

式中，$T_{\text{平顺}}$ 为平行顺序移动方式整批零件的生产周期；$Min(t_i, t_{i+1})$ 为两道相邻工序单件加工时间较短的那道工序加工时间。

【小练习 1.6】 将【小练习 1.4】中零件按平行顺序移动方式加工，求其生产周期。

解： $T_{\text{平顺}} = n\sum_{i=1}^{m} t_i - (n-1)\sum_{i=1}^{m-1} Min(t_i, t_{i+1}) = 5 \times (4+8+4+8) - (5-1) \times (4+4+4) = 72$（分钟），见图 1.24。

从以上三个小练习可以看出，同样加工一批零件，平行移动时间最短，顺序移动时间最长，采用哪种方式要考虑以下因素：

（1）企业的生产类型。<u>单件小批量生产企业多采用顺序移动方式，大量大批生产方式宜采用平行移动或者平行顺序移动方式</u>；

（2）生产任务的紧迫性。<u>生产任务紧急，应采用平行移动方式或者平行顺序移动方式，以缩短生产周期</u>；

（3）工作量的大小和零件的重量。<u>工序工作量不大，重量较轻的零件宜采用顺序移动，工作量大、零件重量大的生产宜采用平行移动或者平行顺序移动</u>；

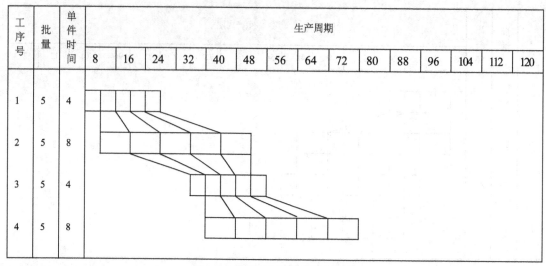

工序号	批量	单件时间	生产周期														
			8	16	24	32	40	48	56	64	72	80	88	96	104	112	120
1	5	4															
2	5	8															
3	5	4															
4	5	8															

图 1.24　零件平行顺序移动方式

（4）企业生产设备布置原则。按照产品原则布置的生产单位，宜采用平行或者平行顺序移动的方式，如果按照工艺原则布置生产单位宜采用顺序移动方式；

（5）生产转换的工作量。如果转换生产产品时设备调整工作量大，不宜采用平行移动方式，如果生产转换不需调整设备或者调整工作简单，宜采用平行移动或者平行顺序移动。

【导入案例解析】

（1）电饭煲内胆重量较轻，如果不是在自动生产线上加工，不适宜采用平行移动；

（2）电饭煲型号很多，内胆零件要与电饭煲配套，实行批量生产，各道工序宜采用连续生产；

（3）变更内胆生产型号时，下料需要调整设备，冲压需要更换磨具，喷涂可能更换涂料，设备调整较烦琐，宜采用顺序移动方式；

（4）很明显三道工序应按照工艺原则布置，宜采用顺序移动方式。

【技能训练】

根据【情境1.3】产品的生产过程，请指出零件移动的方式。

【要点总结】

零件的移动方式与生产过程的组织有关，当按一定批量加工生产时，零件在工序间有不同的移动方式，零件在各道工序间的移动方式有顺序移动、平行移动、平行顺序移动三种方式，大量大批生产一般采用平行移动或者平行顺序移动方式，单件小批量生产一般采用顺序移动方式，如果批量生产，当零件重量较轻时宜采用顺序移动，如果零件重量较重时宜采用平行移动或者平行顺序移动方式。

任务五　生产运作能力核定

生产运作能力通常称作**生产能力**，就是生产系统在一定时期内的最大产出量。对于制造企业来讲，生产运作能力是指产品的产出数量或者原材料的加工数量，它反映企业的生产加工能力规模。生产能力是制订生产经营计划的重要依据，只有掌握生产能力的含义、计算方法，才能够正确地考虑与市场需求的平衡，做出为社会提供产品、服务的正确决策。

【导入案例】

【情境 1.5】 某机械厂的机加工车间加工 Z-01 号零件，分别经过车床、铣床和磨床三道工序加工完成，车床、铣床和磨床工时定额分别为 30 小时、45 小时和 25 小时，车间有 10 台车床、12 台铣床、6 台磨床，两班生产，全年有效工作日为 300 天，每台设备的全年有效工作时间为 4200 小时，求这种零件的生产能力。

【案例分析】 生产能力与设备的效率、设备的数量、有效工作时间、产品的工艺消耗时间（工时定额）等因素有关。如果要经过多道工序，需要使用不同类型设备加工时，要对各道工序进行能力平衡。能力最弱的生产环节形成生产瓶颈，制约着整个生产能力的发挥。能力最弱环节的生产能力就是这种产品的生产能力。

一、生产能力的类型

企业的生产能力在一定时期内相对稳定，但随着企业的发展和企业对生产技术的重新组织安排，生产能力会发生变化。根据生产能力计算时所依据的不同条件，生产能力可分为设计能力、查定能力和现实能力（计划能力）。

1. 设计能力

设计能力是企业基本建设或技术改造设计任务书和技术文件中所规定的生产能力，它是新建、扩建或技术改造后企业应该达到的最大年产量。企业建成后要经过一段时间才能全面掌握生产技术，才能达到设计能力水平。因此，新建成的企业或者生产线，有投产期、达产期，达产期即指生产能力达到设计能力水平。

2. 查定能力

查定能力是实际达到的能力，是指没有设计能力，或者虽有设计能力但由于企业的产品方案、协作关系和技术组织条件发生了很大变化，原有设计能力不能反映实际情况，企业重新调查核定的生产能力。比如某企业生产电风扇产品十余年，后转产电烤箱，对生产电烤箱的能力要进行核定，核定的电烤箱生产能力就是查定能力。

3. 现实能力

现实能力也称作**计划能力**，是指企业在计划年度内准备要达到的生产能力，是企业根据现有的生产条件和市场需求两方面的因素确定的生产能力。比如某企业根据今年的市场需求，计划生产 R 型变压器 30 万台，去年的产量是 28 万台。计划能力又分为年初能力、年末能力和年平均能力，年平均能力是年度计划平衡的依据。

二、生产能力的计算

很明显，生产能力的大小与设备投入的多少，设备的配套性，生产面积的多少，生产的专业化水平，工人的技术水平，产品的工艺复杂程度，产品质量要求的高低等条件相关。生产能力用产品出产实物数量来衡量。

（一）大量生产的生产能力计算

大量生产按流水生产线组织生产时，生产能力按每条流水生产线核算。流水生产线的能力决定于流水生产线的速度、流水生产线的数量、生产时间、产品的特点等。

【小练习 1.7】某企业拥有涂布白板纸生产线一条，设计生产能力为每年 4 万吨，产品规格重量为 $200\sim450 g/m^2$，工作车速为 150m/min，净纸宽 3200mm。如果本月只生产 280 g/m^2 规格重量，工作车速调至 100m/min，该月生产 25 天，每天生产 24 小时，计算该产品日生产能力；月生产能力，如果全年按 300 天计算，计算该产品的年生产能力。

解：（1）计算该产品的小时生产能力。

$$100 \times (3200 \times 10^{-3}) \times (280 \times 10^{-6}) \times 60 = 5.38 (吨)$$

（2）计算该产品的日生产能力。

$$5.38 \times 24 = 129.12 （吨）$$

（3）计算该产品的月生产能力。

$$129.12 \times 25 = 3228 （吨）$$

（4）计算该产品的年生产能力。

$$129.12 \times 300 = 3.87 （万吨）$$

所以，280 g/m^2 涂布白板纸小时产量是 5.38 吨，日产量是 129 吨，月产量是 3225 吨，年产量是 3.87 万吨。

【小练习 1.8】某企业拥有涂布白板纸生产线 3 条，每条生产线的设计生产能力为年产 4 万吨，三条生产线全部达产，求该企业涂布白板纸年生产能力。

解：

$$该企业年产涂布白板纸的生产能力 = 4 \times 3 = 12 （万吨）$$

所以，该企业年产涂布白板纸的生产能力是 12 万吨。

（二）成批及单件小批量生产的生产能力计算

当车间、工段按工艺原则布置时，某工序可以由单台设备完成也可以由设备组完成，设备组中的设备可以完成相同的工序，相互可替代。

1. 生产能力计算

（1）单台设备生产能力的计算，计算公式为

$$P_0 = \frac{F_e}{t}$$

式中，P_0 为单台设备生产能力；F_e 为单台设备计划期内有效工作时间；t 为单位产品台时定额。

【小练习 1.9】某企业有冲床 1 台，单班生产，日有效工作时间 7 小时，每分钟冲压产品 30 件，即单位产品工序台时定额为 2 秒钟，求该冲床的日加工能力。

解：计算该冲床的日加工能力。

$$P_0 = \frac{F_e}{t} = \frac{7 \times 60 \times 60}{2} = 12600 （件）$$

（2）设备组生产能力的计算。如果工序由一台设备承担，则单台设备生产能力就是工序生产能力；如果工序由 S 台设备承担，分以下几种情况。

1）情况一，单台设备生产能力相同，工序生产能力计算公式为

$$P = P_0 \times S$$

式中，P 为工序生产能力；S 为设备台数。

【小练习 1.10】某企业有车床 4 台，每台车床日有效工作时间 7 小时，单件产品工序台时定额为 20 分钟，年有效工作日为 250 天，求该工序的日加工能力和年加工能力。

解：（1）计算该工序的日加工能力。

$$P = P_0 \times S = \frac{F_e}{t} \times S = \frac{7 \times 60}{20} \times 4 = 84 \text{（件）}$$

（2）计算该工序的年加工能力。

$$\text{工序年加工能力} = 84 \times 250 = 21000 \text{（件）}$$

2）情况二，单台设备生产能力不同，工序生产能力计算公式为

$$P = \sum_{i=1}^{s} P_i$$

式中，P_i 为第 i 台设备的工序生产能力。

【小练习 1.11】某企业有 6 台车床用来加工 A 产品，单班生产，每台车床日有效工作时间 7 小时，其中 1 台车床单件产品工序台时定额为 20 分钟，2 台车床单件产品工序台时定额为 15 分钟，3 台车床单件产品工序台时定额为 30 分钟，年有效工作日为 250 天，求该工序的日加工能力和年加工能力。

解：（1）计算该工序的日加工能力。

$$P = \sum_{i=1}^{s} P_i = \frac{7 \times 60}{20} + \frac{7 \times 60 \times 2}{15} + \frac{7 \times 60 \times 3}{30} = 21 + 56 + 42 = 119 \text{（件）}$$

（2）计算该工序的年加工能力。

$$\text{工序年加工能力} = 119 \times 250 = 29750 \text{（件）}$$

2．计量单位

企业生产多种产品，各种产品生产所消耗工时各不相同，不易表达生产能力。比如，某大型机械加工企业生产大型齿轮、大型传动轴、大型曲轴和大型齿轮轴，产品加工工艺类似，但企业的生产能力不易表达。多品种产品生产能力就用**代表产品**或**假定产品**作为生产能力的实物计量单位。代表产品是指在多品种产品生产企业中，从结构、工艺和劳动量构成相似的产品中选出具有典型性的产品为代表，用代表产品产量表示生产能力，通常生产总工时量最大的产品为代表产品。假定产品是指在多品种产品生产企业中，产品结构、工艺和劳动量构成差别较大，不能用代表产品产量表示，用假定产品产量表示生产能力。假定产品是不存在的产品，是由各种产品按其产量比重构成的假想产品。

（1）代表产品生产能力的计算公式为

$$K_i = \frac{\sum t_i}{\sum t_d}$$

式中，K_i 为代表产品 i 的换算系数；$\sum t_i$ 为产品 i 的工序时间定额之和；$\sum t_d$ 为代表产品的工序时间定额之和。

【小练习 1.12】某企业生产 A、B、C、D 四种型号结构、工艺类似的产品用铣床加工，共有铣床 5 台，单件产品台时定额分别为 200 小时、150 小时、100 小时、300 小时，今年的计划产量分别为 20 台、30 台、60 台、10 台，每台铣床年有效工作时间为 4200 小时，用代表产品表示计划年生产能力和实际拥有的年生产能力。

解：（1）计算 5 台铣床有效工作时间总和。

$$4200 \times 5 = 21000（小时）$$

（2）计算各型号产品的消耗工时为

A 产品耗费工时 $20 \times 200 = 4000$（小时）

B 产品耗费工时 $30 \times 150 = 4500$（小时）

C 产品耗费工时 $60 \times 100 = 6000$（小时）

D 产品耗费工时 $10 \times 300 = 3000$（小时）

所以，C 产品消耗工时最多，选 C 产品作为代表产品。

（3）各型号产品的换算系数为

A 产品换算系数 $K_A = \dfrac{200}{100} = 2$，即生产 1 件 A 产品用工时，相当于生产了 2 件 C 产品。

B 产品换算系数 $K_A = \dfrac{150}{100} = 1.5$，即生产 1 件 B 产品用工时，相当于生产了 1.5 件 C 产品。

D 产品换算系数 $K_B = \dfrac{300}{100} = 3$，即生产 1 件 D 产品用工时，相当于生产了 3 件 C 产品。

（4）全部换算为 C 产品的计划产量为

A 产品换算成 C 产品的数量 $= 20 \times 2 = 40$（台）

B 产品换算成 C 产品的数量 $= 30 \times 1.5 = 45$（台）

D 产品换算成 C 产品的数量 $= 10 \times 3 = 30$（台）

所以，计划年产 20 台 A、30 台 B、60 台 C、10 台 D，相当于计划年产 C 产品为

$$40 + 45 + 60 + 30 = 175（台）$$

（5）代表产品的实际年生产能力为

$$P = P_0 \times S = \frac{F_e}{t} \times S = \frac{4200}{100} \times 5 = 210（台）$$

企业拥有 C 产品的生产能力是 210 台/年，计算结果如表 1.14 所示。

表 1.14　代表产品换算

产品名称	计划产量（台）	单位产品工时（小时）	换算系数	换算为代表产品的计划产量（台）	实际拥有总工时（小时）	实际拥有的生产能力（台）
①	②	③	④	⑤=②×④	⑥	⑦
A	20	200	2	40		
B	30	150	1.5	45	21000	210 台代表产品
C	60	100	1	60		
D	10	300	3	30		
合 计	120			175		

（2）假定产品生产能力的计算：

$$t_j = \sum_{i=1}^{n} t_i \theta_i$$

式中，t_j 为单位假定产品时间定额；t_i 为产品 i 的时间定额；θ_i 为产品 i 的产量比重；n 为产品品种数。

【小练习 1.13】企业生产 A、B、C、D 四种型号结构、工艺都不相同的产品，其他条件与【小

练习 1.12】相同，用假定产品表示年加工能力。

解：（1）计算实际拥有有效工作时间。

$$4200 \times 5 = 21000 （小时）$$

（2）计算产量比重。

$$\theta_A = \frac{20}{20+30+60+10} = 0.167$$

$$\theta_B = \frac{30}{20+30+60+10} = 0.25$$

$$\theta_C = \frac{60}{20+30+60+10} = 0.5$$

$$\theta_D = \frac{10}{20+30+60+10} = 0.083$$

（3）计算单位假定产品时间定额。

$$t_j = \sum_{i=1}^{n} t_i \theta_i = 200 \times 0.167 + 150 \times 0.25 + 100 \times 0.5 + 300 \times 0.083 = 145.8 （小时）$$

（4）计算实际拥有生产能力。

$$P = \frac{F_e}{t} = \frac{21000}{145.8} = 144 （台）$$

计算结果如表 1.15 所示。

表 1.15　假定产品换算

产品名称	计划产量(台)	各产品产量比重	单位产品工时（小时）	假定产品工时定额（小时）	换算为假定产品的计划产量(台)	实际拥有总工时（小时）	实际年生产能力（台）
①	②	③=②/∑②	④	⑤=∑③×④	⑥=②×④/⑤	⑦	⑧=⑦/⑤
A	20	0.167	200		27.43		
B	30	0.25	150	145.8	30.86	21000	144 台假定产品
C	60	0.5	100		41.15		
D	10	0.083	300		20.58		
合计	120				120（约数）		

3．车间生产能力的计算

确定车间的生产能力要进行综合平衡，通常以主要设备组的生产能力作为综合平衡的依据，主要设备组是指完成工作量比重大而无代用设备的设备组。当车间由同类设备组成时，其生产能力的计算方法与设备组的生产能力计算方法相同，如果车间工艺原则布置或者混合布置，有多种不同的工艺组时，其生产能力按瓶颈工艺能力计算。

4．工厂生产能力的计算

工厂生产能力在各车间生产能力平衡的基础上计算，既包括基本生产车间能力的平衡，也包括辅助生产车间和服务车间与基本生产车间的平衡。

【导入案例解析】

根据【情境 1.5】资料，任务实施步骤如下。

（1）计算各种设备的有效工时数。

$$车床全年有效工时 T_车 = T_0 \times S = 4200 \times 10 = 42000 （小时）$$

$$铣床全年有效工时 T_铣 = T_0 \times S = 4200 \times 12 = 50400 （小时）$$

$$磨床全年有效工时 T_磨 = T_0 \times S = 4200 \times 6 = 25200 （小时）$$

（2）计算各道工序设备的生产能力。

$$车床工序的生产能力\ P_{车}=\frac{F_e}{t}=\frac{42000}{30}=1400（件）$$

$$铣床工序的生产能力\ P_{铣}=\frac{F_e}{t}=\frac{50400}{45}=1120（件）$$

$$磨床工序的生产能力\ P_{磨}=\frac{F_e}{t}=\frac{25200}{25}=1008（件）$$

所以，该车间生产 Z-01 零件的年生产能力是 1008 件。

【技能训练】

根据【情境 1.5】任务实施计算结果，进一步发挥车床、磨床设备能力，达到年产 Z-01 零件 1400 件的生产能力，应该如何平衡生产能力（提示：增加作业班次、加班）。

【要点总结】

生产能力反映企业一定时间内能够达到的生产出产量，是制订生产计划的重要依据。生产能力与设备的有效工作时间、产品的工时定额和各工艺环节综合配套能力等密切相关，最终的生产能力是在生产单位平衡基础上的核算能力，生产能力受到瓶颈环节能力的制约。

【课后练习】

一、名词解释

1. 生产运作	2. 生产运作流程	3. 生产工序	4. 加工装配式生产
5. 流程式生产	6. 订货型生产	7. 库存式生产	8. 大量大批生产
9. 单件小批量生产	10. 成批生产	11. 产品原则布置	12. 工艺原则布置
13. 设计能力	14. 查定能力	15. 计划能力	16. 代表产品
17. 假定产品			

二、判断题

1. 生产过程类型相同的企业，其生产运作管理流程是一样的。　　　　　　　　（　　）

2. 一般采用相同的工艺方法和机器设备的加工作业划为一道工序，所以，一般工序是固定不变的。　　　　　　　　　　　　　　　　　　　　　　　　　　　　　　（　　）

3. 流程式生产又称连续型生产，自动化程度较高，对生产过程的加工工序调整后，可以生产不同类型的产品。　　　　　　　　　　　　　　　　　　　　　　　　　　（　　）

4. 加工装配式生产的生产设施集中布置，便于零件加工和产品装配集中管理，使生产管理简单化。　　　　　　　　　　　　　　　　　　　　　　　　　　　　　　　（　　）

5. 生产分为大量生产、成批生产与单件小批量生产，这三种生产组织方式大同小异，基本相同。　　　　　　　　　　　　　　　　　　　　　　　　　　　　　　　　　（　　）

6. 厂区空间合理地布局各个生产单位（部门），是合理组织生产的先决条件，所以，各个车间通常是按照车间（部门）的大小来布置的。（　　）

7. 装配式生产车间的设备布置是按照加工的工艺顺序来布置的。（　　）

8. 单件小批量生产一般都是库存式生产。（　　）

9. 产品经过多道生产工序加工，产品的生产能力由效率最高的生产工序能力决定。（　　）

10. 有多台设备完成相同的工序，每台设备生产能力各不相同，工序生产能力等于各台设备生产能力之和。（　　）

三、单项选择题

1. 如果（　　）不符合要求，那么企业可能达到的产出水平将取决于生产系统中生产能力最低的那个环节，其他环节的生产能力则有剩余而得不到充分利用。

　A. 生产过程的连续性　　　　　B. 生产过程的平行性
　C. 生产过程的比例性　　　　　D. 生产系统的柔性

2. 现代造船业把船体分成若干段，分别在船体车间内制造，最后把几段制成的船体吊到船台上拼装对焊，这样可以大大缩短每条船的生产周期，提高生产能力。这体现了（　　）。

　A. 生产过程的连续性　　　　　B. 生产过程的平行性
　C. 生产过程的比例性　　　　　D. 生产系统的柔性

3. 按（　　）分类，可以把各种生产过程分为单件小批生产类型、成批生产类型、大量生产类型三种基本生产类型。

　A. 产品的形态　　　　　　　　B. 产品的使用特征
　C. 产品的工艺特征　　　　　　D. 生产任务重复程度和工作地专业化程度

4. （　　）是指在没有接到用户的订单时按已有的标准产品或产品系列进行的生产，生产的目的是为了补充成品库存。

　A. 订货型组装型生产　　　　　B. 订货型生产
　C. 订货型制造型生产　　　　　D. 备货型生产

5. 下面哪一类不属于离散型的生产类型（　　）。

　A. 水泥　　　　B. 汽车　　　　C. 家电　　　　D. 机床

6. 以产品多样化来满足顾客个性化需求，最为理想的生产形式是（　　）。

　A. 大量生产　　B. 成批生产　　C. 单件生产　　D. 多品种小批量生产

7. 生产与作业管理的内容不包括（　　）。

　A. 生产准备和组织　　　　　　B. 生产计划
　C. 生产控制　　　　　　　　　D. 生产宣传

8. （　　）类企业不是单件小批生产的典型企业。

　A. 造船厂　　　　　　　　　　B. 重型机器制造厂
　C. 家用空调生产厂　　　　　　D. 大型水轮机制造厂

9. （　　）不是服务运作的特点。

　A. 生产率难以确定　　　　　　B. 质量标准难以确定
　C. 产量减少　　　　　　　　　D. 纯服务不能通过库存调节

10. （　　）是服务型的生产过程与物质生产型的生产过程的共性。

　A. 绩效都是通过顾客满意与否反映出来的

B. 都是投入——转换——产出的过程

C. 都是属于劳动密集型

D. 产品都不可存储

四、简答题

1. 按承担任务性质划分，生产过程分为哪几个部分？

2. 合理组织生产过程的基本要求有哪些？

3. 流程式生产与加工装配式生产的特点是什么？

4. 订单式生产与库存式生产的特点是什么？

5. 大量大批生产、成批生产与单件小批量生产的特点是什么？

6. 厂区布置的方法有哪些？

7. 车间布置的基本形式有哪些？其适用的条件是什么？

8. 生产过程时间组织的基本形式有哪些？

9. 生产过程时间组织中平行顺序移动的基本规则是什么？

五、计算题

1. 某批产品批量为 5 件，经过 4 道工序的加工时间分别为 10 分钟、15 分钟、5 分钟、10 分钟，求该批零件按平行顺序移动方式的生产周期。

2. 某企业有车床 5 台，每台车床日有效工作时间 7 小时，单件产品工序台时定额为 30 分钟，年有效工作日为 300 天，求该工序的日加工能力和年加工能力。

3. 某企业五个部门的业务相关性如图 1.25 所示，请布置各个部门在 3×2 的区域中，画图表示。

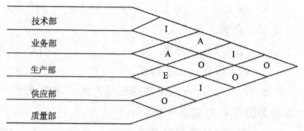

图 1.25　某企业五个部门业务关系相关图

【单元小测验】

扫描二维码，获得更多练习题目。

项目二

编制综合生产计划和主生产计划

【引言】

生产计划是对产品出产进度的安排。综合生产计划是为达到企业整体经营目标，根据市场需求在一段时间内充分利用企业生产能力的概括性计划；主生产计划是将综合计划的设想落实到具体生产什么产品、生产多少和什么时间出产的计划。通过本项目的学习要掌握综合生产计划和主生产计划的编制方法。

编制综合生产计划和主生产计划的基本内容如图 2.1 所示。

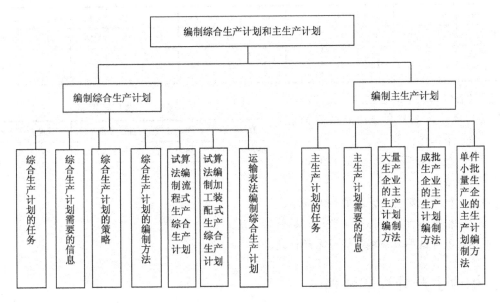

图 2.1　编制综合生产计划和主生产计划的基本内容

【学习目标】

【知识目标】

1. 掌握综合生产计划的构成和主要编制方法；

2. 掌握主生产计划的内容和编制方法。

【能力目标】

1. 能够编制综合生产计划；

2. 能够编制主生产计划。

任务一　编制综合生产计划

综合生产计划也称为**生产大纲**，通常以年为计划期，年度生产计划一般属于综合生产计划。它是对未来较长一段时间内不同产品系列概括性的安排，它是对一组类似产品总量的安排，而不涉及产品的具体型号、规格。比如某公司2016年计划生产家用空调100万台，这个数据只是空调系列产品产量数据，因为空调产品有壁挂式、柜式、变频等品种，可以再根据制冷量大小等划分规格、型号。综合生产计划的目的是明确生产效率、设备使用量、劳动力人数、库存量，选择最有利的生产策略，实现企业年度经营目标。

综合生产计划动画演示

【导入案例】

【情境2.1】某厂1天能够出产2台某型专用设备，经市场预测制订年度销售计划如表2.1所示，其他数据如表2.2所示。该厂最大加班能力为9台/月，外协能力为20台/月，生产开始时的期初库存量为5台，期末库存6台，不允许延迟交货，用运输模型法制订年度综合生产计划。

表2.1　年度销售计划　　　　　　　　　　　　　　（单位：台）

月　份	1	2	3	4	5	6	7	8	9	10	11	12	合　计
销售计划	60	28	36	35	37	48	50	44	42	42	37	40	499
正常生产天数	20	19	22	21	20	22	22	22	21	21	20	20	250

【案例分析】编制综合生产计划的基本的思路是选择最经济合理的方法安排生产，要做以下工作：

第一，根据生产资源情况选择可以采用的生产策略；

第二，核算各种生产策略的生产成本；

第三，根据情况选择综合生产计划编制的方法；

第四，用合适的方法编制综合生产计划。

表2.2　费用数据表

库　存　费	外协工费	加班工资费用	正常生产工资费用
800元/台·月	3500元/台	5000元/天	3300元/天

一、综合生产计划的任务

综合生产计划的任务就是在企业计划期内生产资源和需求平衡的基础上作出总体生产安排。主要任务如下：

（1）根据企业长期的战略规划目标，落实年度经营目标；

（2）根据计划年度市场需求和企业的生产能力，满足市场需求；

（3）优化配置企业内外生产资源，取得最好的经济效益。

二、综合生产计划需要的信息

编制综合生产计划需要以下几类信息。

（1）市场需求预测信息，对产品型号、规格、数量等的预测；

（2）计划期内可利用的资源信息，主要是库存信息、可获得的原材料、企业自身生产能力和可利用的外部生产能力；

（3）费用成本信息，包括以下方面：①基本生产成本，是指产品生产的固定成本、变动成本，正常人工成本和加班费等；②劳动力管理成本，是指招聘、培训、解聘人员发生的相关管理费用；③转包成本，是指企业生产能力不足时转包给其他企业生产发生的成本；④库存成本，是指产品库存保管发生的仓储费、保险费、损耗、折旧等费用；⑤延期交货成本，是指延期交货发生的赶工成本、延期交货给对方的补偿、赔偿等相关费用。

三、综合生产计划的策略

市场需求往往是波动变化的，生产计划既要保持生产的稳定性以保证生产效率，又要适应市场需求的变化。如果不随着市场的变化调整生产量，可能使库存量增加，增加库存成本，也可能由于缺货造成缺货损失；如果根据市场的变化来调整生产量，有时需要增加生产资源，有时因为生产资源过剩而闲置，这些都会增加生产成本。所以，要采取有利的生产策略，平衡生产与需求关系，使生产成本降到最低。

1. 需求追逐策略

当市场需求发生变化时，通过招聘、解聘员工的方式，调节劳动力数量适应市场需求的波动。当劳动力能力过剩时解聘工人，当劳动力能力不足时招聘补充工人，这种策略适用于劳动力成本低的地区。但这种策略使员工数量经常发生变动，容易疏远劳资关系，造成员工人心不稳，影响员工的工作积极性。

2. 劳动力稳定策略

通过柔性的工作计划调整工作时间，使生产量适应需求量变化。采用这种策略，工人数量相对稳定，当需求量发生变化时，通过加班或者缩短班时来调整工人的工作时间。这种策略避免了招聘解聘工人带来的人心不稳的弊端，但加班或工作量不够饱满均提高了劳动成本。

3. 外包策略

当需求量大增时，将超过企业生产能力部分的生产任务转包给其他企业完成。这一般是在企业增加生产资源不经济的情况下采用的策略，比如临时增加生产设备、工人数量提高生产能力时费用很高，生产是一次性的或者短期内扩产条件不具备，只有外包是最好的选择。外包的最大风险是质量、进度控制。

4. 生产均衡策略

通过调节库存水平，允许订单延期交货或者缺货等方法，来维持生产的稳定性。这种策略人员稳定，产出均衡，但降低了顾客的服务水平，增加了库存成本。

大多数企业不只是采取某种单一策略，而是采取上述策略的多种策略的混合策略。

四、综合生产计划的编制方法

常用的编制综合生产计划的方法有以下几种。

1. 试算法

试算法是为了适应计划期内的市场需求变化，采取不同的措施，拟定若干不同的生产方案，比较各个不同方案的生产成本或费用，选择出一个成本和费用相对较低的方案编制综合生产计划。其基本步骤如下。

第一步，确定计划期内各时段市场需求量；

第二步，确定计划期内各个时段企业正常生产能力；

第三步，列出调节生产的各种可供选择的方法，如加班、外协、新增设备、新增工人、存货调节、延期交货等，确定可供调节的数量及相关成本费用；

第四步，根据调节生产的方法拟定计划方案，计算其各自的成本；

第五步，比较分析各方案，选出满意的方案。

用试算法编制年度生产计划简便易行，但是难以找到最佳方案，只能得到满意方案。

2. 运输模型法

运输模型法是一种迭代方法，也称**运输表法**。它是用来在 M 个"供应源"和 N 个"目的地"之间决定一个任务分配方法，使得运输成本最小。我们借助这个模型解决计划期内，"M"个时段可供选择各生产方法的生产量和"N"个时段需求量的问题，使得生产成本最小。也就是说，根据计划期内的各个时段的需求量，确定分别在哪个时段，用什么方法生产，生产多少来满足这个需求。

3. 线性规划法

线性规划法是企业进行总产量计划时常用的一种定量方法。用线性规划模型解决问题的思路是，在有限的生产资源和市场需求条件约束下，求成本最低的总产量计划。该方法的最大优点是可以处理多品种问题。根据计划方案的基本准则建立目标函数，在选定的约束条件下建立模型，求解目标函数获得最优的计划方案，这种方法计算比较复杂，可以借助于专门的软件在计算机上求解。

五、试算法编制流程式生产综合生产计划

流程式生产产品单一，连续生产，不需要选择产品品种，生产人员数量相对固定。通常是利用库存调节来平衡销售与市场。消耗指标参考上一年的指标，综合生产计划的表现形式主要是生产进度计划。

【小练习 2.1】 某化工厂年产离子膜烧碱 5 万吨，月产量 4200 吨，年初库存 1000 吨，要求年终库存量 800 吨，计划期内市场需求预测如表 2.3 所示，计划 2 月份设备检修，设备检修月生产量最高达 3500 吨，试制订年度生产进度计划。

表 2.3　烧碱销售预测　　　　　　　　　　　　　　　（单位：千吨）

月　份	1	2	3	4	5	6	7	8	9	10	11	12	合　计
销售预测	3	2.5	3.5	5.5	5	4.4	4.4	4.5	4.2	4.4	4.2	4	49.6

解： 考虑以下问题：①满足销售计划需求；②充分利用生产能力；③库存调节平衡生产能力与市场需求；④试算生产进度计划。

满足表 2.3 中市场预测需求，并调整月度产量，保证年终库存量达到 800 吨，除 2 月份之外，各个月份都满负荷生产，2 月份产量达到 3200 吨即可满足生产目标要求。烧碱生产进度计划如表 2.4 所示。

表 2.4　烧碱生产进度计划　　　　　　　　　　　　　（单位：千吨）

月　份	1	2	3	4	5	6	7	8	9	10	11	12	全　年
销售预测	3	2.5	3.5	5.5	5	4.4	4.4	4.5	4.2	4.4	4.2	4	49.6
生产计划	4.2	3.2	4.2	4.2	4.2	4.2	4.2	4.2	4.2	4.2	4.2	4.2	49.4
预计库存量	2.2	2.9	3.6	2.3	1.5	1.3	1.1	0.8	0.8	0.6	0.6	0.8	

六、试算法编制加工装配式生产综合生产计划

加工装配式生产要进行产品品种选择，通过调整生产量、库存数量、人员数量等方法达到总成本最低。

【小练习 2.2】 如果【情境 2.1】中允许延迟交货，延迟交货 800 元/每台·月，当通过招聘人员增加生产能力时，新聘人员每天可以生产完成 1 台产品，每日工资合计 2000 元，如果当月招聘并解聘每次发生费用合计 10000 元，试用试算法制订年度综合生产进度计划。

思路： 考虑以下几种方案：①库存储备调节满足市场需求；②调整工人数量，调整生产班次，不加班，不设库存；③工人数量不变，不设库存，安排生产加班；④工人数量不变，不安排加班，安排外协；⑤综合考虑上述方案，但不允许缺货。用试算法求解如下。

计划方案一： 均衡生产，仅通过库存策略，平衡生产与需求，需求低时可库存储备，需求高时可以缺货，今后补上。

解：（1）

$$日平均生产需求量 = \frac{销售计划量合计 - 期初库存 + 期末库存}{正常生产总天数}$$

$$= \frac{499 - 5 + 6}{250} = 2（台/天）$$

实际产量 = 生产天数 × 2

（2）月末库存 = 当月实际产量 + 当月期初库存 - 当月销售计划；

（3）库存费用 = $\dfrac{期初库存 + 期末库存}{2}$ × 800，如果期初库存为负值，按 0 计算；

（4）延迟交货损失 = 延迟交货数量 × 800。

均衡生产库存调节需求方案试算见表 2.5，新增生产成本费用见表 2.6。

表 2.5　均衡生产库存调节需求方案试算

月　份	① 生产天数 （天）	② 实际产量 （台）	③ 计划销售量 （台）	④ 月末库存 （台）	⑤ 库存费用 （元）	⑥ 延迟交货损失 （元）
1	20	40	60	-15	0	12000
2	19	38	28	-5	0	4000
3	22	44	36	3	1200	
4	21	42	35	10	5200	
5	20	40	37	13	9200	
6	22	44	48	9	8800	
7	22	44	50	3	4800	
8	22	44	44	3	2400	
9	21	42	42	3	2400	
10	21	42	42	3	2400	
11	20	40	37	6	3600	
12	20	40	40	6	4800	
合　计	250	500	499		44800	16000

计划方案二：招聘人员增加生产能力，不加班，不设库存，不外协，如果招聘的人员当月不能满负荷工作，则当月解聘。

表2.6 库存调节新增生产成本费用表

总产量（台）	库存费用（万元）	延迟交货（万元）	费用合计（万元）
500	4.48	1.6	6.08

解：（1）计划产量=销售计划 – 期初库存 + 期末库存；

（2）正常生产能力=正常生产天数 × 2；

（3）需增加生产量=计划产量 – 正常生产能力；

（4）增加生产时间=增加生产量 × 1，（招聘人员每天生产 1 台）；

（5）新聘人员增加工资=增加生产时间 × 2000。

招聘人员增加产能方案试算表见表2.7，新增生产成本费用见表2.8。

表2.7 调整工人数量方案试算

月 份	①计划产量（台）	②正常生产能力（台）	③需增加生产量（台）	④增加生产时间（天）	⑤招聘和解聘费（元）	⑥新聘人员增加工资（元）	⑦备注
1	55	40	15	15	10000	30000	
2	28	38	0	0	0	0	
3	36	44	0	0	0	0	
4	35	42	0	0	0	0	1月份期初库存5台，需生产55台，满足60台的市场需求
5	37	40	0	0	0	0	
6	48	44	4	4	10000	8000	
7	50	44	6	6	10000	12000	
8	44	44	0	0	0	0	
9	42	42	0	0	0	0	
10	42	42	0	0	0	0	
11	37	40	0	0	0	0	
12	46	40	6	6	10000	12000	
合 计	500	500	31	31	40000	62000	

计划方案三：工人数量不变，不设库存，安排生产加班，但如果加班时间超过法定加班时间 36 小时/月，通过招聘增加人员。

表2.8 调整工人数量新增生产成本费用表

总产量（台）	招聘解聘费用（万元）	新聘人员增加工资（万元）	费用合计（万元）
500	4	6.2	10.2

解：（1）加班生产时间=加班生产量 ÷ 2（每天生产 2 台）；

（2）加班工资费用=加班生产时间 × 5000，（每天加班的费用合计是 5000 元）；

（3）招聘费和解聘费、新聘人员增加工资计算同方案二。

加班方案试算及加班新增生产成本费用表见表2.9 和表2.10。

表2.9 加班方案试算

月 份	①计划产量（件）	②正常生产能力（台）	③需增加生产量（台）	④加班生产时间（天）	⑤加班工资费用（元）	⑥招聘和解聘费（元）	⑦新聘人员增加工资（元）
1	55	40	15	0	0	10000	30000
2	28	38	0	0	0		
3	36	44	0	0	0		
4	35	42	0	0	0		
5	37	40	0	0	0		
6	48	44	4	2	10000		

月　份	① 计划产量 （件）	② 正常生产能 力（台）	③ 需增加生产 量（台）	④ 加班生产时 间（天）	⑤ 加班工资费 用（元）	⑥ 招聘和解聘 费（元）	⑦ 新聘人员增加 工资（元）
7	50	44	6	3	15000		
8	44	44	0	0	0		
9	42	42	0	0	0		
10	42	42	0	0	0		
11	37	40	0	0	0		
12	46	40	6	3	15000		
合　计	500	500	31	8	40000	10000	30000

计划方案四： 按照生产需求量生产，不设库存，能力不足时外协。

解： 外协费用=外协数量×3500。

外协方案试算及外协新增生产成本费用表见表2.11和表2.12。

表2.10　加班新增生产成本费用表

总产量 （台）	加班费 （万元）	招聘解聘费用 （万元）	新聘人员增加工资 （万元）	费用合计 （万元）
500	4	1	3	8

表2.11　外协方案试算

月　份	①计划产量（台）	②正常生产能力（台）	③自产量（台）	④外协数量（台）	⑤外协费用（元）
1	55	40	40	15	52500
2	28	38	28	0	0
3	36	44	36	0	0
4	35	42	35	0	0
5	37	40	37	0	0
6	48	44	44	4	14000
7	50	44	44	6	21000
8	44	44	44	0	0
9	42	42	42	0	0
10	42	42	42	0	0
11	37	40	37	0	0
12	46	40	40	6	21000
合　计	500	500	469	31	108500

计划方案五： 综合方案，不缺货，可设库存。

解：（1）各月份正常生产量与生产需求量比较，见表2.13。生产能力是按当月正常生产天数计算可达到的生产量，生产需求量是满足市场需求和库存量要求的生产量，可见，1、6、7、12月份生产能力不能满足当月需求。

表2.12　外协新增生产成本费用表

总产量 （台）	外协费用 （万元）	费用合计 （万元）
500	10.85	10.85

表2.13　各月份正常生产量与计划产量比较　　　　　（单位：台）

月　份	1	2	3	4	5	6	7	8	9	10	11	12
生产能力	40	38	44	42	40	44	44	44	42	42	40	40
生产需求量	55	28	36	35	37	48	50	44	42	42	37	46
产量余亏量	−15	10	8	7	3	−4	−6	0	0	0	3	−6

注：此处生产需求量仅指满足当月销售计划，除了年底外不设库存的数量。

（2）比较各方案满足新增加数量部分的单位产品增加成本。

加班一天生产 2 台，加班费用 5000 元，每台增加成本费用=5000÷2=2500（元）；

招聘增人每件产品新增成本=(招聘费和解聘费 + 新聘人员增加工资)÷新增数量；

1 月份招聘增人每件产品新增成本=(10000 + 30000)÷15=2666.7（元）；

6 月份招聘增人每件产品新增成本=(10000 + 8000)÷4=4500（元）；

7 月份招聘增人每件产品新增成本=(10000 + 12000)÷6=3666.7（元）；

12 月份招聘增人每件产品新增成本=(10000 + 12000)÷6=3666.7（元）。

不同生产策略单位产品增加成本见表 2.14。

比较各个方案，优先采取成本低的生产方案，依次采取库存、加班、招聘增人、外协。库存新增成本费用 1 个月为 800 元，2 个月为 1600 元，3 个月为 2400 元，所以库存不超过 3 个月优先采取库存策略。

表 2.14　不同生产策略单位产品增加成本

单件新增成本（元）＼方案＼数量（台）	1月	6月	7月	12月
	15	4	6	6
招聘增人	2666.67	4500	3666.67	3666.67
加　班	—	2500	2500	2500
外　包	3500	3500	3500	3500
库存（1个月）	—	800	800	800

（3）综合方案。1 月份加班能力不足，招聘增人完成计划产量；4 月份为 6 月份生产 4 台，为 7 月份生产 3 台；5 月份为 7 月份生产 3 台；11 月为 12 月份生产 3 台（正常生产按月付工资，不能达产也付全额工资）；12 月份加班生产 3 台。见表 2.15、表 2.16 和表 2.17。

表 2.15　综合方案

月　份	1	2	3	4	5	6	7	8	9	10	11	12
方　案	招聘增人	按需求生产		按生产能力生产								加班生产

表 2.16　综合方案试算

月　份	①计划产量（台）	②正常生产能力产量（台）	③加班产量（台）	④招聘增人产量（台）	⑤库存量（台）	⑥库存费用（元）	⑦加班费用（元）	⑧招聘增人增加生产费用（元）
1	55	40	0	15	0	0		40000
2	28	38	0	0	0			
3	36	44	0	0	0			
4	42	42	0	0	7	2800		
5	40	40	0	0	10	6800		
6	44	44	0	0	6	6400		
7	44	44	0	0	0	2400		
8	44	44	0	0	0	0		
9	42	42	0	0	0			
10	42	42	0	0	0			
11	40	40	0	0	3	1200		
12	43	40	3	0	6	3600	7500	
合　计	500	500	3	15		23200	7500	40000

表 2.17　综合方案新增生产成本费用表

总产量 （台）	加班费 （万元）	库存费用 （万元）	招聘人新增加工资 （万元）	费用合计 （万元）
500	0.75	2.32	4	7.07

七、运输表法编制综合生产计划

运输表法计算不复杂，可以获得最优解。由于假定了变量之间的线性关系，不一定符合实际情况，由于要求目标只有一个，约束条件少，所以，该种方法不适合解决多目标和多约束条件的情况。

【**小练习 2.3**】某制酒厂对当地市场预测年度销售计划如表 2.18 所示，费用数据如表 2.19 所示。生产开始时的期初库存量为 500 吨，要求期末库存 600 吨，不允许市场缺货，制订年度综合生产计划。

表 2.18　年度销售计划及生产能力　（单位：吨）

季　度	第1季度	第2季度	第3季度	第4季度	合计
销售预测	2000	700	800	1500	5000
正常生产	1000	800	1000	1000	3800
加班生产	300	200	200	300	1000
外　协	300	300	300	300	1200

表 2.19　费用数据

单位 库存费	外包 加工费	正常人工 成本	加班人工 成本
120 元/吨	2500 元/吨	1400 元/吨	2100 元/吨

解：（1）将全部生产能力填写到对应的表格中；之后各季度依次按照成本由低到高安排生产，每个季度为后面的季度生产时要根据期限计算库存费用，见表 2.20；

（2）第 1 季度共需要满足生产需求 2000 吨，满足本季度需求的是：期初库存 500 吨，正常生产 1000 吨，加班生产 300 吨，外协 200 吨；

（3）第 2 季度满足市场需求 700 吨，满足本季度需求的是：正常生产 700 吨，此时正常生产能力余 100 吨，加班能力余 200 吨，外协能力余 300 吨；

（4）第 3 季度满足市场需求 800 吨，满足本季度需求的是：正常生产 800 吨，此时正常生产能力余 200 吨，加班能力余 200 吨，外协能力余 300 吨；

（5）第 4 季度满足市场需求 1500 吨，期末库存 600 吨，共需 2100 吨。满足本季度需求是：本季度正常生产 1000 吨，第三季度为本季度正常生产 200 吨，第二季度为本季度正常生产 100 吨，本季度加班生产 300 吨，第三季度为本季度加班生产 200 吨，第二季度为本加班生产 200，本季度外协 100 吨。

表 2.20　运输表法制订综合生产计划过程　（单位：吨）

计划方案			计划期				未用生产能力	全部生产能力
			第1季度	第2季度	第3季度	第4季度		
计划期	期初库存	成本	0	120	240	360	0	500
		数量	**500**					
第1季度	正常生产	成本	*1400*	*1520*	*1640*	*1760*	0	1000
		数量	**1000**					
	加班生产	成本	*2100*	*2220*	*2340*	*2460*	0	300
		数量	**300**					
	外协生产	成本	*2500*	*2620*	*2740*	*2860*	100	300
		数量	**200**					

续表

计划方案			计划期				未用生产能力	全部生产能力
			第1季度	第2季度	第3季度	第4季度		
第2季度	正常生产	成本		1400	1520	1640	0	800
		数量		700		100		
	加班生产	成本		2100	2220	2340	0	200
		数量				200		
	外协生产	成本		2500	2620	2740	300	300
		数量						
第3季度	正常生产	成本			1400	1520	0	1000
		数量			800	200		
	加班生产	成本			2100	2220	0	200
		数量				200		
	外协生产	成本			2500	2620	300	300
		数量						
第4季度	正常生产	成本				1400	0	1000
		数量				1000		
	加班生产	成本				2100	0	300
		数量				300		
	外协生产	成本				2500	200	300
		数量				100		

注：表中斜体字表示成本，下季度单位成本等于本季度单位成本加库存费，黑体字表示此生产策略的生产量。

【导入案例解析】

根据【情境 2.1】资料，采用运输表法编制综合生产计划，根据成本由低到高采取经济合理的方案生产。

（1）根据表 2.2 资料，计算单位产品生产加工的变动成本费用。

单位产品正常生产工资费用=3300÷2=1650（元/台）（已经计入月工资）；

单位产品加班生产工资费用=5000÷2=2500（元/台）；

外协 3500 元/台；

库存 800 元台月，库存 3 个月库存费为 2400 元。

（2）1 月份销售预测 60 台，期初库存 5 台，满足本月需求应生产 55 台，有正常生产能力 20 天×2 台/天=40 台，加班生产 9 台（法定加班不超过 36 小时），外协 6 台。

（3）2 月份销售预测 28 台，有正常生产能力 19 天×2 台/天=38 台，正常生产 28 台。

（4）3 月份销售预测 36 台，有正常生产能力 22 天×2 台/天=44 台，正常生产 36 台。

（5）4 月份销售预测 35 台，有正常生产能力 21 天×2 台/天=42 台，正常生产 35 台满足本月需求，剩余 7 台生产能力。

（6）5 月份销售预测 37 台，有正常生产能力 20 天×2 台/天=40 台，正常生产 37 台满足本月需求，剩余 3 台生产能力。

（7）6 月份销售预测 48 台，正常生产能力 22 天×2 台/天=44 台，4 月份为本月需求正常生产4台。

（8）7月份销售预测50台，正常生产能力22天×2台/天=44台，4月份、5月份分别为本月生产3台。

（9）8月份销售预测44台，正常生产能力22天×2台/天=44台，正常生产44台。

（10）9月份销售预测42台，正常生产能力21天×2台/天=42台，正常生产42台。

（11）10月份销售预测42台，正常生产能力21天×2台/天=42台，正常生产42台。

（12）11月份销售预测37台，正常生产能力20天×2台/天=40台，满足本月生产需求正常生产37台，还剩余3台生产能力。

（13）12月份销售预测40台，期末库存6台，正常生产能力20天×2台/天=40台，正常生产40台，11月份为本月需求正常生产3台，本月加班生产3台。

见表2.21和表2.22。

表2.21 运输表法制订综合生产计划过程 （单位：台）

计划方案		1	2	3	4	5	6	7	8	9	10	11	12	未用生产能力	全部生产能力
计划期	期初库存	5												0	5
1	正常生产	40												0	40
	加班生产	9												0	9
	外协生产	6												14	20
2	正常生产		28											10	38
	加班生产													9	9
	外协生产													20	20
3	正常生产			36										8	44
	加班生产													9	9
	外协生产													20	20
4	正常生产				35		4	3						0	42
	加班生产													9	9
	外协生产													20	20
5	正常生产					37		3						0	40
	加班生产													9	9
	外协生产													20	20
6	正常生产						44							0	44
	加班生产													9	9
	外协生产													20	20
7	正常生产							44						0	44
	加班生产													9	9
	外协生产													20	20
8	正常生产								44					0	44
	加班生产													9	9
	外协生产													20	20

续表

计划方案		1	2	3	4	5	6	7	8	9	10	11	12	未用生产能力	全部生产能力
计划期	期初库存	5												0	5
9	正常生产									42				0	42
	加班生产													9	9
	外协生产													20	20
10	正常生产										42			0	42
	加班生产													9	9
	外协生产													20	20
11	正常生产											37	3	0	40
	加班生产													9	9
	外协生产													20	20
12	正常生产												40	0	40
	加班生产												3	6	9
	外协生产													20	20
合　计		55	28	36	35	37	48	50	44	42	42	37	46	348	848

表 2.22　主生产计划生产进度表　　　　　　　（单位：台）

	合　计	1	2	3	4	5	6	7	8	9	10	11	12
销售预测量	499	60	28	36	35	37	48	50	44	42	42	37	40
计划生产量	500	55	28	36	35	37	48	50	44	42	42	37	46
正常生产	482	40	28	36	42	40	44	44	44	42	42	40	40
加班生产	12	9											3
外协生产	6	6											

【技能训练】

　　某制酒厂的资料如【小练习 2.3】所示，生产定员 90 人，生产能力与人员成等比关系，人员招聘费为 200 元/人，解聘费为 500 元/人，试用试算法编制年度综合生产计划。

【要点总结】

　　综合生产计划通常是以年为计划期对产品出产进度做出安排。编制综合生产计划的策略通常有需求追逐策略、劳动力稳定策略、外包策略和生产均衡策略，编制方法通常有试算法、运输表法和线性规划法。编制综合生产计划就是在上述三种方法中选择合适的方法，采取合理的生产策略，使生产方案在经济上尽可能地合理，实现成本最低。

任务二　编制主生产计划

主生产计划（master production schedule，MPS）就是企业打算生产什么产品、什么时间生产、生产多少的生产计划，主生产计划规定了产品的品种、规格、数量、生产时间等，它是可执行的计划。它与综合生产计划的区别在于综合生产计划是规划企业总体生产能力，综合生产计划不会涉及产品的具体规格、型号和生产日期等指标，主生产计划的生产总量要等于综合生产计划确定的生产总量。

主生产计划是根据市场需求将综合生产计划的产品系列具体化，它确定具体产品具体的生产时间和数量。只有知道什么时候生产什么产品，生产多少，才能够对生产作业做出安排，才能知道为生产准备什么材料，准备多少，什么时候准备。所以，主生产计划是物料需求计划、零件生产计划、作业计划的依据。

生产计划动画演示

【导入案例】

【情境 2.2】某空调厂年度生产计划对第 1 季度的空调产量安排为：1 月份生产 4 万台，2 月份生产 3.6 万台，3 月份生产 4.4 万台。市场需求预测（各月需求平均分到 4 周中）和已接受的订单如表 2.23 所示，KFR-35GW/EY 型号和 KFR-26GW/HY 型号期初库存分别各为 1000 台；KFR-72LW/DBP 型号期初库存为 500 台，生产批量均为 1000 台，请编制 1、2 月份的主生产计划。

表 2.23　空调市场需求预测与已接受订单

需求	月/周	1月				2月			
		第1周	第2周	第3周	第4周	第5周	第6周	第7周	第8周
KFR-35GW/EY	预测	5000	5000	5000	5000	4000	4000	4000	4000
	订单	5800	4200	4000	2000	1000			
KFR-72LW/DBP	预测	2500	2500	2500	2500	2000	2000	2000	2000
	订单	2000	2000	1000	500	300			
KFR-26GW/HY	预测	2500	2500	2500	2500	3000	3000	3000	3000
	订单	3000	3000	2000	1500	1000	500		

【案例分析】编制主生产计划步骤如下：

第一，根据年度生产计划确定各月的生产量；

第二，根据市场需求预测与已签订的订单确定生产的具体产品规格型号；

第三，根据具体产品的库存量与市场需求预测和已签订的订单，确定具体产品的生产量和生产时段。

一、主生产计划的任务

主生产计划是将综合生产计划中的产品系列具体化，起到衔接综合生产计划与作业计划的作用，主要任务如下。

（1）对综合生产计划任务指标进行分解，明确产品系列中具体产品的生产数量和出产时间。比如年度综合生产计划安排 1 月份生产家用空调 4 万台，没有说明具体型号，主生产计划根据年度综合生产计划和市场需求安排生产任务量，1 月份的第 1 周生产 KFR-35GW/EY 型号空调 5000 台，KFR-72LW/DBP 型号 2000 台，KFR-26GW/HY 型号 3000 台，见图 2.2。

（2）平衡市场需求量和产品的生产量。比如在【情境 2.2】中，第 1 周和第 2 周市场需求 KFR-26GW/HY 型号空调分别为 3000 台，第 1 周计划生产 3000 台满足当月需求；第 2 周计划生产 2000 台，另有期初库存 1000 台，用于满足第 2 周市场需求 3000 台，同时平衡三种型号产品的市场需求量与产量，第一个月每周总产量 1 万台，见图 2.2。

空调年度计划生产进度

月　份	1	2	3
空调产量（万台）	4	3.6	4.4

空调主计划生产进度 （单位：台）

周 型号	第1周	第2周	第3周	第4周	第5周	第6周	第7周	第8周	第9周	第10周	第11周	第12周
KFR-35GW/EY	0.5	0.5	0.5	0.5	0.4	0.4	0.4	0.4	0.6	0.6	0.6	0.6
KFR-72LW/DBP	0.2	0.3	0.2	0.3	0.2	0.2	0.2	0.2	0.2	0.2	0.2	0.2
KFR-26GW/HY	0.3	0.2	0.3	0.2	0.3	0.3	0.3	0.3	0.3	0.3	0.3	0.3

图 2.2　综合生产计划任务分解示意图

（3）为编制物料需求计划、作业计划提供依据。

（4）提供供应市场产品的准确信息。

二、主生产计划需要的信息

制订主生产计划需要以下几项信息。

（1）期初实际存货持有量；

（2）计划期内各期具体产品的预测需求量；

（3）接受的顾客订单，承诺供给顾客产品的数量；

（4）计划期内的生产能力。

三、大量生产企业的主生产计划编制方法

大量生产产品品种单一、产量大，只需要根据综合生产计划安排的生产任务目标，再根据市场需求状况落实产品的型号或者规格的生产量即可，比如不同标号水泥的生产量，不同厚度热轧薄板的生产量，不同厚度浮法玻璃生产量等。其编制方法可以分为以下两种情况：

（1）对于需求相对稳定的市场，采取均匀生产，即单位时间内生产量大致相等。

（2）对于需求波动较大的市场，可以采取需求追逐策略、生产均衡策略和混合策略等，并根据市场的波动调整生产量和库存量，据此安排生产。

四、成批生产企业的主生产计划编制方法

成批生产企业的主生产计划的编制步骤如下。

（1）计算现有库存量。**现有库存量**是各期需求被满足后可利用的库存量。根据需求信息与期初库存，逐期计算现有库存量，直到它降到安全库存量数值以下。如果不设安全库存，现有库存量可能为负值。在不考虑主生产计划的条件下，现有库存量计算公式如下：

现有库存量=上期存货－max(本期预测需求量，本期合同订货量)

（2）确定各期主生产计划的产量和时间。当现有库存量低于安全库存或者为负数时安排生产。此时，现有库存量计算公式如下：

现有库存量=本期主生产计划量＋上期存货－max(本期预测需求量，本期合同订货量)

（3）计算待分配库存（available-to-promise inventory，ATP）。**待分配库存**是可承诺顾客在确切的时间内供货的产品数量。对于新的订单，营销部门可以用待分配库存量来签订合同，确定具体的供货日期。如果以周为时间单位安排生产，当周投入当周出产，则

第一周待分配库存=本期生产量＋期初库存量－下一次生产前合同订货量

第一周以后各周待分配库存=本期生产量－下一次生产前合同订货量

【小练习 2.4】某变压器生产企业预测 5、6 两个月份市场对 S11-M-250KVA 变压器需求量分别是 200 台和 240 台，各月需求量平均分配到 4 周中计算，已签订合同订单量如表 2.24 所示，期初库存量为 113 台，生产批量为 80 台，求 5、6 两个月份的主生产计划。

表2.24　变压器市场需求预测与已接受订单　（单位：台）

	5月				6月			
	第1周	第2周	第3周	第4周	第5周	第6周	第7周	第8周
预测需求	50	50	50	50	60	60	60	60
顾客订货	58	32	15	8	3			

解：　（1）5月份第1周。

未生产时现有库存量=上期存货－max(本期预测需求量，本期合同订货量)

=113－max(50,58)=55（台）

待分配库存=本期生产量（期初库存）－下一次生产前合同订货量

=113－(58＋32)=23（台）（第3周才需要安排生产）

5月份第1周的期初库存满足58台订单需求后，还剩有55台的现有库存，可以满足第2周的需求量 max(50,32)台，第3周的需求量是 max(50,15)台，所以，第3周要组织生产。113台满足第1周的58台和第2周的32台需求之后，还有23台待分配库存可承诺顾客新的需求。

（2）5月份第2周。

未生产时现有库存量=上期存货－max(本期预测需求量，本期合同订货量)

=55－max(50,32)=5（台）

上期存货（现有库存）可满足需求。本期没有生产，没有待分配库存。

（3）5月份第3周。

未生产时现有库存量=上期存货－max(本期预测需求量，本期合同订货量)

=5－max(50,15)=－45（台）

如果不安排生产，则现有库存量为负数，所以，5月份第3周期需要安排生产，安排生产后的现有库存量如下：

$$现有库存量=本期主生产计划量+上期存货-max(本期预测需求量，本期合同订货量)$$
$$=80+5-max(50,15)=35（台）$$

$$待分配库存=本期生产量-下一次生产前合同订货量$$
$$=80-15=65（台）（第4周需要安排生产，订货量只计本周）$$

本期生产80台满足订单需求15台后，还有65台待分配库存可承诺顾客新的需求。

（4）5月份第4周。

$$未生产时现有库存量=上期存货-max(本期预测需求量，本期合同订货量)$$
$$=35-max(50,8)=-15（台）$$

如果不安排生产，则现有库存量为负数，所以，5月份第4周期需要安排生产，安排生产后的现有库存量如下：

$$现有库存量=本期主生产计划量+上期存货-max(本期预测需求量，本期合同订货量)$$
$$=80+35-max(50,8)=65（台）$$

$$待分配库存=本期生产量-下一次生产前合同订货量$$
$$=80-(8+3)=69（台）（现有库存量可满足第5周需求，第6周需要安排生产）$$

本期65台待分配库存可满足下月60台市场预测需求；满足5月份的第4交货周和第5交货周的订单需求后，还有80-(8+3)=69（台）待分配库存可承诺满足顾客新的需求。

同理，6月份第6交货周到6月份第8交货周的计算结果列入表2.25中。

表2.25　主生产计划的制订过程　　　　（单位：台）

	5月				6月			
	第1周	第2周	第3周	第4周	第5周	第6周	第7周	第8周
预测需求	50	50	50	50	60	60	60	60
顾客订货	58	32	15	8	3	0	0	0
现有库存	55	5	35	65	5	25	45	65
主生产计划	0	0	80	80	0	80	80	80
待分配库存	23		65	69	0	80	80	80

五、单件小批量生产企业的主生产计划编制方法

单件小批量生产是按订单生产，其生产进度安排重点是保证交货期，根据每一份订单的产品品种、交货期、质量要求等条件，制订生产进度计划。生产进度安排不仅仅是投料产出的时间进度安排，而且是从产品设计开始一直到交货的时间进行安排。因为每一份订单都是按照客户要求进行设计生产的，生产很少重复，并且在生产过程中会出现修改设计、修改生产工艺的情况，主生产计划的改变将影响备料工作。为了应对订单的偶然性，单件小批量生产企业的主生产计划平衡生产能力时，对生产能力要留有余地。

由于主生产计划是在信息不完整的情况下编制的，这样主生产计划在执行过程中可能因发生变动而修改。而主生产计划是所有零件、物料需求计划的基础，如果修改已经开始执行但是尚未完成的计划，将引起一系列计划的改变和成本增加。如果增加主生产计划量，可能会由于物料不足、生产作业分配变更，而引起一系列的工作重新安排，导致延期交货、成本上升；当主生产计划量减少时，可能会产生剩余物料和零部件，并浪费生产能力；当变更产品品种时同样也会发生上述情况。所以，要设定一个时间段，使主生产计划在该期内不变或者不轻易变动，使生产计划有一个相对的稳定性。

【导入案例解析】

根据【情境 2.2】资料，主生产计划编制过程如下。

（1）1 月份第 1 周，本周总生产量为 10000 台。

1）产品 KFR-35GW/EY 现有库存量＝上期存货 – max(本期预测需求量，本期合同订货量)＝1000 – max(5000,5800)＝– 4800（台）；安排生产 5000 台：

现有库存量＝本期主生产计划量 + 上期存货 – max(本期预测需求量，本期合同订货量)

＝5000 + 1000 – max(5000,5800)＝200（台）

待分配库存＝本期生产量 + 期初库存 – 下一次生产前合同订货量

＝5000 + 1000 – 5800＝200（台）

2）产品 KFR-72LW/DBP 现有库存量＝上期存货 – max(本期预测需求量，本期合同订货量)＝500 – max(2500,2000)＝– 2000（台）；安排生产 2000 台：

现有库存量＝本期主生产计划量 + 上期存货 – max(本期预测需求量，本期合同订货量)

＝2000 + 500 – max(2500,2000)＝0（台）

待分配库存＝本期生产量 + 期初库存 – 下一次生产前合同订货量

＝2000 + 500 – 2000＝500（台）

3）产品 KFR-26GW/HY 现有库存量＝上期存货 – max(本期预测需求量，本期合同订货量)＝1000 – max(2500,3000)＝– 2000（台）；安排生产 3000 台（考虑各周的生产量平衡）：

现有库存量＝本期主生产计划量 + 上期存货 – max(本期预测需求量，本期合同订货量)

＝3000 + 1000 – max(2500,3000)＝1000（台）

待分配库存＝本期生产量 + 期初库存 – 下一次生产前合同订货量

＝3000 + 1000 – 3000＝1000（台）

（2）1 月份第 2 周，本周总生产量为 10000 台。

1）产品 KFR-35GW/EY 现有库存量＝上期存货 – max(本期预测需求量,本期合同订货量)＝200 – max(5000,4200)＝– 4800（台）；安排生产 5000 台：

现有库存量＝本期主生产计划量 + 上期存货 – max(本期预测需求量,本期合同订货量)

＝5000 + 200 – max(5000,4200)＝200（台）

待分配库存＝本期生产量 – 下一次生产前合同订货量＝5000 – 4200＝800（台）

2）产品 KFR-72LW/DBP 上期无存货，max(2500,2000)＝2500（台）；安排生产 3000 台：

现有库存量＝本期主生产计划量 – max(本期预测需求量，本期合同订货量)

＝3000 – max(2500,2000)＝500（台）

待分配库存＝本期生产量 – 下一次生产前合同订货量＝3000 – 2000＝1000（台）

3）产品 KFR–26GW/HY 现有库存量＝上期存货 – max(本期预测需求量，本期合同订货量)＝1000 – max(2500,3000)＝– 2000（台）；安排生产 2000 台：

现有库存量＝本期主生产计划量 + 上期存货 – max(本期预测需求量，本期合同订货量)

＝2000 + 1000 – max(2500,3000)＝0（台）

生产量小于合同订货量，待分配库存为零。

（3）1 月份第 3 周，本周总生产量为 10000 台。

1）产品 KFR–35GW/EY，安排生产 5000 台：

现有库存量=本期主生产计划量 + 上期存货 – max(本期预测需求量，本期合同订货量)

=5000 + 200 – max(5000, 4000)=200（台）

待分配库存=本期生产量 – 下一次生产前合同订货量=5000 – 4000=1000（台）

2）产品 KFR–72LW/DBP 现有库存量=上期存货 – max(本期预测需求量，本期合同订货量)=500 – max(2500,1000)= – 2000（台），安排生产 2000 台：

现有库存量=本期主生产计划量 + 上期存货 – max(本期预测需求量，本期合同订货量)

=2000 + 500 – max(2500, 1000)=0（台）

待分配库存=本期生产量 – 下一次生产前合同订货量=2000 – 1000=1000（台）

3）产品 KFR-26GW/HY 无库存量，安排生产 3000 台：

现有库存量=本期主生产计划量 + 上期存货 – max(本期预测需求量，本期合同订货量)

=3000 + 0 – max(2500, 2000)=500（台）

待分配库存=本期生产量 – 下一次生产前合同订货量=3000 – 2000=1000（台）

以后各周计算以此类推，见表 2.26。

表 2.26　主生产计划的制订过程　　　　　　　　（单位：台）

		1月				2月			
		第1周	第2周	第3周	第4周	第5周	第6周	第7周	第8周
预测需求	KFR-35GW/EY	5000	5000	5000	5000	4000	4000	4000	4000
	KFR-72LW/DBP	2500	2500	2500	2500	2000	2000	2000	2000
	KFR-26GW/HY	2500	2500	2500	2500	3000	3000	3000	3000
顾客订货	KFR-35GW/EY	5800	4200	4000	2000	1000	0	0	0
	KFR-72LW/DBP	2000	2000	1000	500	300	0	0	0
	KFR-26GW/HY	3000	3000	2000	1500	1000	500	0	0
现有库存	KFR-35GW/EY	200	200	200	200	200	200	200	200
	KFR-72LW/DBP	0	500	0	500	500	500	500	500
	KFR-26GW/HY	1000	0	500	0	0	0	0	0
MPS 量	KFR-35GW/EY	5000	5000	5000	5000	4000	4000	4000	4000
	KFR-72LW/DBP	2000	3000	2000	3000	2000	2000	2000	2000
	KFR-26GW/HY	3000	2000	3000	2000	3000	3000	3000	3000
ATP 量	KFR-35GW/EY	200	800	1000	3000	3000	4000	4000	4000
	KFR-72LW/DBP	500	1000	1000	2500	1700	2000	2000	2000
	KFR-26GW/HY	1000	0	1000	500	2000	2500	3000	3000

【技能训练】

在【小练习 2.4】中，5 月份的第 3 周又接到了新订单如表 2.27 所示，请重新安排主生产计划。

表 2.27　变压器市场需求预测与已接受订单　　　（单位：台）

	5月				6月			
	第1周	第2周	第3周	第4周	第5周	第6周	第7周	第8周
预测需求	50	50	50	50	60	60	60	60
顾客新订货			40	22	20	15	5	

【要点总结】

主生产计划的任务是将综合生产计划产品的生产量，分解成具体生产哪种规格型号产品，生产多少，什么时段生产以及生产顺序。在编制主生产计划时，根据市场需求情况，库存情况，并在平衡生产能力的基础上，对综合生产计划生产量进行分解，落实具体产品的产量和生产时段。重点确定产品的规格、型号、生产时间、生产数量、生产顺序等指标。

【课后练习】

一、名词解释

1. 综合生产计划　　2. 主生产计划　　3. 现有库存量　　4. 待分配库存

二、判断题

1. 综合生产计划的任务就是对企业在计划期内的生产资源和需求平衡的基础上作出总体生产安排，重点是落实生产产品的种类。　　　　　　　　　　　　　　（　　）

2. 用试算法编制流程式生产年度计划和编制加工装配式生产年度计划方法基本是一样的，都是根据市场需求调节生产能力和库存量达到平衡生产与需求关系，达到生产成本降到较低的目的。　　　　　　　　　　　　　　（　　）

3. 主生产计划就是企业打算生产什么产品、什么时间生产、生产多少的生产计划，所以，主生产计划就是月度计划。　　　　　　　　　　　　　　（　　）

4. 大量生产产品品种单一、产量大，所以，大量生产企业的综合生产计划与主生产计划是同一个计划。　　　　　　　　　　　　　　（　　）

5. 在成批生产企业的主生产计划中，通常是当现有库存量低于安全库存或者为负数时才安排生产。　　　　　　　　　　　　　　（　　）

6. 单件小批量生产是按订单生产，所以，单件小批量生产企业的主生产计划就是作业生产计划。　　　　　　　　　　　　　　（　　）

7. 单件小批量生产是按订单生产，其生产进度安排重点是保证交货期，所以，在编制主生产计划时要不断滚动更新计划，以保证能够按期交货。　　　　　　　　　　　（　　）

三、单项选择题

1. （　　）不是综合生产计划任务。
   A. 根据企业长期的战略规划目标，落实年度经营目标
   B. 根据计划年度市场需求和企业的生产能力，满足市场需求
   C. 优化配置企业内外生产资源，取得最好的经济效益
   D. 落实具体产品的生产量

2. 编制综合生产计划不需要（　　）信息。
   A. 产品的规格、型号　　　　　　　B. 原材料供应情况
   C. 工人的技术等级　　　　　　　　D. 产品的生产成本

3. （　　）是运输表法编制综合生产计划的特点之一。

     A. 运算复杂   B. 要求目标多   C. 约束条件多   D. 可获得最优解

4. 编制主生产计划不需（　　）信息。

    A. 库存信息   B. 市场需求预测

    C. 产品的生产成本   D. 顾客订单量

5. 主生产计划变更后，不发生变化的是（　　）。

    A. 备料   B. 生产成本   C. 作业安排   D. 生产大纲

四、简答题

1. 编制综合生产计划的策略有哪些？

2. 试算法编制综合生产计划的步骤有哪些？

3. 为什么要编制主生产计划？

4. 为什么对已经编制完成的主生产计划不要轻易变更？

五、计算题

    某水泥厂年产水泥 120 万吨，2 月份春节放假月产量为 5 万吨，其他月份平均生产能力为 10 万吨，年初库存 3 万吨，要求年终库存量 2 万吨，并且该厂要求水泥储存期不得超过两个月，计划期内市场需求预测如表 2.28 所示，试制订年度生产进度计划。

表 2.28　设备销售预测　　　　　　　　　　　　（单位：万吨）

月　　份	1	2	3	4	5	6	7	8	9	10	11	12	合　计
销售预测	9	6	8	8	8	8	10	10	11	11	12	11	112

【单元小测验】

扫描二维码，获得更多练习题目。

项目三

编制作业计划与作业排序

【引言】

作业计划是如何完成主生产计划任务的具体执行计划，将主生产计划任务落实到具体的班组、人员，并明确其工作量和工作时间。在编制作业计划时，要确定产品（工件）的加工顺序，作业排序就是安排不同产品的投产顺序；当生产是一次性工作的时候，按照项目化来管理，编制项目型作业计划。通过本项目的学习要掌握作业计划的编制方法和作业顺序安排。

编制作业计划与作业排序的基本内容如图 3.1 所示。

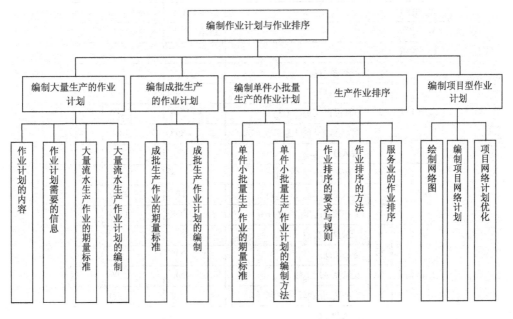

图 3.1 编制作业计划与作业排序的基本内容

【学习目标】

【知识目标】

1. 掌握不同类型生产过程作业计划的内容和编制方法；
2. 掌握作业排序的方法；
3. 掌握网络计划知识。

【能力目标】

1. 能够编制作业计划；
2. 能够编制 N 项作业在 3 个以内工作地的作业排序；
3. 能够编制项目型作业计划并优化。

任务一 编制大量生产的作业计划

作业计划是企业生产计划的具体执行计划，它把每项生产任务分配到具体的生产单位、工作中心及工作人员，规定他们每日的工作内容，规定他们每日生产的产品品种、数量。

大量生产企业主要是采用流水生产作业，生产连续、均衡、稳定，在生产线建设完成的时候，产品品种、工艺顺序、生产节拍（生产速度）等就已经确定。编制大量生产的作业计划主要是掌握好生产节拍、流水线标准工作指示图表和在制品定额等**期量标准**。

【导入案例】

【情境 3.1】某空调厂的一分厂只生产 KFR-35GW/EY 型号空调，1 月份计划生产 2 万台，其他条件列于表 3.1 中，编制机箱的月度作业计划。

表 3.1　车间内部、车间之间在制品占用

产品名称			KFR-35GW/EY		
计划产量			20000		
零件编号			2-14（件）	1-09（个）	
零件名称			机箱	过滤网	其他
每台件数			1	2	
装配车间	1	产出量（Q_{oj}）			
	2	废品（Q_{wj}）	—	—	
	3	在制品占用定额（Z_{ej}）	1000	2000	
	4	期初在制品预计占用量（Z'_{ej}）	800	1800	
	5	投入量（Q_{Ij}）			
零件库	6	半成品外销量（Q_{si}）	—	10000	
	7	半成品占用量定额（Z_I）	1100	2200	
	8	期初预计占用量（Z'_I）	900	1400	
加工车间	9	产出量（Q_{oi}）			
	10	废品（Q_{wi}）	200	—	
	11	在制品占用定额（Z_{ei}）	1300	500	
	12	期初在制品预计占用量（Z'_{ei}）	700	600	
	13	投入量（Q_{Ii}）			
材料库	14	半成品外销量（Q_{sh}）	—	—	
	15	半成品占用量定额（Z_H）	1600	5000	
	16	期初预计占用量（Z'_H）	2000	4000	

【案例分析】编制大量生产作业计划考虑的问题及方法。

（1）产品品种单一连续生产，属于流水作业生产；

（2）保证生产连续、均衡、稳定，必须规定合理的期量标准；

（3）根据需求、期量标准计算出计划期的投入与产出；

（4）根据大量流水作业生产连续、均衡、稳定的特点，将投入与产出量按日均匀地分配在计划期内。

一、作业计划的内容

作业计划的内容包括产品的品种、产量、作业地点、作业时间及消耗定额等。具体内容如下：

（1）产品品种是指生产产品的具体类型、规格；

（2）产量是指在计划期内生产符合质量标准要求的产品数量；

（3）作业地点是指具体在哪个车间、哪个班组或者哪台设备上生产作业；

（4）作业时间是指作业计划期的起止时间，即作业从何时开始到何时结束；

（5）消耗定额是指生产单件产品的劳动定额、物料消耗定额及成本定额等。

二、作业计划需要的信息

编制作业计划需要以下几项信息。

（1）主生产计划；

（2）前期作业完成情况，包括产品品种、产量、质量、消耗、完成率等；

（3）前期在制品的周转结存情况；

（4）原辅材料、工具的库存及供应情况；

（5）现有可利用的生产能力情况；

（6）工艺文件或作业指导文件的准备情况。

三、大量流水生产作业的期量标准

流水生产是指按照一定的工艺路线顺序布置工作地，加工对象按照统一的生产速度依次通过各个工作地完成各道工序的加工过程。期量标准是为了科学合理地组织生产活动，对生产数量和生产期所规定的标准。它是编制作业计划的重要依据，企业的生产类型和组织形式不同，期量标准也不同。

1. 节拍

节拍是流水线上生产相邻两件相同产品的时间间隔。节拍是组织大量流水线生产的重要依据，是流水生产期量标准中最重要的指标，它表示流水线生产速度的快慢。

（1）单一对象流水线节拍的计算。单一对象流水线也称为不变流水线，其特点是产品品种单一，在计划期内只生产一种产品，流水线节拍与各工序节拍一致。其生产节拍的计算公式如下：

$$r = \frac{F_e}{N}$$

式中，r 为流水生产线节拍；F_e 为计划期有效工作时间；N 为计划期产品的产量。

（2）多对象流水线节拍的计算。多对象流水线也称为可变流水线，是在计划期内轮流生产几种产品，或者在流水线上混合生产多种产品，可以按照劳动量比例分配法计算节拍。这种方法是将计划期有效工作时间按照各种产品的劳动量比例进行分配，然后根据各种产品分配到的有效工作时间和产量计算生产节拍。计算过程如表 3.2 所示的举例，表中每月按 25 个工作日计算，每班按 450 分钟计算（方爱华，2009）[182]。

表 3.2　可变流水线节拍计算

零件名称	计划产量（件）	单件定额工时（分/件）	总定额工时（分）	各种零件工时占总工时比重（%）	一个月内制造该零件工作日（天）	两班制日产量（件）	节拍（分/件）
①	②	③	④=②×③	$⑤=\dfrac{④}{\sum④}$	⑥=25×⑤	⑦=②÷⑥	$⑧=\dfrac{2\times450}{⑦}$
01-21	4000	10	40000	27.58	7	571	1.58
01-35	6000	5	30000	20.70	5	1200	0.75
01-09	5000	15	75000	51.72	13	385	2.34
			145000	100	25		

流水线由多道工序组成，各道工序节拍是生产相邻两件相同产品在该道工序的时间间隔。计算公式如下：

$$r_i = \frac{t_i}{s_{ei}}$$

式中，r_i 为第 i 道工序节拍；t_i 为第 i 道工序单件时间定额；s_{ei} 为第 i 道工序的工作地数。

2. 流水线标准工作指示图表

流水线**标准工作指示图表**也称为**标准计划**，该计划是作业计划工作的重要工作内容，依照标准计划安排工作地的作业计划。标准计划安排了工段、班组生产产品的品种、数量、期限和投入、产出顺序，详细计算出各工序需要工作地数目、各工作地的负荷、各工序配备工人数量以及工人的工作负荷。

（1）连续流水线的节拍与工序节拍一致，通常是连续生产，各**工序同期化**（流水线各工序时间与流水线节拍相等或成整倍数关系）程度高，每个工作地的工作制度基本一致，各道工序的生产率协调一致。标准计划编制比较简单，只需规定整个流水线的工作制度即可，如图 3.2 所示。

流水线特点	小时								每班时间安排		
	1	2	3	4	5	6	7	8	间歇次数（次）	间断时间（分钟）	工作时间（分钟）
装配过程									2	20	460
机加工过程									3	30	450
堆焊过程									6	60	420
铸造过程									4	40	440

图 3.2　连续流水线工作指示图表

（2）间断流水线同期化程度不高，需要分工序规定每个工作地的工作时间顺序，确定标准计划时间，计算工作地看管周期产量。间断流水生产的作业计划编制方法如下。

第一，确定**看管周期**。间断流水线中每道工序的节拍与流水线节拍可能不相等，为了使间断流水生产线有节奏地工作，预先设定一个时间段，使每道工序在该时间段内生产相同数量的产品，在这个预先设定的时间段内平衡各道工序的生产率达到一致，这个时间段称为看管周期。一般取一个班、二分之一个班或四分之一个班的时间为看管周期。

第二，计算工作地生产负荷。生产负荷通过负荷系数表示，负荷系数是各工作地有效工作时间与看管周期时间之比，也等于看管周期内各工作地应该完成生产任务量与实际生产能力之比，计算公式如下：

$$K_i = \frac{看管周期生产任务量}{看管周期实际生产能力} \times 100\% = \frac{\dfrac{看管周期}{流水线节拍}}{\dfrac{看管周期}{第i道工序时间定额}} \times 100\% = \frac{第i道工序时间定额}{流水线节拍} \times 100\%$$

$$K_i = \frac{t_i}{r} \times 100\%$$

式中，K_i 为工作地 i 的负荷系数。

当 $K_i > 100\%$ 超过工作地最大能力时，安排多个工作地生产，并根据人员安排情况调整各个工作地的计划工作时间。

第三，计算工作地的计划工作时间。工作地的计划工作时间是指工作地在看管周期的工作延续时间。计算公式如下：

$$T_i = RK_i$$

式中，T_i 为工作地 i 的计划工作时间；R 为看管周期。

第四，根据各工作地的负荷和计划工作时间落实各工作地生产工人。

第五，计算工作地看管周期产量。工作地看管周期产量指工作地在一个看管周期内应该生产的产品数量。计算公式如下：

$$N_i = \frac{T_i}{t_i}$$

式中，N_i 为看管周期内生产产品数量；t_i 为第 i 道工序单件工时定额。

【小练习 3.1】某企业发动机曲轴加工线两班生产，日产量 160 件，看管周期设定为 120 分钟，共有 9 道工序，各道工序单件工时定额依次为 12 分钟、4 分钟、5 分钟、5 分钟、8 分钟、5.8 分钟、3 分钟、3 分钟、6 分钟，试编制曲轴各工序及工作地的标准作业计划。

解：（1）计算看管周期内生产任务量。

$$单班生产任务量 = \frac{160}{2} = 80(件)$$

$$看管周期生产任务量 = \frac{80}{8 \times 60} \times 120 = 20(件)$$

（2）计算各工作地负荷系数。

$$流水线节拍 r = \frac{F_e}{N} = \frac{120}{20} = 6(分钟)$$

$$第1道工序工作地负荷系数 K_1 = \frac{t_1}{r} \times 100\% = \frac{12}{6} \times 100\% = 200\%$$

如果负荷超过 100% 时，增加工作地或者工人数量，当第 1 道工序安排两个工作地，每个工作地负荷系数为 100%；

$$第2道工序工作地负荷系数 K_2 = \frac{t_2}{r} \times 100\% = \frac{4}{6} \times 100\% = 66.7\%$$

$$第3道工序工作地负荷系数 K_3 = \frac{t_3}{r} \times 100\% = \frac{5}{6} \times 100\% = 83\%$$

$$第4道工序工作地负荷系数 K_4 = \frac{t_4}{r} \times 100\% = \frac{5}{6} \times 100\% = 83\%$$

$$第5道工序工作地负荷系数 K_5 = \frac{t_5}{r} \times 100\% = \frac{8}{6} \times 100\% = 133.3\%$$

所以，第 5 道工序安排 2 个工作地，工作负荷分别为 100% 和 33.3%，以此类推，计算结果列于图 3.3 中。

（3）计算工作地的计划工作时间。第 1 道工序安排 2 个工作地，安排 1 号和 2 号工作地的计划工作时间。

$$T_1 = T_2 = RK_1 = 120 \times 100\% = 120 （分钟）$$
第 2 道工序 3 号工作地的计划工作时间 $T_3 = RK_3 = 120 \times 66.7\% = 80$ （分钟）
第 3 道工序 4 号工作地的计划工作时间 $T_4 = RK_4 = 120 \times 83\% = 100$ （分钟）
第 4 道工序 5 号工作地的计划工作时间 $T_5 = RK_5 = 120 \times 83\% = 100$ （分钟）
第 5 道工序 6 号工作地的计划工作时间 $T_6 = RK_6 = 120 \times 100\% = 120$ （分钟）
第 5 道工序 7 号工作地的计划工作时间 $T_7 = RK_7 = 120 \times 33.3\% = 40$ （分钟）

以此类推，计算结果列于图 3.3 中。

（4）根据各工作地的负荷和计划工作时间落实各工作地生产工人。基本原则是尽量使每个工人满负荷工作。比如，3 号工作地工人完成第 2 道工序只需 80 分钟，然后去 7 号工作地工作 40 分钟，在第 5 道工序加工完成 5 件产品，这样 3 号工人在看管周期内满负荷工作，具体见图 3.3。

（5）计算工作地看管周期产量。

$$1 号和 2 号工作地看管周期产量 N_1 = N_2 = \frac{T_1}{t_1} = \frac{120}{12} = 10 （件）$$

$$3 号工作地看管周期产量 N_3 = \frac{T_3}{t_4} = \frac{80}{4} = 20 （件）$$

$$4 号工作地看管周期产量 N_4 = \frac{T_4}{t_4} = \frac{100}{5} = 20 （件）$$

$$5 号工作地看管周期产量 N_5 = \frac{T_5}{t_5} = \frac{100}{5} = 20 （件）$$

$$6 号工作地看管周期产量 N_6 = \frac{T_6}{t_6} = \frac{120}{8} = 15 （件）$$

$$7 号工作地看管周期产量 N_7 = \frac{T_7}{t_7} = \frac{40}{8} = 5 （件）$$

以此类推，计算结果列于图 3.3 中（程灏 等，2009）[314]。

流水线名称：曲轴加工线	轮班数：2		日产量：160件		节拍：6分钟/件		运输批量：1件	生产节奏：6分钟/件	看管周期：120分钟
工序号	班任务	单件工时定额	工作地号	负荷率(%)	工人编号	每一看管周期内的工作指示图表 20 40 60 80 100 120			看管周期产量
1	80	12	1	100	1				10
			2	100	2				10
2	80	4	3	67	3				20
3	80	5	4	83	4				20
4	80	5	5	83	5				20
5	80	8	6	100	6				15
			7	33	3				5
6	80	5.8	8	97	8				20
7	80	3	9	50	8				20
8	80	3	10	50	8				20
9	80	6	11	100	9				20

图 3.3 间断流水线标准计划工作指示图

3. 在制品定额

在制品指从原材料投入到成品入库为止，尚处于生产过程中还未完工的各种制品。**在制品定额**是指在必要的时间、地点和一定的生产技术与组织条件下，为保证生产均衡性所必需的最低限度的在制品数量。在制品定额法，就是根据大量大批生产特点，解决各车间在生产数量上的衔接，运用预先制定的在制品定额，按照工艺反顺序计算方法，调整车间的投入和产出数量，确定各车间的生产任务。在生产过程中，如果在制品数量不足会导致生产中断，如果在制品过多会导致库存量过大，资金占用多，影响经济效益。所以，要制定合理的在制品定额，保证生产均衡、连续和高效。在制品占用量的构成如图 3.4 所示。

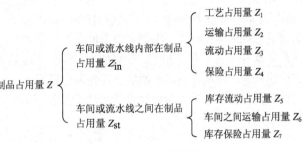

图 3.4　在制品占用量构成

（1）工艺占用量（Z_1），是指流水线内各工作地（或设备）正在加工、装配和检验的在制品数量。它的多少与流水线工序的数目、每道工序的工作地数目和每个工作地同时加工的在制品数量相关，工艺占用量在流水线设计时确定。

（2）运输占用量（Z_2），是指流水线内各道工序之间的运输装置上被运送的在制品数量。它的大小与运输方式、运输批量、运输间隔期等有关，它也是在流水线设计时确定。

（3）流动（周转）占用量（Z_3），间断流水生产线两道相邻工序由于生产率不同，为保持生产均衡，在工序之间存放的在制品数量。它的大小与相邻两道工序生产率的差异和工作地起止时间安排有关，流水线的同期化程度越高周转占用量越少。

（4）保险占用量（Z_4），是指为防备某生产环节出现意外事故时，仍能保证流水线连续正常生产而储备的在制品数量。保险占用量分两种，一是用来弥补废品损失和防止前道工序故障引起供应中断而设置的在制品，这类在制品放置在流水线的末端；二是用来弥补关键工序工作效率与计划节拍不符或者关键工序设备发生故障而设置的在制品，这类在制品放置在关键工序或者关键设备旁边。它的大小与生产周期、制品的价值、生产工艺的复杂性和稳定性及设备调整时间长短等因素有关。

（5）库存流动占用量（Z_5），是指流水线间或者前后车间生产效率不同，为保持连续正常生产，而形成的在制品数量。

（6）车间之间运输占用量（Z_6），是指处于车间之间的运输设施上在运输过程中的在制品数量。

（7）库存保险占用量（Z_7），是指为防备车间或者流水线因故延期交货时，仍能保证需求车间连续正常生产而设置的在制品数量。

四、大量流水生产作业计划的编制

1. 厂级生产作业计划的编制

厂级生产作业计划是为各个车间分配生产任务，保证各个车间之间生产的品种、数量和生产进度相互衔接，保证生产成套性与生产的均衡性。厂级生产作业计划由厂级生产管理部门编制，编制时首先确定合理的计划单位，计划单位是编制作业计划时对生产任务规定的计算单位，它反映了生产车间之间的分工协作关系。比如电饭煲生产企业的组装车间，采用的计划单位是某型号（X型）电饭煲产品，即生产任务是生产 X 型电饭煲多少件；注塑车间的计划单位是电饭煲配套注塑件，即生产任务是生产 X 型电饭煲配套注塑件多少套；冲压车间的计划单位是电饭煲内胆零件，即生产任务是生产 X 型电饭煲配套内胆多少只等。所以，厂级生产作业计划的计划单位可以是产品、组件、零件等。

大量流水生产线企业分配车间生产任务的方法包括订货点法和在制品定额法。订货点法是根据市场需求和库存量情况分配生产任务量；在制品定额法是为了保证各个生产车间的相互衔接，根据在制品定额分配各个车间的生产任务。如果各个车间之间没有依次加工工艺衔接关系，则只需将计划期的生产任务，根据各个车间生产工艺的分工，按生产能力直接分配给各个车间。如果产品依次经过各个车间加工，车间加工之间呈半成品关系，按照工艺过程反顺序，逐个计算投入和产出任务，即用在制品定额法。首先规定最后车间的产出量，根据最后车间的产出量计算其投入量；再根据这个投入量计算上游工序产品的产出量，依此逆工序推算。如果 j 车间为 i 车间的后续车间，计算公式如下：

$$Q_{oi} = Q_{lj} + Q_{si} + (Z_I - Z_I')$$
$$Q_{li} = Q_{oi} + Q_{wi} + (Z_e - Z_e')$$

式中，Q_{oi} 为 i 车间的产出量；Q_{lj} 为 j 车间的投入量；Q_{si} 为 i 车间外销半成品量；Z_I 为车间之间库存在制品定额；Z_I' 为期初预计库存量；Q_{li} 为 i 车间的投入量；Q_{wi} 为 i 车间的废品量；Z_e 为 i 车间内部在制品定额；Z_e' 为 i 车间内部期初在制品占用量。

2. 车间内部生产作业计划的编制

厂级作业计划是把生产任务落实到车间，车间内部生产作业计划是将生产任务落实到每个工作地和工人。车间内部生产作业计划的编制主要包括两个层次的内容：首先将车间的生产作业任务分解到工段（小组），编制车间分工段（小组）的月度作业计划和旬（周）作业计划，然后将工段（小组）的作业任务落实到工作地，编制工段（小组）分工作地的旬（周）作业计划，将生产任务落实到具体的工作地或者工人。

编制分工段（小组）的月度作业计划时，如果车间内部各工段（小组）是按照对象原则布置工作地，将车间月度作业计划中的零件加工任务平均分配给对应的工段即可；如果是按照工艺原则布置，则按照工艺反方向依次安排各工段的投入与产出量；分工段内的作业计划也是同理，将工段的生产任务分解落实到每个工作地，编写出工作地的日历进度计划。

【导入案例解析】

（1）首先，应用在制品定额法确定各个生产车间投入量和产出量。

1）装配 1 台空调配 1 件机箱，求装配 2 万台空调需要机箱数量：

$$Q_{oj} = 20000 \times 1 = 20000 \text{（件）}$$

2）求装配车间的机箱的投入量：

$$Q_{lj} = Q_{oj} + Q_{wj} + (Z_{ej} - Z_{ej}') = 20000 + 0 + (1000 - 800) = 20200 \text{（件）}$$

3）保证空调整机装配车间需要，求机箱车间机箱的产出数量：

$$Q_{oi} = Q_{ij} + Q_{si} + (Z_I - Z_I') = 20200 + 0 + (1100 - 900) = 20400 \text{（件）}$$

4）求加工车间机箱的投入数量：

$$Q_{li} = Q_{oi} + Q_w + (Z_{ei} - Z_{ei}') = 20400 + 200 + (1300 - 700) = 21200 \text{（件）}$$

计算结果如表 3.3 所示。

表 3.3　车间之间投入量与产出量计算

			产品名称	KFR-35GW/EY	
			计划产量	20000	
			零件编号	2-14（件）	1-09（个）
			零件名称	机箱	过滤网	其他
			每台件数	1	2
装配车间	1	产出量（Q_{oj}）		**20000**	
	2	废品（Q_{wj}）		—	—
	3	在制品占用定额（Z_{ej}）		1000	2000
	4	期初在制品预计占用量（Z'_{ej}）		800	1800
	5	投入量（Q_{lj}）		**20200**	
零件库	6	半成品外销量（Q_{si}）		—	10000
	7	半成品占用量定额（Z_l）		1100	2200
	8	期初预计占用量（Z'_l）		900	1400
加工车间	9	产出量（Q_{oi}）		**20400**	
	10	废品（Q_{wi}）		200	
	11	在制品占用定额（Z_{ei}）		1300	500
	12	期初在制品预计占用量（Z'_{ei}）		700	600
	13	投入量（Q_{fi}）		**21200**	
材料库	14	半成品外销量（Q_{sh}）		—	
	15	半成品占用量定额（Z_H）		1600	5000
	16	期初预计占用量（Z'_H）		2000	4000

注：加粗斜体部分为计算值，其他部分为已知值。

（2）根据车间投入量和产出量编制月度作业计划，见表 3.4。

（3）根据月度生产作业计划和有效工作日编制车间日历进度计划（生产日程计划），见表 3.5。

表 3.4　1 月份机箱车间投入与产出计划（单位：件）

序号	零件编号与名称	每台件数	装配投入量	库存定额差额	外销量	产出量	投入量
1	2-14 机箱	1	20200	200	0	20400	21200
2	…						

表 3.5　1 月份机箱车间日历进度计划　　　　　　（单位：件）

零件编号零件名称	计划产出量	计划投入量	项目	日期 1	2	3	4	…	…	…	31
2-14 机箱	20400	21200	计划投入 计划产出 实际产出 累计产出	848 816	848 816	848 816	848 816	…	…	…	848 816
…			计划投入 计划产出 实际产出 累计产出								

注：本月按 25 个工作日计算。

【技能训练】

请编写【情境3.1】案例中过滤网的作业计划。

【要点总结】

作业计划的内容包括产品的品种、产量、作业地点、作业时间及消耗定额等。期量标准是编制作业计划的重要依据，大量生产的作业计划的期量标准有生产节拍、流水线标准工作指示图表和在制品定额等。大量生产厂级作业计划通常用在制品定额法编制，将生产任务分配到各个车间，保证各个车间之间生产的品种、数量和生产进度相互衔接。车间内部生产作业计划是将生产任务落实到每个工作地和工人，如果生产是按照工艺原则布置，则按照工艺反方向依次安排各工段的投入量与产出量。

任务二　编制成批生产的作业计划

成批生产企业通常是库存式生产与订货式生产相结合，在一定的时间间隔中依次轮番生产多种产品。这些品种的产品在结构和工艺上具有相近性，各种产品的工艺路线不尽相同，安排生产时有多种工艺路线选择。这样，有时关键设备成为生产瓶颈，在安排生产时要合理地利用设备能力，尽量使生产均衡、稳定。通常情况下成批生产企业的订单对交货期要求较为严格，使得成批生产企业的作业计划编制较为复杂。编制成批生产作业计划的期量标准有生产批量、生产间隔期、生产周期、生产提前期和在制品占用量定额。

【导入案例】

【情境3.2】某企业到10月15日结束，累计完成某型号产品生产120件，其他资料见表3.6，按照累计编号法编制10月份后半月的作业计划。

表3.6　某企业生产资料

工　艺	生产批量（件）	生产周期（天）	生产间隔期（天）	保险期（天）	产出提前期（天）	投入提前期（天）
毛坯生产	80	4	8	1	15	19
机加工生产	40	5	4	1	5	10
装配生产	20	2	2	0	0	2

【案例分析】编制成批生产作业计划考虑的问题及方法。

（1）成批生产的作业计划编制必须准确掌握生产批量、生产间隔期、生产周期、生产提前期和在制品占用量定额等期量标准；

（2）用累计编号法编制成批生产的作业计划，计算出各个工艺阶段的投入、产出累计编号；

（3）根据投入、产出的累计编号计算投入量和产出量。

一、成批生产作业的期量标准

1. 生产批量与生产间隔期

生产批量是指为某制品生产做了一次生产准备，这次生产准备要完成的相同制品数量就是生产批量。如果生产批量大，连续生产时间长，设备调整的次数少，设备利用率就高；如果生产批量小，连续生产时间短，设备调整频繁，设备利用率就低。选择批量的大小不仅要考虑设备的利用率，还要考虑市场需求和库存成本，使生产批量达到经济合理性要求。**生产间隔期**是指相邻两批相同产品投入或产出的间隔时间。

2. 生产周期

生产周期是指制品从原料投入到成品产出所经历的全部时间。生产周期的时间包括：工艺加工过程时间、检验过程时间、运输过程时间、制度规定的停歇时间等。生产周期是非常重要的期量标准，它是确定产品在各个环节的投入和产出时间和编制作业计划的主要依据。生产周期的时间结构如图 3.5 所示。

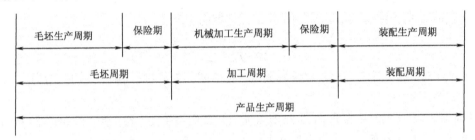

图 3.5　产品生产周期结构示意图

（1）单工序流程式生产的生产周期计算。流程式生产一般为流水生产，生产均匀、连续，尽管表示设备生产能力的技术参数单位不同，有的用线速度表示，有的用单位时间产出量表示，但都可以转换为单位时间产品的产出数量或者单位产量的生产时间。比如【小练习 1.7】可以根据工作车速、纸张宽度、厚度规格计算出单位时间的生产量。生产周期计算公式如下：

$$T = \frac{Q}{t}$$

式中，T 为生产周期；Q 为生产批量；t 为单位产量的生产时间。

（2）多工序流程式生产的生产周期计算。多工序流程式生产的生产周期等于各道工序加工周期和周转时间之和。生产周期计算公式如下：

$$T = \sum_{i=1}^{n} T_i + \sum_{s=1}^{n-1} T_s$$

式中，T 为产品生产周期；T_i 为 i 工序生产时间；T_s 为工序间的在制品周转时间。加工装配式生产可参考多工序流程式生产计算方法计算生产周期。

3. 生产提前期

提前期是指一项工作从完工的时间算起，倒推到开始之时经历的时间，即从工作开始到工作结束的时间。如图 3.6 所示，描述了提前期的含义。

生产提前期是指产品在各工艺阶段投入或者产出时间到产品完工入库经历的全部时间。

投入提前期是指制品在某工艺阶段投入生产的时间比成品完工时间应提前的时间。制品在某一工艺阶段的投入提前期等于该工艺阶段产出提前期加上该工艺阶段的生产周期。

产出提前期是指制品在某一工艺阶段产出的时间比成品完工产出时间应提前的时间。通常情况下，为了防止生产延误的影响和考虑运输时间会设置保险期。

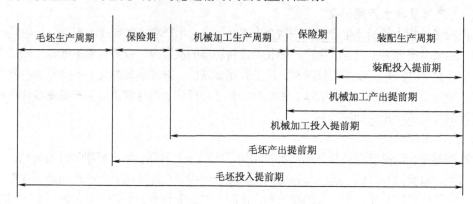

图 3.6　生产提前期示意图

（1）当前后工序生产间隔期相等时，生产提前期的计算公式为

$$T_{il} = T_{io} + T_i$$
$$T_{io} = T_{jl} + T_b$$

式中，T_{il} 为 i 车间投入提前期；T_{io} 为 i 车间产出提前期；T_i 为 i 车间生产周期；T_{jl} 为 j 车间投入提前期；T_b 为保险期。

【小练习3.2】某批产品要求 10 月 30 日交货，产品依次经过毛坯车间，机加工车间和装配车间进行生产，产品在各车间的生产周期依次为 4 天、5 天和 2 天，毛坯加工与机加工的保险期均为 1 天，求各车间的最迟的投入与产出时间。

解：产品出产日期为生产提前期计算的始点，所以，装配车间产出提前期的坐标为零点。

装配车间产出提前期 $T_{装出}=0$

装配车间投入提前期 $T_{装投} = T_{装出} + T_装 = 0 + 2 = 2$ （天）

机加工车间产出提前期 $T_{机出} = T_{装投} + T_保 = 2 + 1 = 3$ （天）

机加工车间投入提前期 $T_{机投} = T_{机出} + T_机 = 3 + 5 = 8$ （天）

毛坯车间产出提前期 $T_{坯出} = T_{机投} + T_保 = 8 + 1 = 9$ （天）

毛坯车间投入提前期 $T_{坯投} = T_{坯出} + T_坯 = 9 + 4 = 13$ （天）

将计算结果画到表 3.7 中。

表 3.7　生产提前期图表

车间	日　期														
	16	17	18	19	20	21	22	23	24	25	26	27	28	29	30
毛坯															
机加工															
装配															

投入提前期　　　　　产出提前期

根据表 3.7 可知：装配车间投入提前期的日期为 10 月 28 日；机加工车间产出提前期的日期为 10 月 27 日，投入提前期的日期为 10 月 22 日；毛坯车间产出提前期的日期为 10 月 21 日，投入提前期的日期为 10 月 17 日；将以上计算结果列于表 3.8 中。

表 3.8　各车间投入与产出时间表

工艺	生产周期（天）	保险期（天）	投入提前期（天）	产出提前期（天）	投入日期	出产日期
毛坯生产	4	1	9＋4＝13	8＋1＝9	10.17	10.21
机加工生产	5	1	3＋5＝8	2＋1＝3	10.22	10.27
装配生产	2		2	0	10.28	10.30

（2）当前后生产车间的生产间隔期不相等但呈整倍数时，生产提前期的计算公式为

$$T_{il} = T_{io} + T_i$$
$$T_{io} = T_{jl} + T_b + |R_i - R_j|$$

式中，R_i 为 i 车间生产间隔期；R_j 为 j 车间生产间隔期。

【小练习 3.3】其他条件与【小练习 3.2】相同，只是装配车间的生产间隔期为 2 天，机加工车间的生产间隔期为 4 天，铸造车间的生产间隔期为 8 天，求生产提前期。

解： 装配车间没有保险期，产出提前期的坐标为零点，它没有后续工序。

装配车间产出提前期 $T_{装出} = 0 + 0 + 0 = 0$（天）

装配车间投入提前期 $T_{装投} = T_{装出} + T_装 = 0 + 2 = 2$（天）

机加工车间产出提前期 $T_{机出} = T_{装投} + T_保 + |R_机 - R_装| = 2 + 1 + |4 - 2| = 5$（天）

机加工车间投入提前期 $T_{机投} = T_{机出} + T_机 = 5 + 5 = 10$（天）

毛坯车间产出提前期 $T_{坯出} = T_{机投} + T_保 + |R_坯 - R_机| = 10 + 1 + |8 - 4| = 15$（天）

毛坯车间投入提前期 $T_{坯投} = T_{坯出} + T_坯 = 15 + 4 = 19$（天）

将计算结果画到表 3.9 中。

表 3.9　生产提前期图表

车间	日期																			
	11	12	13	14	15	16	17	18	19	20	21	22	23	24	25	26	27	28	29	30
毛坯																				
机加工																				
装配																				

投入提前期　　　　　产出提前期

根据表 3.9 可知：装配车间投入前期的日期为 10 月 28 日；机加工车间产出提前期的日期为 10 月 25 日，投入提前期的日期为 10 月 20 日；毛坯车间产出提前期的日期为 10 月 15 日，投入提前期的日期为 10 月 11 日；将以上计算结果列于表 3.10 中。

表 3.10　各车间投入与产出时间表

工艺	生产周期（天）	生产间隔期（天）	保险期（天）	投入提前期（天）	产出提前期（天）	投入日期	出产日期
毛坯生产	4	8	1	15＋4＝19	10＋1＋（8－4）＝15	10.11	10.15
机加工生产	5	4	1	5＋5＝10	2＋1＋（4－2）＝5	10.20	10.25
装配生产	2	2	0	2	0	10.28	10.30

二、成批生产作业计划的编制

1. 厂级作业计划的编制

编制成批生产作业计划通常用累计编号法，这种方法是根据交货期日期，逆工序计算各工艺阶段的提前期，再通过提前期与生产量之间的关系将提前期转化为投入量与产出量。即从年初或者生产该型号产品开始算起，按照成品产出的顺序，为每一个产品编一个累计号码，在同一个时点上，产品在某一生产工艺阶段上的累计号码，与成品产出的累计号码之差称为提前量，其大小与提前期成正比例关系。累计编号的一般步骤如下。

（1）首先确定各个生产环节的生产提前期定额与批量定额。

（2）计算各个车间计划期末的产品产出和投入应达到的累计号数。

$$N_O = N_{OL} + n_d T_O$$

$$N_I = N_{OL} + n_d T_I$$

式中，N_O 为本车间产出累计号；N_{OL} 为最后工序车间产出累计号；N_I 为本车间投入累计号；T_O 为本车间产出提前期；T_I 为本车间投入提前期；n_d 为最后车间日均产量。

（3）计算车间在计划内产品产出量和投入量。

$$\Delta N_O = N_O - N_O'$$

$$\Delta N_I = N_I - N_I'$$

式中，ΔN_O 为计划期本车间产出量；N_O' 为本车间期初产出累计号；ΔN_I 为计划期本车间投入量；N_I' 为本车间期初投入累计号。

（4）对计算出的产品产出量和投入量进行修正，使产出量和投入量与批量相等或成整数倍关系。

同一件产品所有零件都属于一个编号，每个车间都按照规定的累计编号生产，就能保证零件的成套生产。

2. 车间内部作业计划的编制

成批生产车间内部作业计划要将月度的厂级生产作业计划分解为零件任务，再将零件任务细化为工序任务，分配到有关的生产单位和工作地。由于成批生产的生产任务不稳定，生产零件种类众多，工艺路线各不相同，多种工序共用生产设备，这样造成生产作业计划编制比较复杂。因此，需要将生产作业计划分解为三个层次，分别是作业进度计划、作业短期分配计划和作业进度控制，后两个层次的内容将在本项目中的任务四生产作业排序和任务五编制项目型作业计划中讨论，本任务只讨论作业进度计划。

编制作业进度计划的任务是为计划期内各项作业任务配置所需的生产能力，在保证交货期要求和保持生产负荷与能力平衡的条件下，编制出作业任务的进度日程计划。进度日程计划在定期轮番生产的情况下可与厂级作业计划同步，在不定期轮番生产的情况下应小于厂级作业计划的计划期，比如以半月或者旬为计划期编制车间内部的作业计划。编制作业计划的步骤如下。

（1）准备编制计划所需的材料。一是要准备零件的工艺路线文件，知道零件加工的工序、所需的设备及其工时定额；二是准备工作中心资料，知道现有生产设备的工作负荷与可利用的有效能力，比如班组、班次、设备数量、生产效率、有效生产能力等；三是准备外协、外购件供应资料，知道外协、外购件的供应来源和供应周期等。

（2）推算作业任务的工作工序进度日程。按照工序时间、排队时间和运输时间安排作业任务在每道工序上的持续时间，计算出各工序的开始时间与结束时间。

（3）计算生产能力需求量。将同一时段内所有工作任务对同一工作中心需求的加工时间汇总起来，得到该时段该工作中心的生产能力需求量，并核算该工作中心的工作负荷。

（4）调整工作中心负荷，使负荷与能力达到平衡。一种方法是降低某一时段的负荷，比如调整进度日程，使负荷与能力平衡；另一种方法是临时增加生产能力，比如加班生产。

（5）制订正式的作业进度计划和工作中心生产能力需求计划。

【导入案例解析】

（1）15日结束产出的产品累计编号为120，即16日初累计编号为120，装配车间生产批量为20件，生产周期为2天，平均日产出10件，$n_d=10$；产出累计编号如下（全部按期初值计算）：

$$N_O = N_{OL} + n_d T_O = 120 + 10 \times 0 = 120 \text{（号）}$$

因为生产间隔期为2天，所以，装配车间产品出产日期分别为16、18、20、22、24、26、28、30日等。

已知批量为20件，16日产出产品的累计编号为120号，则18号产出产品的累计编号应为140号，20日产出的累计编号应是160号，以此类推。

因为生产周期为2天，18号产出的140号产品是16日投入的，16号装配车间投入的累计编号也可以用下式计算（投入提前期为2天）。

$$N_I = N_{OL} + n_d T_I = 120 + 10 \times 2 = 140 \text{（号）}$$

因为生产间隔期为2天，所以，装配车间产品投入日期分别为16、18、20、22、24、26、28、30日等，投入的累计编号分别是140、160、180、200、220、240、260、280。

（2）机加工车间产出提前期5天，16日产出的累计编号计算如下：

$$N_O = N_{OL} + n_d T_O = 120 + 10 \times 5 = 170 \text{（号）}$$

机加工车间生产批量为40件，生产间隔期为4天，平均日产出10件，趋近170能与40成整数倍的编号是160和200，即机加工车间16日产出累计编号为170号的产品，15日产出累计编号为160号的产品，间隔期4天后的19日产出200号产品，23日产出240号产品，以此类推。

生产周期为5天，自产出日倒推5日，即为投入批量的累计编号，或者按如下计算。

$$N_I = N_{OL} + n_d T_I = 120 + 10 \times 10 = 220 \text{（号）（加工投入提前期为10天）}$$

计算结果是16日投入220号，趋近220能与40成整数倍的编号是200和240，生产间隔期为4天，平均日投入10件，14日投入200号，18日投入240，22日投入280号，以此类推。

（3）毛坯车间产出提前期15天，16日产出的累计编号计算如下：

$$N_O = N_{OL} + n_d T_O = 120 + 10 \times 15 = 270 \text{（号）}$$

毛坯车间生产批量为80件，生产间隔期为8天，平均日产出10件，趋近270能与80成整数倍的编号是240和320，即毛坯车间13日产出累计编号为240号的产品，间隔期8天后的21日产出320号产品，29日产出400号产品，以此类推。

生产周期为4天，自出产日倒推4天即为毛坯投入的日期和数量，或按照投入批量的累计编号计算公式计算。

将上述计算结果列于表3.11中。

表 3.11　各车间投入与产出计划的累计编号

		11	12	13	14	15	16	17	18	19	20	21	22	23	24	25	26	27	28	29	30
装配	产出				100		120		140		160		180		200		220		240		260
	投入				120		140		160		180		200		220		240		260		280
机加工	产出	120				160				200				240				280			
	投入				200				240				280				320				360
毛坯	产出			240								320								400	
	投入							320								400					

可以看出，累计编号为 240 的产品于 28 日产出，在装配车间是 26 日投入的，投入提前期 2 天，生产周期 2 天，该车间下一个批次投入与产出累计编号是 260 号，生产间隔期 2 天；累计编号为 240 的产品在机加工车间 23 日产出，产出提前期是 5 天，在 18 日投入，投入提前期是 10 天，生产周期 5 天，该车间下一个批次投入与产出累计编号是 280 号，生产间隔期 4 天；累计编号为 240 的产品在毛坯车间 13 日出产，产出提前期 15 天，投入日期一定是 9 日（生产周期 4 天），生产投入提前期是 19 天，生产周期 4 天，该车间下一个批次投入与产出累计编号是 320 号，生产间隔期 8 天。

【技能训练】

在【情境 3.2】案例中，如果装配车间生产周期为 3 天，则装配车间的投入提前期也为 3 天，其他条件不变，请用累计编号法编制作业计划。

【要点总结】

编制成批生产作业计划的期量标准有生产批量、生产间隔期、生产周期、生产提前期和在制品占用量定额。厂级通常用累计编号法编制成批作业计划，为各车间分配任务；各车间对厂级的作业任务再进行分解细化到工序，落实到工作地和人。用累计编号法编制作业计划要准确计算各工序间的投入日期与出产日期，把握产品加工各道工序在时间上的衔接关系。

任务三　编制单件小批量生产的作业计划

单件小批量生产很少有重复性生产，没有周转在制品，在安排作业计划时，重点是考虑生产日期上的衔接、任务负荷与生产能力均衡。

【导入案例】

【情境 3.3】某机械厂专业生产定制木工设备，五月份接受订单生产 A、B、C 三种型号设备，三种型号设备的生产分别经过毛坯生产、机加工生产、组装生产三个工艺环节，毛坯生产有一个作业班组，机加工和组装生产分别有两个作业班组，其他情况如表 3.12 所示，表中生产周期按一个班组工作量工期计算，试编制综合日历进度表。

【案例分析】编制成批生产作业计划考虑的问题及方法。

（1）平衡各个工艺阶段的任务与能力；

（2）考虑各个工艺阶段的生产衔接，各个工艺车间均连续生产。

表 3.12　情境 3.13 资料

	生产数量（台）	可投产时间	订单交货时间	生产周期（天）		
				毛坯车间	机加工车间	装配车间
A 设备	2	5月1日	5月15日	1	4	5
B 设备	3	5月2日	5月17日	2	6	6
C 设备	1	5月4日	5月18日	1	6	5

一、单件小批量生产作业的期量标准

1. 生产周期

生产周期是单件小批量生产的基本期量标准，其构成与成批生产条件下产品的生产周期相同。由于产品品种多，通常只确定主要产品和代表产品的生产周期，其他产品可根据代表产品的生产周期加以比较，按其复杂程度确定。生产周期的确定方法可采用产品生产周期图表编制，在产品零件繁多、工序复杂的情况下，可以采用网络计划技术确定生产周期。

2. 总日历进度计划

总日历进度计划是各项产品订货在日历时间上的总安排。编制日历进度计划包括两部分内容：一是编制各项订货的生产进度计划，二是验算平衡各阶段设备的负荷。

二、单件小批量生产作业计划的编制方法

编制单件小批量生产作业计划经常用**生产周期法**，具体步骤如下。

（1）根据订货合同，确定产品的生产阶段，估算每一阶段时间周期和进度，编制产品生产周期进度，见表 3.13 示例；

（2）为每种产品编制订货说明书，计算该产品在各车间投入与产出时间，计算各工艺阶段生产周期，见表 3.14 示例；

（3）把订单中的各项产品出产日期和生产周期，汇集在一张综合日历进度表上，汇总过程中对各个生产车间、工艺环节的生产能力与生产任务进行平衡，并做好各项产品在各个工艺过程的生产衔接，见表 3.15 示例。

表 3.13　产品生产周期进度表

订单编号：2016-21　　　　　　　　　　　　　　　　　　　　产品名称：卷板机

项　目	7 月			8 月			9 月		
	上旬	中旬	下旬	上旬	中旬	下旬	上旬	中旬	下旬
产品结构设计	▬								
产品工艺设计		▬							
工艺装备准备			▬						
材料准备			▬						
加工生产					▬				

表 3.14　订货说明书

订单编号	交货日期	成套部件编号	工艺路线	投入日期	出产日期
2015-21	2015 年 8 月 30 日	2015-21-01	毛坯	7 月 22 日	8 月 3 日
			机加工	8 月 5 日	8 月 14 日
			装配	8 月 17 日	8 月 30 日
		2015-21-02	毛坯	7 月 26 日	7 月 31 日
			机加工	8 月 6 日	8 月 11 日
			装配	8 月 17 日	8 月 30 日

表 3.15　综合日历进度表

【导入案例解析】

（1）根据交货期要求与各个工艺车间的生产周期初步安排日历进度，确定生产完成时间期间。

（2）根据各车间的有效工时及各种产品的任务量，在生产期间内调整各产品生产工艺加工的先后顺序，进行负荷平衡，保证各工艺车间连续均衡生产，并尽量保持产品各工艺阶段生产相衔接。

A 设备，毛坯 5 月 1 日加工 1 天，5 月 2 日至 5 日机加工 4 天，5 月 6 日至 10 日装配 5 天，11 日可以交货；

B 设备，毛坯 5 月 2 日至 3 日加工 2 天，5 月 4 日至 9 日进行机加工 6 天，5 月 10 日至 15 日装配 6 天，16 日交货；

C 设备，毛坯 5 月 4 日加工 1 天，5 月 6 日至 11 日进行机加工，因为 5 月 4 日至 5 月 5 日机加工车间在同时加工 A 和 B 设备，生产满负荷；5 月 6 日至 9 日同时加工 B 和 C 设备，生产也是满负荷；5 月 10 日在装配 A 和 B 设备生产达到满负荷，5 月 12 日至 16 日装配完成 C，保证 18 日前交货。结果见表 3.16 综合日历进度表。

表 3.16　综合日历进度表

【技能训练】

讨论大量生产、成批生产、单件小批量生产的作业计划编制的特点。

【要点总结】

作业计划是企业生产计划的具体执行计划，不管是大量生产、成批生产，还是单件小批量生产，都必须将生产任务落实到具体的品种、数量、工作单位、工作地和具体的工作日期。编制单件小批量生产作业计划时，重点是平衡任务负荷和生产能力。

任务四　生产作业排序

在安排成批生产和单件小批量生产的过程中，会遇到多项生产加工任务要同时开展而发生设备使用冲突的情况，也就是一台设备（工作地）上只能按照一定的顺序依次加工多种零件，或者几种零件要依次通过多台设备（工作地）进行加工，这就需要对各项作业在每台设备上的加工安排先后顺序，达到完成全部作业时间最短、费用最省的目的，这就是**作业排序**。

【导入案例】

【情境 3.4】A、B、C 三个不同的零件，先在甲设备上加工，再在乙设备上加工，最后在丙设备上加工，在三台设备上的加工时间列于表 3.17 中。请对上述零件加工顺序进行排序，使加工周期最短，并画出零件移动方式示意图。

表 3.17　零件在三台设备上的加工时间

零件	设备甲（小时）	设备乙（小时）	设备丙（小时）
A	4	3	5
B	6	2	3
C	5	4	5

【案例分析】生产加工过程通常要对交货期、生产周期、库存量、设备利用率等进行控制。作业排序是进行作业控制的方法之一，完成作业排序要做以下工作。

（1）选择作业排序的规则；

（2）根据适用的作业排序方法，进行作业排序。

一、作业排序的要求与规则

作业排序的要求。通常情况下对作业排序有以下要求：①满足客户的交货期要求；②生产完成时间最短；③生产准备时间最短或者准备成本最小；④在制品库存量最小；⑤设备或劳动力利用率最高。

作业排序需遵循以下规则。

（1）先到先服务规则（fist come fist served，FCFS），优先选择最早进入排队等待的任务进行加工。

（2）最早交货期优先规则（earliest due date，EDD），优先选择交货期限最早的工件加工。

（3）最短作业时间优先规则（shortest processing time，SPT），优先选择加工时间最短的工件加工。

（4）紧迫性优先规则（smallest critical ration，SCR），优先选择紧迫性强的工件加工。紧迫性系数表示紧迫性强弱，紧迫性系数等于交货期日期减去当前日期的差值除以剩余的工作天数。优先选择紧迫系数数值小的任务。

（5）最小松弛时间优先规则（shortest slack time，SST），松弛时间等于距离交货日期的剩余时间与工件加工剩余时间之差，差值时间最小的任务优先加工。

（6）最少作业数优先规则（fewest operations，FO），剩余作业数少优先加工，因为作业数少意味着等待时间少，平均在制品少，制造提前期和平均延迟时间均少。

二、作业排序的方法

（一）单设备排序

单设备排序是指多种零件依次通过某一台设备或一个工作地的加工排序。在单件小批量生产中，合理安排使用关键设备很重要，它能够缩短工件等待时间，减少在制品占用量，提高设备利用率等。

【小练习 3.4】A、B、C、D、E 5 个不同的零件需要在一台设备上加工，有关的资料按照接到订单的顺序依次列于表 3.18 中，交货期从当前日期算起，请计算各种作业排序规则情况下的交货延迟时间。

解：（1）先到先服务原则。按照 A、B、C、D、E 顺序安排生产加工，即加工完 A 需要 1.5 天；加工完 A 之后才加工 B，所以加工完 B 需要 1.5＋1=2.5（天）；加工完 B 之后才加工 C，所以加工完 C 需要(1.5＋1)＋3=5.5（天）；依次类推。计算结果见表 3.19。总的流程时间为 1.5＋2.5＋5.5＋10＋15=34.5（天）平均流程时间为 34.5÷5=6.9（天）。

表 3.18　5 个不同的零件的基本数据

零件	交货期（天）	加工时间（天）	剩余制造提前期（天）	作业数（项）
A	6	1.5	7	4
B	5	1	5	1
C	4	3		5
D	7	4.5	6	3
E	8	5	10	2

表 3.19　先到先服务原则计算结果

加工顺序	交货期（天）	加工时间（天）	作业数（项）	流程时间（天）	延迟时间（天）
A	6	1.5	4	0＋1.5=1.5	−4.5
B	5	1	1	1.5＋1=2.5	−2.5
C	4	3	5	2.5＋3=5.5	1.5
D	7	4.5	3	5.5＋4.5=10	3
E	8	5	2	10＋5=15	7

可见，A、B 可以按期交货，C、D、E 延迟交货天数分别为 1.5 天、3 天、7 天。总延迟天数为 1.5＋3＋7=11.5（天），平均延迟天数为 11.5÷5=2.3（天）。

（2）最早交货期优先规则。按照交货期最早原则的加工顺序是 C、B、A、D、E，即加工完 C 需要 3 天；加工完 C 之后才加工 B，所以加工完 B 需要 3＋1=4（天）；加工完 B 之后才加工 A，所以加工完 A 需要(3＋1)＋1.5=5.5（天）；依次类推。计算结果见表 3.20。总的流程时间为 3＋4＋5.5＋10＋15=37.5（天）平均流程时间为 37.5÷5=7.5（天）。

可见，C、B、A 可以按期交货，D、E 延迟交货天数分别为 3 天、7 天。总延迟天数为 3＋

7=10（天），平均延迟天数为 10÷5=2（天）。

（3）最短作业时间优先规则。按照最短作业时间优先规则的加工顺序是 B、A、C、D、E，即加工完 B 需要 1 天；加工完 B 之后才加工 A，所以加工完 A 需要 1＋1.5=2.5（天）；加工完 A 之后才加工 C，所以加工完 C 需要(1＋1.5)＋3=5.5（天）；依次类推。计算结果见表 3.21。总的流程时间为 1＋2.5＋5.5＋10＋15=34（天），平均流程时间为 34÷5=6.8（天）。

表 3.20　最早交货期优先原则计算结果

加工顺序	交货期（天）	加工时间（天）	作业数（项）	流程时间（天）	延迟时间（天）
C	4	3	5	0＋3=3	−1
B	5	1	1	3＋1=4	−1
A	6	1.5	4	4＋1.5=5.5	−0.5
D	7	4.5	3	5.5＋4.5=10	3
E	8	5	2	10＋5=15	7

表 3.21　最短作业时间优先原则计算结果

加工顺序	交货期（天）	加工时间（天）	作业数（项）	流程时间（天）	延迟时间（天）
B	5	1	1	0＋1=1	−4
A	6	1.5	4	1＋1.5=2.5	−3.5
C	4	3	5	2.5＋3=5.5	1.5
D	7	4.5	3	5.5＋4.5=10	3
E	8	5	2	10＋5=15	7

可见，B、A 可以按期交货，C、D、E 延迟交货天数分别为 1.5 天、3 天、7 天。总延迟天数为 1.5＋3＋7=11.5（天），平均延迟天数为 11.5÷5=2.3（天）。

（4）紧迫性优先规则。首先计算紧迫性系数。交货期已知，剩余制造提前期即为剩余工作天数，所以本题中紧迫性系数 $=\dfrac{交货期}{剩余制造提前期}$，计算结果列于表 3.22 中，并按照数值由小到大排列加工顺序，加工顺序为 C、E、A、B、D。流程时间计算同上述几种规则。总的流程时间为 3＋8＋9.5＋10.5＋15=46（天），平均流程时间为 46÷5=9.2（天）。

可见，C、E 可以按期交货，A、B、D 延迟交货天数分别为 3.5 天、5.5 天、8 天。总延迟天数为 3.5＋5.5＋8=17（天），平均延迟天数为 17÷5=3.4（天）。

（5）最小松弛时间优先规则。本例中松弛时间=交货期−加工时间，计算结果列于表 3.23 中，并按照数值由小到大排列加工顺序，加工顺序为 C、D、E、B、A。流程时间计算同上述几种规则。总的流程时间为 3＋7.5＋12.5＋13.5＋15=51.5（天）平均流程时间为 51.5÷5=10.3（天）。

表 3.22　紧迫性优先原则计算结果

加工顺序	交货期（天）	加工时间（天）	剩余制造提前期（天）	紧迫系数	流程时间（天）	延迟时间（天）
C	4	3	6	0.67	0＋3=3	−1
E	8	5	10	0.8	3＋5=8	0
A	6	1.5	7	0.86	8＋1.5=9.5	3.5
B	5	1	5	1	9.5＋1=10.5	5.5
D	7	4.5	6	1.17	10.5＋4.5=15	8

表 3.23　最小松弛时间优先原则计算结果

加工顺序	交货期（天）	加工时间（天）	松弛时间（天）	流程时间（天）	延迟时间（天）
C	4	3	1	0＋3=3	−1
D	7	4.5	2.5	3＋4.5=7.5	0.5
E	8	5	3	7.5＋5=12.5	4.5
B	5	1	4	12.5＋1=13.5	8.5
A	6	1.5	4.5	13.5＋1.5=15	9

可见，C 可以按期交货，D、E、B、A 延迟交货天数分别为 0.5 天、4.5 天、8.5 天、9 天。总延迟天数为 0.5＋4.5＋8.5＋9=22.5（天），平均延迟天数为 22.5÷5=4.5（天）。

（6）最少作业数优先规则。按照最少作业数优先原则的加工顺序是 B、E、D、A、C。计算结果见表 3.24。流程时间计算同上。总的流程时间为 1＋6＋10.5＋12＋15=44.5（天），平均流程时间为 44.5÷5=8.9（天）。

可见，B、E 可以按期交货，D、A、C 延迟交货天数分别为 3.5 天、6 天、11 天。总延迟天数为 3.5+6+11=20.5（天），平均延迟天数为 20.5÷5=4.1（天）。

上述规则排序结果汇总比较见表 3.25。根据需要选择排序规则，对加工顺序进行排序。

表 3.24　最小作业数优先原则计算结果

加工顺序	交货期（天）	加工时间（天）	作业数（项）	流程时间（天）	延迟时间（天）
B	5	1	1	0+1=1	-4
E	8	5	2	1+5=6	-1
D	7	4.5	3	6+4.5=10.5	3.5
A	6	1.5	4	10.5+1.5=12	6
C	4	3	5	12+3=15	11

表 3.25　各种排序规则排序结果对比

排序规则	加工顺序	平均流程时间（天）	平均延迟时间（天）
先到先服务原则（FCFS）	A、B、C、D、E	6.9	2.3
最早交货期优先规则（EDD）	C、B、A、D、E	7.5	2
最短作业时间优先规则（SPT）	B、A、C、D、E	6.8	2.3
紧迫性优先规则（SCR）	C、E、A、B、D	9.2	3.4
最小松弛时间优先规则（SST）	C、D、E、B、A	10.3	4.5
最少作业数优先规则（FO）	B、E、D、A、C	8.9	4.1

（二）两台设备排序

两台设备排序是指多种零件依次通过两台设备或两个工作地的加工排序，通常使用**约翰逊-贝尔曼规则**进行排序，使用该规则排序能够减少加工过程中的空闲时间。

约翰逊-贝尔曼规则的使用条件如下。

（1）各项作业在各台设备或者工作地的作业时间已知且固定；

（2）作业时间与作业顺序不相关；

（3）所有的作业都必须遵循同样的两步式工作顺序；

（4）没有工作优先级；

（5）在工件移送到第二台设备或者第二个工作地时，其在第一台设备或者第一个工作地的作业内容已全部完成。

约翰逊-贝尔曼规则的操作步骤如下。

步骤一，列出全部工件在各台设备或者工作地的加工时间。

步骤二，选取加工时间最短的作业，如果最短的作业是在第一台设备上或者第一个工作地上，就将该工件排在加工顺序的第一位；如果是在第二台设备上或者第二个工作地上，就将该工件排在加工顺序的倒数第一位。

步骤三，排除已经排序的工件，在剩余的工件中再选择加工时间最短的作业，按照步骤二进行排序。

步骤四，按照步骤二和步骤三，排完所有的工件加工顺序。

【小练习 3.5】A、B、C、D、E 五个不同的零件，先在甲设备上加工完成之后，需要再在乙设备上加工，在两台设备上的加工时间列于表 3.26 中，请对加工顺序进行排序，选择最短的加工周期。

表 3.26　零件在两台设备上的加工时间

零件	设备甲（小时）	设备乙（小时）
A	4	7
B	3	2
C	7	5
D	6	7
E	6	3

解：（1）选取加工时间最短的作业。B 在乙设备上的加工时间为 2 小时最短，乙是第二台

设备，所以，排在倒数第一的位置；

（2）剩下的零件中，E 在乙设备上的加工时间为 3 小时最短，乙是第二台设备，所以，排在倒数第二的位置；

（3）剩下的零件中，A 在甲设备上的加工时间为 4 小时最短，甲是第一台设备，所以，排在第一的位置；

（4）剩下的零件中，C 在乙设备上的加工时间为 5 小时最短，乙是第二台设备，所以，排在倒数第三的位置；

（5）现在只剩下零件 D，排在剩余的空位上，即倒数第四、正数第二的位置。

加工顺序为 A—D—C—E—B，见图 3.7。

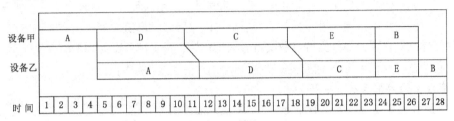

图 3.7　作业周期示意图

（三）三台设备排序

三台设备排序是指多种零件依次通过三台设备或三个工作地的加工排序。

如果满足下列条件之一，可用约翰逊-贝尔曼规则进行排序。

（1）在设备 1 上的最小加工作业时间至少等于设备 2 上的最大加工作业时间；

（2）在设备 3 上的最小加工作业时间至少等于设备 2 上的最大加工作业时间。

三台设备排序求解方法如下。

（1）假设用设备甲和设备乙代替 A、B、C 三台设备，假设零件在设备甲上的操作时间等于在设备 A 和设备 B 上操作时间之和，零件在设备乙上的操作时间等于在设备 B 和设备 C 上操作时间之和，将零件在三台设备上的加工替代成在两台设备上的加工。

（2）用约翰逊-贝尔曼规则进行排序。

（3）如果零件在三台设备上的加工作业时间不能满足求解条件要求，也可以按照上述方法求近似解。

三、服务业的作业排序

服务业的作业排序有两种方式，一是安排顾客需求，二是安排服务人员。

（一）安排顾客需求

（1）预约。一个预约系统给予顾客特定的服务时间。这种方法的优点是及时地为顾客提供服务，且服务人员高效率。医院看病、汽车修理、安装服务是使用预约系统提供服务的典型例子。

（2）预订。预订系统类似于预约系统，但它通常被用于顾客接受服务时需占用或使用相关的服务设施的情况。比如顾客预订酒店客房、火车票、机票、电影票等。这种预订需要预付一定的款额，这样可以减少预订后不来接受服务的问题。比如酒店交预订押金，打折机票不退款、预订火车票退票有扣款比例等。

（3）排队等待。如果不能准确地为顾客排序，顾客自愿等待，则按照一定规则排队等待。比如餐馆、银行、零售商店等通常使用这种方式。通常情况下是先到先服务，但也存在服务优先权，比如银行的金卡顾客、零售商店的大客户、餐馆的常客等。

（二）安排服务人员

服务业作业排序的另一种方法是将服务人员安排到顾客需求的不同时段内，当需要快速响应顾客，并且需求总量大致可以预测时使用这种方法。在这种情况下，可以通过安排服务人员调整服务能力，以满足不同时段内的不同服务工作负荷要求。采用这种方法的典型例子有邮局营业员、护士、警察、公交车司机等。根据服务工作需求可以采取多种排班的形式，有四班三倒、三班两倒等多种工作制。我国大部分服务行业实行五天工作制，员工都希望每周能够两天连休，下面举例介绍一种方法，使五天工作制能够安排两天连续休息时需要的人员最少。

【小练习3.6】某服务公司有接待人员6人，每周各天需要接待人员数量如表3.27所示，安排接待人员每周2天连休，请给6人排班。

表3.27　每周各天需要人数　（单位：人）

星期一	星期二	星期三	星期四	星期五	星期六	星期日
5	5	6	4	5	2	1

解：（1）将人员编号按顺序填写在表3.28的人员列中，将每天需要人数填写在1号人员从周一到周日对应的日期中。

（2）将相邻两天人员的需要量相加，安排1号人员在相加数最小的两天休息，从周一到周日，显然周六和周日是"2+1"得数最小，安排1号人员在周六、周日休息。

（3）将1号人员对应的每天需要人数减去1后，填写在2号人员对应的日期里，同样，将相邻两天人员的需要量相加，安排2号人员在相加数最小的两天休息，显然"2+1"得数最小，安排2号人员在周六、周日休息。同理安排3号和4号人员在周六、周日休息。

（4）5号人员对应的相邻两天人员的需要量相加最小值是"1+0"，可以安排在周四、周五休息。

（5）6号人员对应的相邻两天人员的需要量相加最小值的日期在周一、周二或周四、周五，因为周五要保证5人到岗，所以只能安排6号人员周一、周二休息，结果见表3.28。可见，周四、周日可以再安排一人休息或者调整其从事其他工作。

表3.28　每周各天需要人数　（单位：人）

人　员	人员需要数量												
	星期一		星期二		星期三		星期四		星期五		星期六		星期日
1	5		5		6		4		5		2	×	1	×
2	4		4		5		3		4		2	×	1	×
3	3		3		4		2		3		2	×	1	×
4	2		2		3		1		2		2	×	1	×
5	1		1		2		0	×	1	×	2		1	
6	0	×	0	×	1		0		0		1		0	
在岗人	5		5		6		5		5		2		2	
需要人	5		5		6		4		5		2		1	
空闲人	0		0		0		1		0		0		1	

注：表中"×"表示休息。

【导入案例解析】

（1）假设丁设备和戊设备可以替代甲、乙、丙三台设备，作业时间列于表 3.29 中。

（2）利用约翰逊-贝尔曼规则进行排序。

表 3.29 中，加工时间 5 最小，是 B 零件在第 2 台设备戊上作业时间，B 应排倒数第一的位置；

其次加工时间 7 最小，是 A 零件在第一台设备丁上的作业时间，A 应排在第一的位置上；

表 3.29　假设丁、戊设备的加工时间

零件	设备丁，$T_丁=T_甲+T_乙$（小时）	设备戊，$T_戊=T_乙+T_丙$（小时）
A	4+3=7	3+5=8
B	6+2=8	2+3=5
C	5+4=9	4+5=9

剩下 C 排第 2 的位置。所以作业顺序为 A—C—B，见图 3.8。

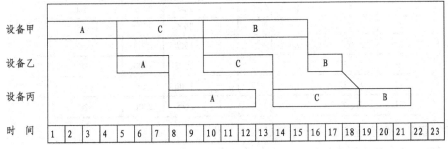

图 3.8　作业周期示意图

【技能训练】

根据【情境 3.4】的作业排序结果和图 3.8，安排零件的移动方式，使每台设备连续作业，计算出生产周期，并画出示意图（提示：参考零件平行顺序移动方式）。

【要点总结】

单设备排序可以根据需要，选择六项排序规则中的某项规则，对某台设备或者某个工作地的若干作业进行排序。两台设备和三台设备的作业排序，我们只考虑了零件加工路线相同情况下的问题解决方法，若干零件作业依次通过两台设备或者两个工作地时，通常使用约翰逊-贝尔曼规则进行排序，三台设备排序是约翰逊-贝尔曼规则的扩展方法。

任务五　编制项目型作业计划

有时候客户要求定制生产较为复杂的产品，产品的生产过程复杂并且是一次性生产。由于没有这类产品生产经验，所以，产品设计、生产组织、加工工艺等许多工作都是创新性的，我们可以把这类的生产作业当作一个项目来管理。**网络计划技术**是对项目计划管理的科学方法，它以网络图的形式反映项目各项活动的先后顺序及相互关系，通过计算网络时间找出影响全局的**关键活动和关键路线**，对项目进行统筹安排，对生产作业的时间、资源、费用进行计划与控制，达到预期的管理目标。

【导入案例】

【情境3.5】有一批定制零件各道工序都在同型号设备上加工，工序资料如表3.30所示，要求必须在15日内完工，赶工时生产总费用不能增加，每天发生的间接生产费用（固定费用）为500元，请编制网络计划，并安排生产设备，使每天的设备占用不超过2台。

表3.30 某生产项目工序资料

工序	紧前工序	设备占用（台）	完成天数		直接费用（元）		赶工费用变化率（元/天）
			正常	赶工	正常	赶工	
A	0	1	2	—	2000	—	—
B	0	1	6	5	4000	4500	500
C	A	1	5	4	2500	3000	500
D	B	1	5	4	2000	2300	300
E	B	1	3	—	1500	—	—
F	C、D	1	3	2	1500	2300	800
G	C、D	1	3	—	1500	—	—
H	E、F	1	4	3	2000	2200	200

【案例分析】编制合理的生产计划要做以下工作：

（1）编制正常生产的网络计划，安排各道工序的生产；

（2）对工期—费用进行优化达到工期要求；

（3）进行工期—资源优化，安排设备资源，在满足生产的情况下使用设备最少。

一、绘制网络图

网络图也称**网络模型**，它反映项目的生产过程及其各项活动之间的关系，没有网络图，项目进度计划中的时间参数就没有办法计算，编制项目进度计划必须首先绘制网络图。

1. 网络图的构成

网络图由**箭线**、**结点**和**路线**三部分组成。

（1）箭线。一条箭线表示一项活动，它可以表示零件加工过程中的一道工序或者一项工作。一般在箭杆上方标出活动名称，箭杆下方标出活动时间，也可以将名称与时间标在一起。需要消耗资源并占用时间的活动，用实线表示，即用→表示，不需要消耗资源也不需要占用时间的活动称为虚活动，用虚线表示，即用⇢表示。

（2）结点。结点用〇表示，表示一项活动开始的时点，也表示一项活动结束的时点，它不消耗资源和时间。在网络图中，左边第一个结点叫始点，右边第一个结点叫终点，其他结点都叫中间结点。

（3）路线。从网络图始点开始，沿着箭线方向到达终点形成的首尾相接的通道称为路线。网络图由多条路线组成，其中最长的路线叫**关键路线**，关键路线上的活动（工序）叫**关键活动（工序）**，关键路线一般用双实线或者加粗线表示。

2. 网络图绘制规则

（1）各项活动从左到右顺序排列。

（2）箭头结点编号大于箭尾结点编号，见图3.9（a）、（b）。

（a）箭头结点标号正确表示　　　　　　　（b）箭头结点标号错误表示

图 3.9　箭头结点标号规则示意图

（3）两个结点之间只能有一条箭线，见图 3.10（a）、（b）。

（a）两结点间箭线正确表示　　　　　　　（b）两结点间箭线错误表示

图 3.10　两结点间箭线表示规则示意图

（4）每项活动必须有结点表示开始与结束，见图 3.11（a）、（b）。

（5）<u>网络图中只能有一个源和一个汇</u>，即网络图中只能有一个始点和一个终点，见图 3.12。

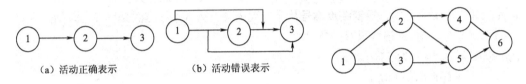

（a）活动正确表示　　　　（b）活动错误表示

图 3.11　活动表示规则示意图　　　　图 3.12　网络中只能有一个源一个汇

【**小练习 3.7**】某零件加工的工序资料如表 3.31 所示，请画出该零件的项目计划网络图。

表 3.31　某零件的加工工序资料

工序名称	A	B	C	D	E	F	G
紧前工序	-	-	B	B	A、C	A、C、D	E、F
所需时间（天）	3	3	5	9	8	6	3

解：网络图如图 3.13 所示。

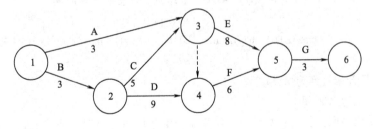

图 3.13　网络图

二、编制项目网络计划

根据网络图计算出各个结点时间参数，就可以编制出初步的项目进度计划；再根据项目管理的目标要求和相关的约束条件，调整各项作业的起止时间对资源进行合理分配利用，编制出最终的项目进度计划。

（一）工序时间估算

（1）单一时间估算。又称单点值估算法，对活动的作业时间只确定一个时间值，以完成作业可能性最大的时间为准。它适用于不可知因素较少的作业时间估算，有同类工程或类似产品的工时资料可借鉴的情况。

（2）三种时间估算法。又称三点时间估算法，适用于不确定性较大的作业时间估算。分别估算出乐观时间（a）、保守时间（m）和可能时间（b），然后求其平均时间 T_e。

$$T_e = \frac{a + 4m + b}{6}$$

（二）结点时间的计算

1. 结点最早开始时间

结点最早开始时间，是指从结点开始的各项活动最早可能开始进行的时间。计算时从网络图的始点开始，一般将始点活动的最早开始时间设为零，当项目开始有具体时间时，可将项目开始时间定为始点的最早时间，**顺着结点编号**从小到大依次计算各个结点的最早开始时间。

（1）当进入 j 结点的箭线只有一条时，j 结点的最早开始时间为 ET(j），则

$$ET(j) = ET(i) + t(i,j)$$

ET(i）为 i 结点最早开始时间，t(i,j）为结点 $i-j$ 的作业时间见图 3.14（a）。

（2）当进入 j 结点的箭线有多条时，则

$$ET(j) = \max\{ET(i) + t(i,j)\}$$

取 ET(j）计算结果的最大值，见图 3.14（b）。

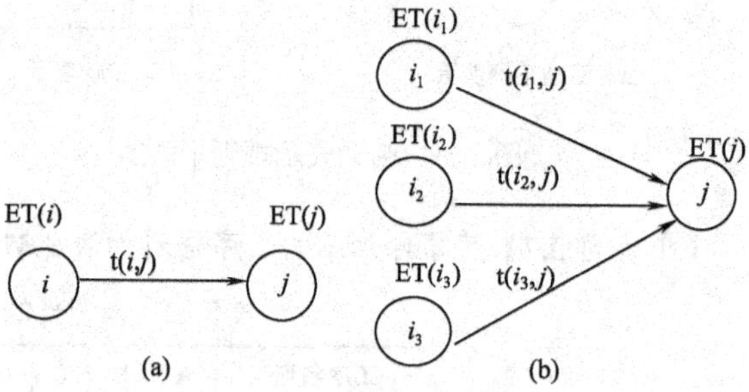

图 3.14 结点最早开始时间

【小练习3.8】 图 3.14（b）中，i_1 结点的最早开始时间为第 3 天；i_2 结点的最早开始时间为第 6 天；i_3 结点的最早开始时间为第 2 天，结点 i_1-j 的作业时间 t(i_1,j）=6 天；结点 i_3-j 的作业时间 t(i_2,j）=8 天；结点 i_3-j 的作业时间 t(i_3,j）=4 天，求结点 j 的最早开始时间。

解：
$$ET(j) = \max\{ET(i) + t(i,j)\} = \max \begin{cases} ET(i_1) + t(i_1, j) \\ ET(i_2) + t(i_2, j) \\ ET(i_3) + t(i_3, j) \end{cases} = \max \begin{cases} 3+6 \\ 6+8 \\ 2+4 \end{cases} = 14 \text{（天）}$$

所以，j 结点最早开始时间为第 14 天。

2. 结点最迟结束时间

结点最迟结束时间，是指以本结点为结束结点的各项活动最迟必须结束的时间。计算时从网络图的终点开始，**逆着结点编号**从大到小依次计算各个结点的最迟结束时间。因为终点之后没有作业，所以以终点的结束时间等于它的最早开始时间。

（1）当 i 结点后只有一条箭线时，i 结点的最迟结束时间为 LT(i），则

$$LT(i) = LT(j) - t(i,j)$$

LT(j）为 j 结点最迟结束时间，见图 3.15（a）。

（2）当 i 结点后有多条箭线时，则

$$LT(i) = \min\{LT(j) - t(i,j)\}$$

取 LT(i) 计算结果的最小值，见图 3.15（b）。

【小练习 3.9】图 3.15（b）中，j_1 结点的最迟结束时间为第 7 天；j_2 结点的最迟结束时间为第 6 天；j_3 结点的最迟结束时间为第 8 天，结点 $i \to j_1$ 的作业时间 t($i j_1$)=5 天；结点 $i - j_2$ 的作业时间 t(i, j_2)=3 天；结点 $i - j_3$ 的作业时间 t(i, j_3)=2 天，求结点 i 的最迟结束时间。

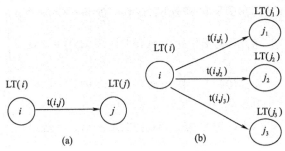

图 3.15 结点最迟结束时间

解： $$LT(i) = \min\{LT(j) - t(i,j)\} = \min \begin{cases} LT(j_1) - t(i,j_1) \\ LT(j_2) - t(i,j_2) \\ LT(j_3) - t(i,j_3) \end{cases} = \min \begin{cases} 7-5 \\ 6-3 \\ 8-2 \end{cases} = 2 \text{（天）}$$

所以，i 结点最迟结束时间为第 2（天）。

（三）活动时间的计算

（1）活动最早开始时间和最早结束时间。**活动最早开始时间**等于代表该活动箭线的箭尾结点的最早开始时间，用 ES 表示，**活动最早结束时间**等于该活动最早开始时间加上该活动的作业时间之和，用 EF 表示。

在【小练习 3.8】中，活动（i_1,j）的最早开始时间 ES(i_1,j)=ET(i_1)=3（天），最早结束时间 EF(i_1,j)= ES(i_1,j) + t(i_1,j)=3 + 6=9（天）。

（2）活动最迟结束时间和最迟开始时间。**活动最迟结束时间**等于代表该活动箭线的箭头结点的最迟结束时间，用 LF 表示，**活动最迟开始时间**等于该活动最迟结束时间减去该活动的作业时间之差，用 LS 表示。

在【小练习 3.9】中，活动（i,j_1）的最迟结束时间 LF(i, j_1)=LT(j_1)=7（天），最迟开始时间 LS(i,j_1)= LF(i,j_1) - t(i,j_1)=7 - 5=2（天）。

（四）活动时差的计算

活动时差是指活动的最迟开始时间与最早开始时间之差，用 S 表示。它表示活动开始时间可以在活动时差范围内进行机动安排，所以活动时差又称机动时间和宽裕时间。其计算公式如下：

$$S(i,j) = LS(i,j) - ES(i,j) = LF(i,j) - EF(i,j)$$

如果（h,i）活动之后是（i,j）活动，那么 i 结点既是活动（h,i）的终结点，也是活动（i,j）的始结点，也就是说，如果结点 i 反映活动（h,i）的最迟结束时间，也是活动（i,j）的最迟开始时间。

（五）确定关键路线

网络图中时差为零的各项活动称为**关键活动**，由关键活动组成的路线称为**关键路线**。关键路线是网络图中从始点到终点时间最长的路线，关键路线上各项活动时间之和构成项目总工期。所以，如果能够缩短关键活动的时间，就能缩短项目总工期。

【小练习 3.10】各项活动的作业天数已经标写在图 3.13 中，计算各节点的最早开始时间和最迟结束时间，并找出关键路线。

解： （1）计算最早开始时间。从始点开始顺着结点编号方向计算。

结点①是始点 ET(1)= 0（天）；

结点②是 ET(2)= ET(1) + t(1,2)=0 + 3=3（天）；

结点③是 $ET(3)= \max\{ET(i) + t(i,j)\} = \max \begin{Bmatrix} ET(1)+t(1,3) \\ ET(2)+t(2,3) \end{Bmatrix} = \max \begin{Bmatrix} 0+3 \\ 3+5 \end{Bmatrix} = 8$（天）；

结点④是 $ET(4)= \max\{ET(i) + t(i,j)\} = \max \begin{Bmatrix} ET(3)+t(3,4) \\ ET(2)+t(2,4) \end{Bmatrix} = \max \begin{Bmatrix} 8+0 \\ 3+9 \end{Bmatrix} = 12$（天）；

结点⑤是 $ET(5)= \max\{ET(i) + t(i,j)\} = \max \begin{Bmatrix} ET(3)+t(3,5) \\ ET(4)+t(4,5) \end{Bmatrix} = \max \begin{Bmatrix} 8+8 \\ 12+6 \end{Bmatrix} = 18$（天）；

结点⑥是 ET(6)= ET(5) + t(5,6)=18 + 3=21（天）。

（2）计算最迟结束时间。从终点开始逆着编号的方向计算。

结点⑥是终点 LT(6)=21；

结点⑤是 LT(5)= LT(6) − t(5,6)=18 − 3=18（天）；

结点④是 LT(4)= LT(5) − t(4,5)=18 − 6=12（天）；

结点③是 $LT(3)=\min\{LT(i) - t(i,j)\} =\min \begin{Bmatrix} LT(4)-t(3,4) \\ LT(5)-t(3,5) \end{Bmatrix} = \min \begin{Bmatrix} 12-0 \\ 18-8 \end{Bmatrix} =10$（天）；

结点②是 $LT(2)=\min\{LT(i) - t(i,j)\} =\min \begin{Bmatrix} LT(3)-t(2,3) \\ LT(4)-t(2,4) \end{Bmatrix} = \min \begin{Bmatrix} 10-5 \\ 12-9 \end{Bmatrix} =3$（天）；

结点①是 $LT(1)=\min\{LT(i) - t(i,j)\} =\min \begin{Bmatrix} LT(3)-t(1,3) \\ LT(2)-t(1,2) \end{Bmatrix} = \min \begin{Bmatrix} 10-3 \\ 3-3 \end{Bmatrix} =0$（天）；与实际相符。

（3）最早开始时间填入结点的□中，最迟结束时间填入结点的△中，见图3.16。

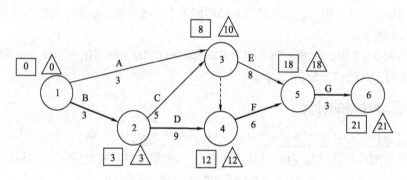

图 3.16　网络计划图

结点②既是活动①→②的终结点，也是活动②→③、②→④的始结点，也就是说，结点②反映的活动①→②的最迟结束时间，也是活动②→③、②→④的最迟开始时间，其他结点同理。

关键路线为　①—A→②—B→④—D→⑤—F→⑥。线路总时间为 3 + 9 + 6 + 3=21（天）。

关键路线上各项活动的最早开始时间与最迟开始时间相等，没有时间差，所以，关键路线总时间决定项目的总时间，关键路线上的活动进度决定整个项目进度。

三、项目网络计划优化

时间、资源与费用是项目管理的三个主要要素，根据各项活动时间参数编写的初步项目进度计划，只考虑了活动之间逻辑关系和时间的要求，没有考虑资源、费用等要素的要求，项目优化就是调整初始计划，使时间、资源与费用三个要素趋于合理，尽可能缩短工期、减少资源使用、降低费用。网络计划优化的内容包括时间优化、时间-资源优化和时间-费用优化三类。

1. 网络计划的时间优化

时间优化就是在得到资源、费用保证的情况下寻求最短的项目工期。缩短工期的基本途径和常用方法有以下几个。

（1）采用新技术、新工艺，改进现有的技术和工艺方案，压缩活动时间；

（2）利用作业时差，从非关键路线上抽调人力、设备、财力支援关键活动，缩短关键活动时间；

（3）增加人力和设备，重新划分活动组成，实行平行交叉作业。

如果赶工工期明确，只需将网络图终结点最终工期改为新的目标工期，重新计算各活动的最迟开工时间和活动时差。时差为负值的活动所在路线就是赶工路线，调整赶工路线上的活动时间，达到按期完工的目的要求。如果赶工工期不明确，则应逐步缩短关键路线的工期。

【小练习3.11】 如果【小练习3.10】的项目要求18天必须完工，所有活动经加班均可以缩短时间1天，请确定赶工路线。

解： 用图解法来做本题。见图3.17，将最迟结束时间（项目完工时间）标写在图中的最后一个结点⑥位置，逆结点依次标写各项活动的最迟结束时间，原计划各项活动的最早开始时间仍标写在图中，活动节点时差为负值的路线即是赶工路线（三角图中的数字减去方形图中的数字）。

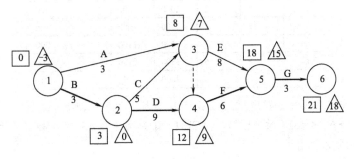

图3.17　网络计划图

可见，三条路线均需赶工三天，G、B活动是不同路线中的共同活动，优化赶工G、B活动1天，再赶工D活动一天（D或F任意）则可实现18天完工的目标。重新计算最早开始时间填写在图3.18中，关键路线活动时差为零。

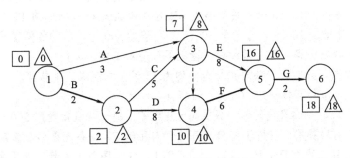

图3.18　网络计划时间优化图

2. 网络计划的时间-费用优化

时间-费用优化是综合考虑工期与费用的关系，寻求以最低的工程总费用获得最佳的工期。生产过程中发生的费用包括直接费用与间接费用，直接费用通常包括直接人工费用、加班费、材料费、设备费等。在一定的费用范围内，增加直接费用将缩短工期，也就是说通过增加工作人员数量、加班、增添设备等可以缩短工期。缩短单位时间工期所需增加的直接费用称为直接费用变化率（赶工费用变化率）。而间接费用通常是指管理费、设备折旧费、维修等摊销的固定费用。工期越长摊销的固定费用越多，工期越短摊销的间接费用越少。

网络计划的时间-费用优化基本方法是先找出关键路线，然后在关键路线上依次压缩直接费用变化率小的作业时间，直到增加的直接费用比压缩工期减少的间接费用大为止，同时压缩作业时间关键路线应不发生转移。

【小练习3.12】网络计划图3.19的费用资料列于表3.32中，实施该计划每天发生的间接费用为500元，请在不增加每日总费用的基础上对该计划进行优化。

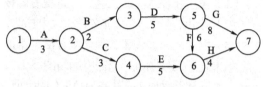

图3.19　网络计划图

表3.32　某项目型生产直接费用表

工序	完成天数		直接费用（元）		赶工费用变化率
	正常	赶工	正常	赶工	（元/天）
A	3	2	2000	3000	1000
B	2	1	1000	1400	400
C	3	2	1500	1800	300
D	5	3	2000	2600	300
E	5	4	1500	2000	500
F	6	3	1500	2100	200
G	8	6	1500	2100	300
H	4	3	2000	2250	250

解：（1）确定关键路线和总费用。路线 ABDG，总时间为 3 + 2 + 5 + 8=18（天）；路线 ABDFH，总时间为 3 + 2 + 5 + 6 + 4=20（天）；路线 ACEH，总时间为 3 + 3 + 5 + 4=15（天）；所以，路线 ABDFH 为关键路线,总费用为

$$500 \times 20 + (2000 + 1000 + 1500 + 2000 + 1500 + 1500 + 1500 + 2000) =23000（元）$$

（2）按照赶工费用变化率从小到大优化关键路线。

关键路线上 F 工序赶工费用变化率最小，如果压缩 F 工序 3 天，关键路线将发生转移，变为 ABDG，所以，最多压缩 2 天。此时，有 2 条关键路线 ABDFH 和 ABDG，总时间为 18 天，压缩 1 天增加直接费用 200 元，节约间接费用 500 元，增加的费用小于节约的费用，可行。

压缩 F、G 工序各 1 天，此时，关键路线 ABDFH 和 ABDG 总时间为 17 天，压缩 1 天，增加的费用为，F 工序增加 200 元，G 增加 300 元；共增加 500 元，节约的间接费用为 500 元，增加的费用与节约的费用相等，即不增加费用情况下可缩短工期，可行。

压缩 D 工序 2 天，此时，三条路线总时间均为 15 天，关键路线未转移，压缩 D 工序 1 天增加直接费用 300 元，节约间接费用 500 元，可行。

压缩 B 工序 1 天，关键路线转移，需要同时压缩 C，则增加直接费用 300 + 400=700（元），增加的费用大于节约的费用。但是压缩 B 工序 1 天与压缩 F、G 各 1 天对总工期的影响一样，但压缩 B 工序 1 天的赶工费用变化率为 400 元，压缩 F、G 工序各 1 天赶工费用变化率为 500 元。

所以，选择压缩 B，放弃压缩 F、G。

压缩 E 或 H 工序 1 天，总工期不能缩短，总费用不能降低，反而增加。

压缩 A 工序 1 天，关键路线未转移，增加直接费用为 1000 元，节约的间接费用为 500 元，增加的费用大于节约的费用，不可行。

所以，优化后总工期为 15 天，总费用为

$$500 \times 15 + (2000 + 1400 + 1500 + 2600 + 1500 + 1900 + 1500 + 2000) = 21900（元）$$

见表 3.33。

表 3.33　某项目型生产计划优化后直接费用表

工 序	完成天数			直接费用（元）			赶工费用变化率（元/天）
	正 常	压 缩	优化后	正 常	增 加	优 化	
A	3	—	3	2000	—	2000	1000
B	2	1	1	1000	400	1400	400
C	3	—	3	1500	—	1500	300
D	5	2	3	2000	600	2600	300
E	5	—	5	1500	—	1500	500
F	6	2	4	1500	400	1900	200
G	8	—	8	1500	—	1500	300
H	4	—	4	2000	—	2000	250
合　计				13000		14400	

3. 网络计划的时间-资源优化

时间-资源优化是指在特定的条件下，并在所要求的工期内，使资源达到充分而均衡的利用。这个资源可以是人员安排、设备配备、材料供给等各种项目资源。优化的基本方法是计算每一项活动需要资源量（比如某道工序需要的人数或者设备工时等），做出初步的项目进度计划安排，优先安排关键路线活动和总时差较小的活动需要的资源，利用时差，将与关键活动同时进行的时差大的活动推迟，平衡资源使用量，消除资源使用高峰，使资源需求在整个工期中尽量连续均衡，如果超过资源供应限度，则调整计划，推迟工期。

【小练习 3.13】某生产工序之间的关系见表 3.34 所示，要求每日的工作人员不能超过 16 人，请安排作业计划并平衡作业人员。

表 3.34　某生产项目工序资料

工　序	A	B	C	D	E	F	G	H	I	J
紧前工序	—	—	—	A	B	C	D	D	H、E、F	C
工序时间（天）	2	4	4	3	4	7	4	3		8
作业人数（人）	8	4	6	2	3	9	4	3	7	4

解：（1）根据表 3.34 画出网络图，见图 3.20。

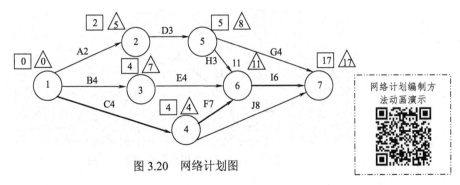

图 3.20　网络计划图

（2）在时间坐标中画出每道工序，并调整工序的最早开始时间和最晚结束时间，平衡工序操作人数，比如 A 工序加工周期 2 天，可以在 1 至 5 日中任何时间安排加工；B 工序加工周期 4 天，可以在 1 至 7 日中任何时间加工等，人员安排平衡结果见图 3.21。

工序	$t(i,j)$	ES	LF	人数	1	2	3	4	5	6	7	8	9	10	11	12	13	14	15	16	17
A	2	0	5	8																	
B	4	0	7	4																	
C	4	0	4	6																	
D	3	2	8	2																	
E	4	4	11	3																	
F	7	4	11	3																	
G	4	5	17	4																	
H	3	5	11	3																	
I	6	11	17	7																	
J	8	4	17	4																	
日需人数					14	14	12	12	15	16	15	15	16	16	13	15	15	15	15	11	7

图 3.21　生产人员安排平衡示意图

【导入案例解析】

（1）画出正常生产的网络计划图，见图 3.22，关键路线为 BDFH，工期为 18 天。

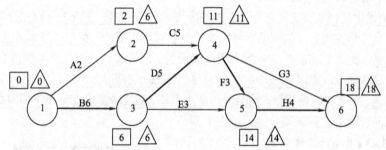

图 3.22　网络计划图

（2）优化时间-费用，修订网络计划图。依照赶工变化率由小到大的原则对网络图的关键路线进行优化，直至工期不超过 15 天。H 赶工一天节约费用 500－200＝300（元）；D 赶工一天节约费用 500－300＝200（元）；B 工序赶工一天节约费用 500－500＝0（元），赶工不增加总费用；总工期缩短了 3 天后是 15 天。时间-费用优化后的网络计划见图 3.23。

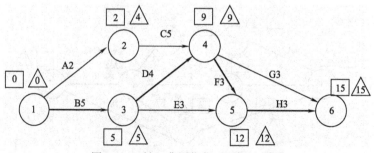

图 3.23　时间-费用优化后网络计划图

（3）优化时间-资源，平衡设备使用量，使每天使用的设备数不超过两台，见图3.24。

工序	t(i,j)	ES	LF	设备数	日　期														
					1	2	3	4	5	6	7	8	9	10	11	12	13	14	15
A	2	0	4	1															
B	5	0	5	1															
C	5	2	9	1															
D	4	5	9	1															
E	3	5	12	1															
F	3	9	12	1															
G	3	9	12	1															
H	3	12	15	1															
设备占用数					2	2	2	2	2	2	2	2	2	2	2	2	2	1	1

图3.24 生产设备安排平衡示意图

【技能训练】

零件加工网络计划如图3.18所示，各道工序所需人数如表3.35所示，请均衡安排生产人员。

表3.35 某零件加工工序人员需求表

工　序	A	B	C	D	E	F	G
作业人数（人）	10	3	6	4	8	5	7

【要点总结】

网络计划适用于编制一次性的计划，根据生产活动（工序）的时间、顺序逻辑关系，以图的形式反映各道工序作业的起始与结束时间，并反映它们之间相互关系。在初步完成网络进度计划后，再根据时间-费用情况、时间-资源情况，对工期、费用、投入资源进行优化，在满足工期要求的情况下，节约生产费用，均衡资源，合理投入，网络生产计划即基本完成。

【课后练习】

一、名词解释

1. 作业计划　　2. 作业排序　　3. 工作地负荷　　4. 节拍
5. 看管周期　　6. 网络计划　　7. 期量标准　　8. 生产批量
9. 生产间隔期　10. 生产周期　11. 生产提前期　12. 在制品定额
13. 累计编号法　14. 关键路线　15. 关键活动　16. 约翰逊-贝尔曼规则

二、判断题

1. 如果流水线由多道工序组成，各道工序的节拍一定是相等的。　　　　　（　　）
2. 在制品是生产过程中未完工的各种制品，自动化流水生产线就不存在在制品。（　　）
3. 厂级作业计划是把生产任务落实到车间，车间内部作业计划是将生产任务落实到每个工作地和工人。　　　　　（　　）
4. 当前后生产车间的生产间隔期相等或者不相等时，生产提前期的计算公式是一样的。
　　　　　（　　）

5. 在作业排序时，可以同时遵循多项作业排序规则。 （　　）

6. 网络计划图中活动时差是指活动的最早开始时间与最早结束时间之差。 （　　）

7. 关键路线只能有一条，在优化网络计划时可以改变关键路线。 （　　）

8. 编制成批生产作业计划通常用累计编号法，各道工序的生产批量通常都是一样的。

（　　）

三、单项选择题

1. 在多品种生产的企业中，当产品的结构、工艺和劳动量构成差别较大时，生产能力的计量单位宜采用（　　）。

    A. 具体产品　　B. 代表产品　　　C. 假定产品　　　D.定型产品

2. 某一加工过程的加工周期为13分钟，要求按照节拍3分钟/件进行产出，则最少需要（　　）个工作地。

    A. 5　　　　　　B. 12　　　　　　C. 4　　　　　　D. 3

3. 工序间流动在制品是指（　　）。

    A. 正在各工序加工的在制品

    B. 正在各工序加工、检验、装配的在制品

    C. 各工作地期初或期末存放的在制品

    D. 正在各工序间运输途中的在制品

4. 成批生产类型的期量标准不包括（　　）。

    A. 生产节拍　　B. 生产批量　　　C. 生产周期　　　D.生产间隔期

5. 下列有关期量标准的说法中不正确的是（　　）。

    A. 生产周期是指从原材料投入到成品产出为止的全部日历时间

    B. 产出提前期是指某一工序制品的出产日期比后一工序投入生产的日期应提前的天数

    C. 最后一道工序的产出提前期为零

    D. 最小批量法是根据允许的设备调整时间损失系数来确定的批量

6. 在多品种成批轮番生产条件下，编制生产作业计划的方法宜采用（　　）。

    A. 累计编号法　　　　　　　　B. 在制品定额法

    C. 网络计划技术法　　　　　　D. 订货点法

7. 大量生产类型的企业，编制生产作业计划可采用（　　）。

    A. 在制品定额法　　　　　　　B. 累计编号法

    C. 生产周期图表法　　　　　　D. 订货点法

8. 下列关于网络技术中关键线路的描述正确的是（　　）。

    A. 各项活动的总时差大于0　　B. 各项活动的总时差小于0

    C. 线路持续时间最短　　　　　D. 线路持续时间最长

9. 在工期一定的条件下，为了达到工期与资源的最佳结合，可调整（　　）上的资源。

    A. 总时差　　B. 关键路线　　　C. 非关键路线　　D. 单时差

10. 活动的最早可能完成时间是（　　）。

    A. 该活动箭头事件的最早发生时间

    B. 该活动箭头事件的最迟发生时间

    C. 该活动箭尾事件的最早发生时间

    D. 该活动箭尾最早开始时间加上活动所需时间

四、简答题

1. 作业计划包括哪些内容?

2. 编制作业计划需要哪些信息?

3. 作业排序的规则有哪些?

4. 约翰-贝尔曼规则的操作步骤有哪些?

5. 网络图绘制规则有哪些?

6. 网络计划的时间—费用优化和网络计划的时间—资源优化的基本方法有哪些?

五、计算题

1. 产品 A 依次经过毛坯车间,机加工车间和装配车间进行生产,产品在各车间的生产周期依次为 3 天,6 天和 8 天,毛坯加工保险期均为 2 天,机加工的保险期均为 1 天,求产品 A 的投入提前期。

表 3.36　零件在两台设备上的加工时间

零件	设备甲(小时)	设备乙(小时)
A	3	4
B	5	1
C	2	8
D	4	4
E	6	5
F	6	3

2. A、B、C、D、E、F 六个不同的零件,先在甲设备加工完成之后,再在乙设备上加工,在两台设备上的加工时间列于表 3.36 中,请对加工顺序进行排序,选择最短的加工周期。

3. 某产品加工工序网络图见图 3.25,指出关键路线和总工期。

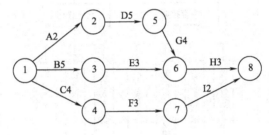

图 3.25　网络计划图

【单元小测验】

扫描二维码,获得更多练习题目。

物料需求管理与控制

【引言】

保障生产物料供给是组织生产活动的必备条件之一。库存管理与控制是保障生产物料需求的重要手段，控制采购数量与库存数量对产品的生产成本影响较大。因此，在保障生产物料满足生产需求的前提下，有效控制生产物料的采购数量和库存数量，减少物料使用浪费和物料资金占用的浪费，是生产运作管理的重要内容。

物料需求管理与控制工作任务的基本内容如图 4.1 所示。

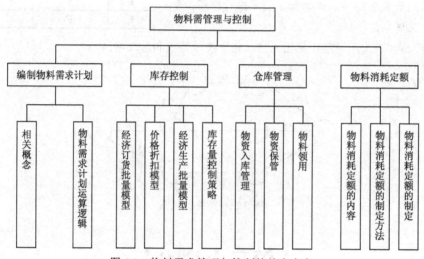

图 4.1　物料需求管理与控制的基本内容

【学习目标】

【知识目标】

1. 掌握物料需求计划的运算逻辑；
2. 了解库存管理的内容；
3. 掌握库存控制的重点模型应用；
4. 掌握物资消耗定额的制定方法。

【能力目标】

1. 能够编制简单的物料需求计划；
2. 能够运用库存模型、经济批量等理论计算经济采购批量与经济生产批量；
3. 能够制定物资消耗定额。

任务一 编制物料需求计划

当我们拿到订单之后或者按照市场预测准备生产时，首先要落实生产物料的供应，只有在生产物料满足了生产需要的前提下，生产计划才能落实，也就是说，生产用的原辅材料得到保障之后作业计划才可以实施。那么，产品生产需要哪些物料，需要多少，什么时间需要，我们应该怎样安排物料采购活动呢，这就需要制订**物料需求计划**（material requirement planning，MRP）。

物料需求计划
动画演示

【导入案例】

【**情境 4.1**】某公司是小家电专业生产企业，接到订货 DFZ220A 型电饭煲 6000 件，交货期 30 天。一个电饭煲配一只 D220 型内胆，现有内胆库存 1000 只，内胆由企业自己生产，内胆冲压加工周期 3 天，内胆冲压合格率是 99.5%，要求第 15 天交货。每只内胆需要规格 0.8×ϕ390 （厚度 0.8mm，直径 390mm）圆铝片一个，重 0.2579kg，现有符合生产需求的圆铝片库存量 500kg，0.8×Φ390 圆铝片采购需要 9 天到货；每只内胆需要 PO0.015×470×470mm 不透明胶袋 1 个，现有该规格胶袋库存量 1025 个， PO0.015×470×470mm 不透明胶袋需要 4 天到货。请编制满足该订单电饭煲生产的内胆物料需求计划。

【**案例分析**】编制物料需求计划就是要明确需要的物料名称、规格型号、数量和需要时间，为了解决上述问题必须明确以下问题。

（1）生产什么产品？生产多少？什么时候开始生产？什么时候完成生产？主生产计划对上述内容进行了明确安排。

（2）产品是由哪些物料构成的？生产一件（批）产品需要哪些原辅材料？需要多少？什么时间需要？

（3）现在库存中已经有哪些生产物料。通过查询库存记录文件来获得。

（4）考虑库存后，计算什么时间还需要哪些生产物料。依据物料需求计划的计算逻辑计算。

一、相关概念

1. 独立需求与相关需求

（1）独立需求：一种物料的需求与其他物料的需求无关，需求的数量与需求时间通常是根据市场预测或者客户的订单确定，这种由企业外部决定的需求称为**独立需求**。独立需求的物料包括成品、半成品、样品、备件和备品等。比如玩具厂生产的电动玩具是独立需求产品，它生产的微型电机是玩具的一个零件，一部分作为自己的玩具零件，一部分销售给其他企业作为零件，销售给其他企业作为零件的微型电机属于独立需求产品，自用的则不属于。

（2）相关需求：根据物料之间的组成关系，由其他物料需求项目引起的需求称为**相关需求**。相关需求数量和时间由其他项目引起，通过计算求得，包括半成品、零部件和原材料。比如前面所述的例子，客户订购电动玩具引起了对微型电动机的需求，这时对微型电动机的需求属于相关需求；再比如，有客户订购了电冰箱厂的冰箱后，电冰箱厂才对制冷压缩机有需求，此时对制冷压缩机的需求属于相关需求。

2. 物料清单

物料清单（bill of materials，BOM 表），它描述了产品由哪些零件、原材料组成，以及这些零件、原材料组成的结构关系和它们之间在数量、时间上存在什么样的相互关系。物料清单描述了产品构成物料间的相互关系。

（1）明确物料名称。物料名称就是物料的名，在 MRP、MRPII、ERP 等管理软件中反映的是对一类物料属性的描述，相同名称的物料也存在很多差异性，比如螺钉，它们又存在材质、规格、型号的差异，相同名称的物料所指实际物料不一定相同。

（2）明确物料规格型号。规格型号又进一步把同名称的物料进行属性细分，使同名称的实际物料具有唯一性。

（3）明确物料数量。明确每一种规格型号的物料需要多少，不仅根据产品的构成确定物料需要的数量，还要结合库存情况最终确定购买量。

（4）明确每一种物料都在什么时间需要。生产物料的采购周期与生产周期各不相同，在生产工艺流程中，有的物料先使用加工，有的后使用加工，没有必要同时采购所有的生产物料。为了减少物料库存、减少在制品库存、减少采购资金占用，可以根据物料供应周期和工序生产提前期来确定物料的采购或生产提前期。

物料清单常用列表法（见表 4.1）、结构树图法（见图 4.2）等方法描述。物料清单结构图是一种树形结构，也称作产品结构树。它描述了产品的全部构成以及这些构成的相互隶属关系。

表 4.1　X 产品 BOM 表

客户名称：XXX			订单编号：M00001		产品编码：X00001	
序号	物料编码	物料名称	规格型号	计量单位	数量	备注
1	A100001	A	A105	套	1	
2	B100002	B	B106/2	件	2	
3	C100003	C	C102	套	3	
4	A120001	A_1	RC-2	件	1	
5	A120002	A_2	Y620	套	1	
6	A120003	A_3	Y630	件	2	
7	B120001	B_1	L640 套件	套	1	
8	C120001	C_1	E112	件	1	
9	C120002	C_2	L310 套件	套	2	
10	C120003	C_3	A 类	件	2	
11	D120001	D_1	PE3	件	1	
12	E120001	E_1	A3	件	1	

在图 4.2 中：

0 层产品 X 由 1 个 A 部件、2 个 B 部件、3 个 C 部件组成，加工周期 LT=1 天；

1 层部件 A 由 1 个 A_1 零件、1 个 A_2 零件、2 个 A_3 零件组成，加工周期 LT=3 天；

2 层零件 A_2 由 1 个 D_1 材料、1 个 E_1 材料、2 个 C_3 零件组成，加工周期 LT=3 天；

3 层是构成 2 层零件的物料，D_1 材料交付周期 LT=1 天，E_1 材料交付周期 LT=1 天，C_3 零件交付周期 LT=2 天。

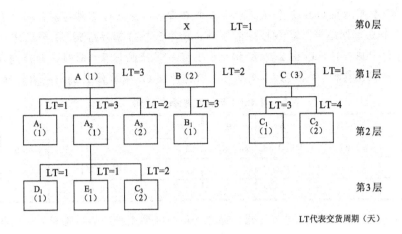

LT代表交货周期（天）

图 4.2 产品结构树示意图

将产品构成放在时间坐标上，以产品的交货期为起点倒排生产计划或者采购计划，就可以确定各个部件、零件、材料的生产投入提前期和出产提前期，从而可以确定各个部件、零件、材料的最晚开始加工时间和最晚采购订货时间，如图 4.3 所示。

当产品 X 的生产任务下达之后，A、B、C 三种部件的加工周期各不相等；

从下达 C_3 零件采购订单到完成 A 部件加工需要 8 天时间；

从原材料、零件准备到完成 B 部件需要 5 天时间；

从原材料、零件准备到完成 C 部件需要 5 天时间；

可以看出，在保证装配加工周期的前提下，相同层次的零部件，其生产任务下达时间和原材料采购订单下达时间有先有后。

对零件 A_1 来说，下单提前期是 5 天，即从组装 X 的第 9 天开始，倒推至开始加工 A_1 的第 5 天，共需 5 天；

对零件 A_2 来说，下单提前期是 6 天，即从组装 X 的第 9 天开始，倒推至开始加工 C_2 的第 4 天，共需 6 天。

生产周期长或订货周期长的零件、材料先下单，生产周期短或订货周期短的零件、材料后下单，这样可以减少生产物料的库存。各种物料下单提前期应该怎样来确定呢？那就是：在上一层级制品加工开始时，必须将组成该制品的所有物料配齐。

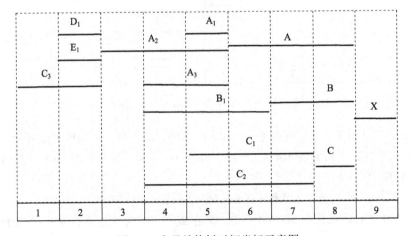

图 4.3 产品结构树时间坐标示意图

【**小练习 4.1**】某产品 U 由 2 个 A 零件、4 个 B 零件、3 个 C 零件组成，一个零件 A 又由 1 个 D 零件和 2 个 E 零件组成，零件 B 是由 3 个 F 零件 2 个 G 零件组成，1 个 C 零件由 2 个 E 零件和 3 个 P 零件组成，1 个 G 由 2 个 K 和 2 个 E 组成，产品与各个零件的生产周期和库存量见表 4.2，请画出产品结构树；如果第 10 周交货 100 件产品 U，求零件 E 的净需求量和订货提前期。

表 4.2　产品 U 的有关资料

代　号	U	A	B	C	D	E	F	G	P	K
组成及数量	A2、B4、C3	D1、E2	F3、G2	E2、P3				K2、E2		
生产周期（周）	1	2	3	1	3	2	3	1	3	1
库存数量（个）	0	10	20	0	15	100	20	10	0	0

解：（1）按照 U 产品组成关系画出产品结构树，并调整相同的零件于同一结构层次，如图 4.4 所示。

从 U 产品结构树时间坐标示意图可以看出，如果第 10 周交货：

A 零件最迟要在第 7 周开始加工，用于生产零件 A 的 E 零件要在第 5 周开始加工；

B 零件最迟要在第 6 周开始加工，用于生产零件 B 的 E 零件要在第 3 周开始加工；

C 零件最迟要在第 8 周开始加工，用于生产零件 C 的 E 零件要在第 6 周开始加工。

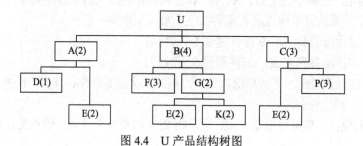

图 4.4　U 产品结构树图

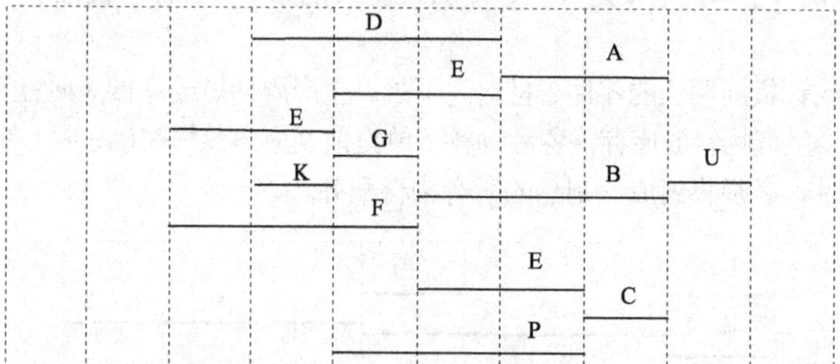

图 4.5　U 产品结构树时间坐标示意图

（2）计算 E 零件的需求量。根据表 4.2 和产品结构树各个零件之间的关系可知：

1）生产 100 个 U 产品需要 100×2 个 A，库存 10 个 A，则需生产（100×2-10）个 A，1 个 A 需要 2 个 E，则

$$生产 A 零件需要 E=(100×2-10)×2=380（个）$$

2）生产 100 个 U 产品需要 100×4 个 B，库存 20 个 B，则需生产(100×4-20)个 B，1 个 B

需要 2 个 G，库存 10 个 G，需要(100×4−20)×2−10 个 G，1 个 G 需要 2 个 E，则

生产 B 零件需要 E=[(100×4−20)×2−10]×2=1500（个）

3）生产 100 个 U 产品需要 100×3 个 C，库存 0，则需生产 100×3 个 C，1 个 C 需要 2 个 E，则

生产 C 零件需要 E=(100×3)×2=600（个）

4）库存 E 零件 100 个，

生产 100 个 U 产品需要 E=380＋1500＋600−100=2380（个）

3．库存文件

库存文件是描述原材料、零部件和产成品库存状态的记录，包括物料名称、规格、型号、编码、数量、供应提前期、预计到货量、来源、保险库存量、库存类别等记录信息。库存信息是动态信息，为了保证库存信息的及时性与准确性，要通过计算机信息管理系统进行周期性的盘点。

二、物料需求计划运算逻辑

1．物料需求计划输入

第一，输入主生产计划，明确产品的生产数量、规格、交货期；第二，输入物料清单，明确产品构成；根据产品的构成（物料清单 BOM 表），确定各种物料的需求量和需求时间；第三，输入库存文件，根据库存记录文件中记录的已有物料情况，明确物料库存数量。

2．物料需求计划编制计算

（1）计算总需求量。在不考虑库存的情况下，根据主生产计划生产量及产品材料各种构成确定总需求量（毛需求量）。

（2）计算预计可用量。预计可用量是可正常投入生产的材料、零件数量。

预计可用量＝现有库存量＋计划入库量−安全库存量

（3）计算净需求量。各期的实际需求量既为净需求量。它是考虑了库存量、预计到货量和预备安全库存量的条件下该物料的实际需求量。

净需求量＝总需求量−预计可用量

3．订货批量

当计算完成净需求量时要发出订货，无论是计划采购还是计划生产，都要考虑订货批量的问题。比如在【小练习 4.1】中，分别在第 3、5、6 周需要发出订货 E 零件，由于需求量各不相同，所以每次订货所发生订货费或者数量折扣等情况就不相同，生产过程中进行生产转换时，也会发生生产转换费用，因此订货批量和生产批量都会影响产品的生产成本。综合考虑满足生产需求的各种因素，一般订货批量方法分为以下几种。

（1）**直接批量法**，是直接将净需求量作为订货或者加工的批量。该办法优点是简单易操作，缺点是不利于精细化管理。

（2）**固定批量法**，预先规定好一个固定的批量，每次订货或加工时按照规定好的批量订货或加工。通常固定批量为防止缺货的最小批量。当净需求量小于最小订货批量时，订货批量按最小订货批量订货，以保证订货的经济性；当净需求量大于最小订货批量时，按净需求量订货，以满足生产计划要求。

（3）**固定订货间隔期法**，是预先设定一个固定的订货间隔期，然后根据此期间净需求的总和发出订货。订货间隔期有时是随机产生的，有时是根据历史记录来确定。本着成本费用低和资金

占用少的原则，通常情况下，价值高的物料订货间隔期定得短些，价值低的物料订货间隔期定得长些。

（4）**经济批量法**，是根据单位产品支付费用最小原则确定批量的方法。具体见任务二库存控制。

概括起来讲，物料需求计划的基本逻辑包括以下三点。①根据独立需求产品生产计划和物料清单计算出各种物料的需求量和需求时间；②根据物料需求时间和生产、订货周期计算出该物料的生产、订货时间；③结合库存量计算出物料需求的时间和净需求量。计算逻辑如图4.6所示。

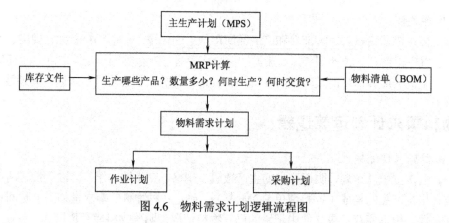

图 4.6　物料需求计划逻辑流程图

【导入案例解析】

根据【情境4.1】资料，任务实施步骤如下。

步骤一：绘制产品结构树，见图4.7。

步骤二：绘制采购或加工提前周期示意图，见图4.8。

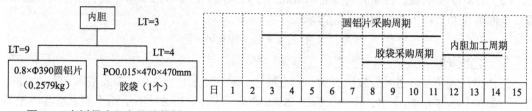

图 4.7　电饭煲内胆产品结构树　　　图 4.8　材料采购加工提前期示意图

步骤三：物料需求计算。

内胆总需求量=6000 只

内胆净需求量=6000 − 1000=5000（只）

内胆生产计划下达量=5000÷99.5%=5025（只）（成品率99.5%）

胶袋总需求量=5025 × 1=5025（个）

胶袋净需求量=5025 − 1025=4000（个）

圆铝片总需求量=5025 × 0.2579=1296（kg）

圆铝片净需求量=1296 − 500=796（kg）

根据图4.8采购周期所示，将各种物料的需求量填入对应的物料需求计划表4.3中。

表 4.3　电饭煲内胆物料需求计划表

项目	周期（元）	日期\需求量	1	2	3	4	5	6	7	8	9	10	11	12	13	14	15
电饭煲内胆（只）	3	毛需求量															6000
		库存量	1000	1000	1000	1000	1000	1000	1000	1000	1000	1000	1000	1000	1000	1000	1000
		净需求量															5000
		计划收货量															5000
		生产计划下达量												5025			
胶袋（个）	4	毛需求量												5025			
		库存量	1025	1025	1025	1025	1025	1025	1025	1025	1025	1025	1025	1025			
		净需求量												4000			
		计划收货量												4000			
		计划发出订货量								4000							
圆铝片（kg）	9	毛需求量												1296			
		库存量	500	500	500	500	500	500	500	500	500	500	500	500			
		净需求量												796			
		计划收货量												796			
		计划发出订货量			796												

注：按期初时间计算。

【技能训练】

某企业接到 6000 只电饭煲订单，组装周期 1 周，其他条件如【情境 4.1】，产品物料清单及供应周期见表 4.4 和图 4.9，根据产品物料组成表，产品订单和库存信息，编制库存量不足部分的物料需求计划。

表 4.4　产品物料组成表

序号	名　称	代号	构成数量	库存量	供货周期（周）
1	熔断器总成	A	1 套	1.8 万套	2
2	煲外壳组件	B	1 套	1. 万套	4
3	煲盖组件	C	1 套	0.1 万套	3
4	煲底总成	D	1 套	1.3 万套	2
5	电热组件	E	1 套	1.5 万套	4
6	开关总成	F	1 套	1.8 万套	1
7	蒸层	G	1 套	0 万套	2
8	内胆	H	1 只	0.1 万套	2
9	电源线组	I	1 套	1.8 万套	1
10	保温组件	J	1 套	1.8 万套	1
11	限温组件	K	1 套	1.8 万套	1
12	紧固螺钉组	L	1 套	1.8 万套	1
13	包装说明附件	M	1 套	2 万套	2

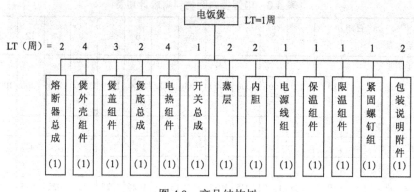

图4.9 产品结构树

【要点总结】

编制物料需求计划时，要确定物料毛需求数量和物料需求时间两个关键参数，物料毛需求量依据物料清单对产品构成的描述和主生产计划的生产量来计算，物料需求时间是以产品交货期为基点，逆加工周期或订货周期推算，再结合库存量计算出各种物料的净需求数量和需求时间。

任务二　库存控制

库存是为了维持生产而暂时处于储备状态的原材料、在制品、零件等资源，目的是保证生产供应，防止物料缺货而中断生产服务。库存资金占用是企业流动资金占用的主要部分。控制库存是降低生产成本的重要手段之一，因此，在能够满足生产与服务需求的前提下库存越少越好，库存物资周转越快越好，库存物资损失越小越好。

【导入案例】

【情境4.2】某公司年产电咖啡壶100万只，年采购玻璃杯100万只，每只玻璃杯4.5元，保管费率5%，每次订货费25元，玻璃杯订货周期2天，开产后，日均用量4000只，不允许因缺货影响生产。如果采购量达到15000只少于20000只享受折扣价为4.4元/只，如果采购量达到20000只以上享受价格4.3元/只，请确定采购批量控制库存成本。

【案例分析】通常情况下库存量越多，库存保管费就越多，物资占用资金就越多，购买次数越多，订货费用就越多。综合考虑影响库存成本的各项因素，选择最经济的采购批量进行采购和最经济的生产批量进行生产，在保证生产供应的前提下使总成本费用最小。

一、经济订货批量模型

在采购过程中总成本费用包括三项。

（1）**采购成本**，就是购买物料付给卖方的货款，它等于购买数量与单价的乘积。

（2）**订货费用**，就是每次购买物料发生在商务活动上的费用，假设每次订货费用是固定的，与购买数量没有关系，那么一年内订货次数越多，发生的订货费用就越多。

（3）**物料仓库保管费**，一般情况下每单位的物料仓库保管费是一样的，它等于物料采购量与单位仓库保管费的乘积。

经济订货批量模型（EOQ），就是在年采购成本、订货费用和仓库保管费用总和最小的情况下，每次最经济的采购数量。

假如，一年中每次订货数量相同，但订货数量大小不受限制；订货提前期已知；不允许缺货；每次订货费用相同；库存费与库存量成正比，则库存量变化如图4.10所示，采购过程的年总成本费用计算公式如下：

$$C = S\left(\frac{D}{Q}\right) + H\left(\frac{Q}{2}\right) + D \cdot P$$

式中，C为年总成本费用；D为年需求量；Q为每次订货批量；S为每次订货费用；H为单位产品年保管费；P为物料单价。

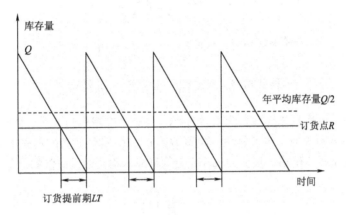

图4.10　经济订货批量模型假设下的库存量变化

当一年的需求量确定后，如果每次订货量Q越少，则订货次数$\left(\frac{D}{Q}\right)$就越多，库存量$\left(\frac{Q}{2}\right)$就越少，订货次数越多，年发生订货费用越多，年发生库存保管费用越少；如果每次订货量越大，则订货次数越少，订货费用越少，库存量越大，库存保管费越多。一般情况下采购成本（$D \cdot P$）是常数，不影响经济订货批量EOQ，经济订货批量模型成本费用曲线见图4.11，经济订货批量EOQ计算公式为

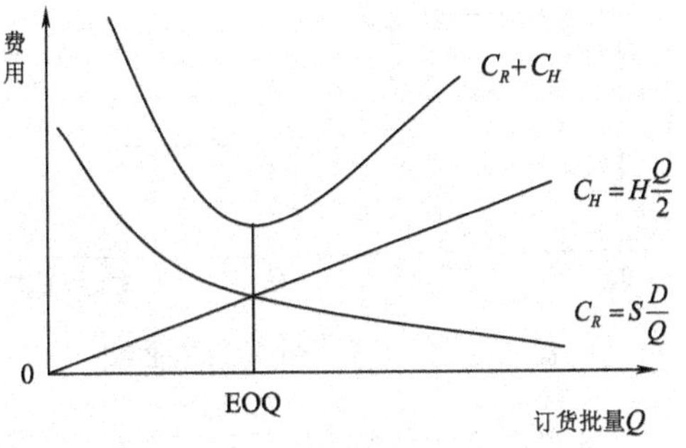

$$\text{经济订货批量 EOQ} = \sqrt{\frac{2DS}{H}}$$

图4.11　经济订货批量模型成本费用曲线

【小练习4.2】 某企业年需求某种零件18000件，每次订货费45元，零件单价为160元/件，保管费为单价的5%，订货提前期5天，假设全年300个工作日，求经济订货批量和订货点。

解：（1）求经济订货批量：

$$\text{EOQ} = \sqrt{\frac{2 \times 18000 \times 45}{160 \times 5\%}} = 450（件）$$

（2）求订货点：

$$日平均需求量\ d = \frac{18000}{300} = 60\ （件）$$

$$订货点\ R = d \cdot LT = 60 \times 5 = 300\ （件）$$

所以，在库存下降到 300 件时要发出订货。

二、价格折扣模型

经济订货批量模型假设价格不变，如果购买批量大的时候有价格折扣，要采用**价格折扣模型**。有数量折扣的价格曲线如图 4.12 所示，$P_1 > P_2 > P_3$，购买数量越多价格越低。

当购买数量 $Q < Q_1$ 时，价格是 P_1；当购买数量 $Q_1 \leqslant Q < Q_2$ 时，价格是 P_2；当购买数量 $Q > Q_2$ 时，价格是 P_3。

$$当价格是\ P_1\ 时，总成本\ C_{T1} = S\left(\frac{D}{Q}\right) + H\left(\frac{Q}{2}\right) + D \cdot P_1$$

$$当价格是\ P_2\ 时，总成本\ C_{T2} = S\left(\frac{D}{Q}\right) + H\left(\frac{Q}{2}\right) + D \cdot P_2$$

$$当价格是\ P_3\ 时，总成本\ C_{T3} = S\left(\frac{D}{Q}\right) + H\left(\frac{Q}{2}\right) + D \cdot P_3$$

有两个折扣点的价格折扣模型如图 4.13 所示，当总成本费用为 L 时，同时在 C_{T1}、C_{T2}、C_{T3} 曲线上找到 a、b、c 对应点，也就是说，购买 Q_a、Q_b、Q_c 批量花费的总成本是一样的，原因是购买批量不同享受不同的价格，我们要选择花费同样成本购买数量最多的批量方案。

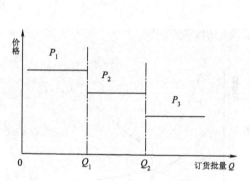

图 4.12　有数量折扣的价格曲线

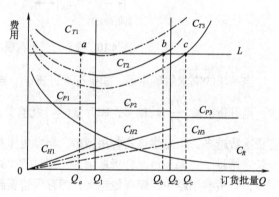

图 4.13　有两个折扣点的价格折扣模型

计算有价格折扣的最优订货批量步骤如下。

步骤一，取最低价格代入基本经济订货批量公式求出最佳订货批量 Q^*。若 Q^* 符合所享受价格数量范围（即所求的点在曲线 C_T 上），Q^* 即为最优订货批量。否则转入步骤二。

步骤二，取次低价格代入基本经济订货批量公式求出 Q^*。若 Q^* 符合所享受价格数量范围，计算订货量为 Q^* 时的总费用和所有大于 Q^* 的数量折扣点（曲线中断点）所对应的总费用，取其中最小总费用所对应的数量即为最优订货批量。

步骤三，如果 Q^* 不可行，重复步骤二，直到找到一个可行的经济订货批量为止。

【小练习 4.3】某公司年需求某种材料 9000kg，已知一次订货费为 9 元，库存费为材料价格的 5%，订货数量有价格折扣，订货量在 650kg 以下单价 9.5 元/kg；650～799kg 单价 9 元/kg；800kg

以上单价 8.6 元/kg，求出最佳订货量。

解：（1）如果单价为 8.6 元/kg 的经济订货批量：

$$Q^* = \text{EOQ} = \sqrt{\frac{2 \times 9000 \times 9}{8.6 \times 5\%}} = 613.8 \text{（kg）}$$

数量 614kg 不够享受价格 8.6 元/kg 的条件，方案不可行。

（2）如果单价为 9 元/kg 的经济订货批量：

$$Q^* = \text{EOQ} = \sqrt{\frac{2 \times 9000 \times 9}{9 \times 5\%}} = 600 \text{（kg）}$$

数量 600kg 也不在享受价格 9 元/kg 的条件范围，方案不可行。

（3）如果单价为 9.5 元/kg 的经济订货批量：

$$Q^* = \text{EOQ} = \sqrt{\frac{2 \times 9000 \times 9}{9.5 \times 5\%}} = 584 \text{（kg）}$$

订货数量在 650kg 以下单价为 9.5 元/kg，符合价格约束条件。

（4）计算不同价格下的总费用：

$Q^* = 584$kg 时，$C_1 = S\left(\dfrac{D}{Q}\right) + H\left(\dfrac{Q}{2}\right) + D \cdot P_1$

$$= 9 \times \left(\frac{9000}{584}\right) + 9.5 \times 5\% \times \left(\frac{584}{2}\right) + 9000 \times 9.5 = 85777.4 \text{（元）}$$

$Q^* = 650$kg 时，$C_2 = S\left(\dfrac{D}{Q}\right) + H\left(\dfrac{Q}{2}\right) + D \cdot P_2$

$$= 9 \times \left(\frac{9000}{650}\right) + 9 \times 5\% \times \left(\frac{650}{2}\right) + 9000 \times 9 = 81270.9 \text{（元）}$$

$Q^* = 800$kg 时，$C_3 = S\left(\dfrac{D}{Q}\right) + H\left(\dfrac{Q}{2}\right) + D \cdot P_3$

$$= 9 \times \left(\frac{9000}{800}\right) + 8.6 \times 5\% \times \left(\frac{800}{2}\right) + 9000 \times 8.6 = 77673.3 \text{（元）}$$

$Q^* = 800$kg 时，总成本最低，所以，经济采购量是 800kg。

三、经济生产批量模型

在补充库存的生产中，使得其年储存保管成本、生产准备成本最低的生产批量就是**经济生产批量**。它的基本原理与经济订货批量模型一样，是以获得物料的年总成本最低为基础计算出经济生产批量。通过生产补充库存与通过外购订货补充库存的模型曲线有些区别，外购订货补充库存是货到一次性补齐库存，生产补充库存是一边生产增加库存，一边使用出库降低库存，只是生产的速率（生产率）大于消耗的速率（需求率），最终达到最大库存量，因此，每次生产量一定比最大库存量大。如果生产时间为 t_p，生产率为 q，需求率为 d，最大库存量为 I_{max}，t_p 时间内生产量为 Q，订货点为 RL，订货提前期 LT，经济批量生产模型条件下的库存变化如图 4.14 所示。

从图 4.14 中可以看出，需求率 $d<$ 生产率 q，生产期间内，生产批量 $Q = qt_p$；完成生产批量 Q 的消耗量为 dt_p；库存量为 $I_{max} = (q - d)t_p$。当库存量从 RL 降到 0 时，所需的时间等于生产提前期，也就是当库存降到 RL 时开始生产，正好库存为 0 时成品开始出产补充库存。

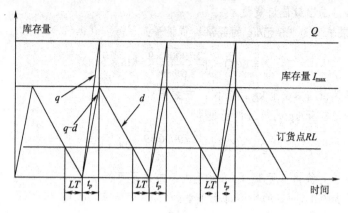

图 4.14   经济生产批量模型条件下的库存变化

在经济生产批量模型假设条件下，平均库存是 $\dfrac{I_{max}}{2}$，年生产次数是 $\dfrac{D}{Q}$，年生产成本是 pD，则有

$$C_T = C_H + C_R + C_P = H\frac{I_{max}}{2} + S\frac{D}{Q} + pD$$

式中，C_T 为年总成本费用；C_H 为年储存成本；C_R 为年生产准备成本；C_p 为年产品生产成本；S 为每次生产准备成本；D 为年需求量；Q 为生产批量；p 为单位产品生产成本；H 为每单位产品年保管费。

<u>在总成本费用最小情况下的生产批量就是经济生产批量。</u>

$$\mathrm{EPQ} = \sqrt{\frac{2DS}{H\left(1-\dfrac{d}{q}\right)}}$$

式中，EPQ 为经济生产批量；q 为生产率；d 为需求率。

【小练习 4.4】A 公司年产某型号设备 4500 台。生产率为每天 45 台，一年 300 个工作日均量向经销商供货，生产提前期为 6 天，单位产品的生产成本为 6500 元，单位产品库存费 50 元，每次生产准备费用 3000 元，求经济生产批量、订货点、年生产次数、年总成本费用。

解：

需求率 $d = \dfrac{4500}{300} = 15$

经济生产批量 $\mathrm{EPQ} = \sqrt{\dfrac{2DS}{H\left(1-\dfrac{d}{q}\right)}} = \sqrt{\dfrac{2\times4500\times3000}{50\times\left(1-\dfrac{15}{45}\right)}} = 900$（台）

订货点 $RL = 15 \times 6 = 90$（台）

年生产次数 $n = \dfrac{D}{Q} = \dfrac{4500}{900} = 5$（次）

求生产总成本费用：

生产时间 $t_0 = \dfrac{Q}{q}$

最大库存量 $I_{\max} = (q-d)t_0 = (q-d)\dfrac{Q}{q} = Q(1-\dfrac{d}{q}) = 900 \times (1-\dfrac{15}{45}) = 600$（台）

年总成本费用 $C_T = C_H + C_R + C_P = H\dfrac{I_{\max}}{2} + S\dfrac{D}{Q} + pD$

$$= 50 \times \dfrac{600}{2} + 3000 \times 5 + 6500 \times 4500 = 29280000（元）$$

四、库存量控制策略

1. 定量订货控制

定量订货控制也称**订货点控制**，是预先设定一个订货点 R，当库存量降到订货点数量时就发出订货，补充库存，每次发出的订货量 Q 相同，但订货周期 T 是变化的。这种控制方式需要连续监测库存量，监控工作量大，但对库存量控制比较严密，可防止缺货。定量订货库存控制模型见图 4.15，图中 LT 为订货提前期。

2. 定期订货控制

定期订货控制，是按照预先确定的检查周期检查库存量，根据库存检查结果确定订货量，将库存补充到目标水平。订货周期 T 和最大库存量不变，但每次订货数量 Q 不同。经济订货批量模型假设下的库存量变化见图 4.16。定期订货工作量少，订货费用可以降低，可能造成库存过多，也可能因库存检查不及时造成缺货。

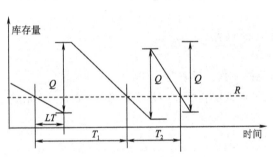

图 4.15　定量订货库存控制模型

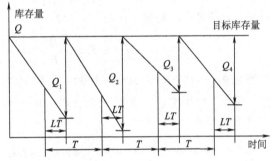

图 4.16　经济订货批量模型假设下的库存量变化

3. 库存量控制的 ABC 管理法

一个企业的库存物资有上百种、上千种、上万种，在这些物资中有一个规律，我们根据这些物资的重要程度把它们划分为 ABC 三类，如表 4.5 所示。

库存和库存控制动画演示

如果对所有的物资都投入全部精力去管理，不一定有好的效果，很可能忽略关键因素。所以，对库存物资进行 ABC 分类后，企业可以对不同类别的物资采用不同的控制策略，以提高管理与控制的效率。

表 4.5　库存物资的 ABC 分类法

物资类别	管理的重要性	占品种比例（%）	占用资金比例（%）
A	关键	约20	约80
B	一般	约30	约15
C	次要	约50	约5

（1）**A 类物资**。要重点控制，要严格控制其库存储备量、订货数量、订货时间。在保证需求的前提下，尽可能减少库存，节约流动资金。

（2）B 类物资。可以适当控制，在力所能及的范围内，适度地减少 B 类库存。

（3）C 类物资。可以简单控制，增加订货量，加大两次订货期间的时间间隔，在不影响库存控制整体效果的同时，减少库存管理工作的工作量。

在考虑到资金占用的同时，还要兼顾物资的其他因素。特别是供应较难保障的物资，一旦缺货将会影响整个生产安排和进度的物资，这类物资即使占用资金不多，也需要划归 A 类物资。

【导入案例解析】

控制采购批量，选择经济采购批量。

（1）计算无价格折扣情况下的经济订货批量。由【情境 4.2】资料可知，当没有价格折扣时：

$$D=1000000（只）；\quad S=25（元）；\quad H=4.5×5\%=0.225（元）$$

$$Q^*=EOQ=\sqrt{\frac{2DS}{H}}=\sqrt{\frac{2×1000000×25}{0.225}}=14907（只）$$

（2）当有价格折扣时的经济批量确定。

步骤一：对每一个价格，从低到高分别用经济订货批量公式计算可行解，先取单价等于 4.3 元计算。

$$Q^*=EOQ=\sqrt{\frac{2DS}{H}}=\sqrt{\frac{2×1000000×25}{4.3×5\%}}=15250（只）$$

因为当采购大于等于 20000 只时才享受 4.3 元/只的价格，采购批量 Q^*=15250 只，不在享受价格范围，解不可行，再取 P=4.4 元/只计算。

$$Q^*=EOQ=\sqrt{\frac{2DS}{H}}=\sqrt{\frac{2×1000000×25}{4.4×5\%}}=15076（只）$$

采购批量 Q^*=15076 在 15000～19999 只享受价格范围之内，解可行。

步骤二：计算 Q^*=15076 的总费用，并且与取得最低价格折扣的最小数量（20000 只，4.3 元/只）的总费用比较。

$$Q^*=15076 \text{ 时}，\quad C_2=S\left(\frac{D}{Q}\right)+H\left(\frac{Q}{2}\right)+D·P_2$$

$$=25×\left(\frac{1000000}{15076}\right)+4.4×5\%×\left(\frac{15076}{2}\right)+1000000×4.4=4403316（元）$$

$$Q^*=20000 \text{ 时}，\quad C_3=S\left(\frac{D}{Q}\right)+H\left(\frac{Q}{2}\right)+D·P_3$$

$$=25×\left(\frac{1000000}{20000}\right)+4.3×5\%×\left(\frac{20000}{2}\right)+1000000×4.3=4303400（元）$$

EOQ=20000 时总成本最低，是最佳批量方案；

$$订货点 R=d·LT=4000×2=8000（只）$$

每当库存量降到 8000 只的时候就要发出订货，同时，玻璃杯是属于 A 类物资，不仅在库存量控制上实行重点监控，还要在出入库管理和库存保管上重点管理。

【技能训练】

在【情境 4.2】中，如果每年自己生产 100 万只玻璃杯，库存保管费是 0.2 元/只，每次生产准备费是 3000 元，日生产能力 6000 只，日需求量仍然是 4000 只，求经济生产批量。

【要点总结】

降低库存成本先从控制库存量入手，选择仓库保管费、订货费用、采购成本三项总成本最低的采购批量方案。如果选择最经济的生产批量生产，经济订货批量模型和经济生产批量模型为控制库存成本提供了有效的帮助。

任务三　仓库管理

仓库是企业储备物资的场所，主要工作内容包括物资的出、入库管理、物资的保管。做好仓库管理是保证生产供应和减少库存损失的重要工作，同时，掌握准确的库存信息是生产决策的重要依据。

【导入案例】

【情境 4.3】玻璃杯是易碎物品，保管不当损耗较大，【情境 4.2】中的公司每年需求玻璃杯多达 100 万只，在做好采购量控制的同时，仓库管理也是控制库存成本的重要工作，请指出应该如何做好仓库管理。

【案例分析】根据仓库管理工作的主要内容，应该准确掌握库存数量，做好出入库管理，做好仓库物资保管，防止丢失、损坏。

一、物资入库管理

物资入库前必须经过验收检查，办理入库验收手续后才能入库，**入库验收**工作是仓库管理的关键性工作，是保证入库产品数量、质量和实行物资采购、保管、使用监督等的重要管理措施。

　1. 外购物资的入库验收

外购物资入库验收工作包括两个方面的内容。

（1）物资品种、规格、数量的验收。核对采购发票、对方的发（送）货单的物资内容符合合同规定采购内容，检查核定物资的品种、规格、数量与发（送）货单相符并确认收到数量。

（2）物资质量验收。按照合同约定的检验方式进行质量检验，出具质量检验报告或者质量验收单。

物资品种、规格、数量、质量检验全部符合要求后，验收人员填写**物资验收报告单**（见表4.6）。仓库管理员对验收合格物资进行登记入库，填写**入库单**（见表4.7），建立**库存台账**，并将入库验收单和发票交财务部门。如有因不符合要求不能验收的物资，收货人员应及时报告采购部门与对方交涉，办理退货手续和补送手续。

表 4.6　物资验收报告单

编号：

物资名称		计量单位	
规格型号		应收数量	
供货单位		实收数量	
到货日期		交货地点	
外观检测： 　　　　　　　　　　　　　　检验员：＿＿＿＿＿＿ 　　　　　　　　　　　　　　日　期：＿＿＿＿＿＿			
质量检测： 　　　　　　　　　　　　　　检验员：＿＿＿＿＿＿ 　　　　　　　　　　　　　　日　期：＿＿＿＿＿＿			
验收结论：　　□合格　　　　　　　　□不合格			

注：一式三份，采购、仓库、质检各一份。

表 4.7　入库单

入库时间：　　　　年　月　日　　　　　　　　　　　　　　　　　　　　　编号：

序号	物资名称	规格型号	单位	数量	单价	金额	备注

验收人：　　　　　　仓管员：　　　　　　　　仓库负责人：　　　　　　　制单人：

　　对于物资验收报告单和物资入库单是同一张单的物资，并只需要感官检验和简单技术检验的时候，只对数量与外观进行检验，并在合同中约定事后质量保证措施；对于检验周期长的产品，可将物资存放在仓库待检区，并由仓管员开具待检入库手续，证明收到待检物资的产品品种、数量和存放地点，待物资产品检验合格后 办理正式入库手续。

　　2. 退料缴库

　　退料缴库是指生产现场剩余的物料或者闲置不用的物料退回给仓库进行管理的工作。在生产活动中，有时所领物料发生剩余，有时领到的物料与需要不符，有时生产现场的物料质量不合格，有多余的半成品等，为了搞好现场管理，对这些物料要进行退库处理。物料退库时要填写退料单（见表 4.8），一般退料单一式两份，仓库一联，退料单位一联。仓管部门对退料实行分类管理，对可再用的退料及时登记台账，以便发放使用。

表 4.8　退料单

年　月　日

投产产品：				生产单号：		
材料名称	规格型号	计量单位	数量	单价	金额	退料原因

部门主管：　　　　　　仓管主管：　　　　　　　仓库员：　　　　　　　退料人：

3. 成品与半成品入库管理

完成全部加工制造过程的产品为**成品**，在生产加工过程中完成部分制造过程，并已经检验合格交付仓库保管的中间产品，这部分产品就是**半成品**。车间对生产检验合格的成品和半成品要及时开出成品、半成品入库单（见表4.9），随入库的成品与半成品一同提交给仓库。仓库管理员根据成品、半成品入库单对入库成品、半成品进行实物清点后进行核收，然后放置在指定库位，并进行库存登记。

表4.9 成品、半成品入库单

生产部门：　　　　　　　　　　　年　月　日　　　　　　　　编号：

序号	产品名称	规格型号	质量等级	单位	数量	存放位置	备注

主管：　　　　　　品管员：　　　　　　仓管员：　　　　　　制单：

二、物资保管

物资保管的基本要求是科学分类、合理存放、妥善保管、定期检查。物资保管就是根据物资的物理、化学性质及用途等进行科学分类，将物资存放在规定的仓库、库区的固定库位，搞好库存环境，保持库存环境干燥、清洁、卫生，防止库存物资发生锈蚀、变质、损坏、丢失等。要定期对库存物资进行检查与清点，防止库存物资超期储存，并做到账实相符。

1. 合理存放

合理存放，就是对物资进行科学分类并存放在规划好的库区、库位储存，是防止库存损失错发物料的有效手段。企业的物资管理主要有以下几种方式。

（1）**分区分类**，就是根据物资产品的特点合理规划存放地点，并将分类好的物资存放在对应的固定位置上。比如易燃、易爆、有毒、有害、易腐蚀等危险品要设专区单独保管，根据生产用途及材料的物理、化学性质可划分材料专区，比如电料区、标准件区等。

（2）**四号定位**，就是按照仓库的区号、架号、层号、位号对物资进行统一编号，便于仓管员查找和发料。将物资编号记录在库存登记账上，仓管员通过查看物料账卡记录，就能知道物料存放的准确位置，避免出差错。比如物料编号是3322，则表示物资存放在3号区、3号架、第2层、2号位。

（3）**五五摆放**，就是对物资摆放要五五成行、五五成方、五五成串、五五成包、五五成堆、五五成层，使摆放的物资叠放规则整齐，便于过目成数。

同时，发放物料时要遵守先进先出的原则，防止物料久置损耗和变质。要合理利用仓库空间与面积，保证合理的作业空间，保证各种作业工具、设备、器材完好，保持库内通道畅通，做好各种库存的标识，保持良好的库存环境，文明作业，搞好库存管理。

2. 建立库存台账

库存台账是记录每天库存物资进出数量与金额的账簿，用来核算、监督库存物资。仓库管理员要认真做好台账记录，以便把该物资的进、销、存清晰地反映出来。物料库存台账样式见表4.10。

表4.10　物料库存台账

品种：　　　　　规格：　　　　　型号：　　　　　　　　　（计量单位：　　　）

日　期	入　库	出　库	结　存	备　注

3. 盘库

盘库就是对库存物资进行盘点并与账面核对，了解账面与实物是否相符，有无超储积压，物资有无损坏、变质、锈蚀等现象，以便及时掌握库存实际情况。

盘点有经常盘点和定期盘点。经常盘点由仓管员随时进行，定期盘点由供应部门和财务部门共同组织定期进行，发现问题要查明原因和责任，对超储的物资及时处理。定期盘点主要方法有以下几种。

（1）**永续盘点**，即由仓管员每天都对有收发状态的物资进行盘点。

（2）**循环盘点**，即仓管员根据物资分批、分区、分类、分期地进行轮番盘点。

（3）**定期盘点**，即在月末、季末或者年末对物资进行全面清点。

（4）**重点盘点**，即对重点物资进行的盘点。

一般在盘点期间内停止出入库，经常性盘点一般都在没有出入库业务时进行，定期盘点一般都在期末停止办理出入库手续时进行。物料盘点表样式见表4.11。

表4.11　物料盘点表

日　期	物资名称	规　格	单　位	账面数量	实盘数量	备　注

仓库主管：　　　　　　仓管员：　　　　　　　制单人：

三、物料领用

车间原材料控制有发料和领料两种方式，**发料**是由物料管理部门或仓库根据生产计划，直接向生产现场发放。发料有利于强化物资消耗定额管理，有利于物料消耗控制。**领料**是生产车间根据生产需要填写领料单向仓库领取物料。在物料发放和使用时要注意以下几点。

（1）出库必须办理手续。不管是生产发料还是领料都要办理出库手续，即仓管员要对批准的**发料单**（见表4.12）和**领料单**（见表4.13）进行核对后方可发放物料，没有正规手续一律不准发料。

表 4.12　发料单

制造单号：　　　　　　　　产品名称：　　　　　　　　编号：
生产批量：　　　　　　　　生产车间：　　　　　　　　年　月　日

物资编号	物料名称	规　格	单　位	单位用量	应发数量	实发数量	备　注

批准：　　　　　　　　仓管员：　　　　　　　　领料员：

表 4.13　领料单

领料部门　　　　　　　　年　月　日　　　　　　　　编号：

物资编号	物料名称	规　格	单　位	请领数量	实领数量	用途备注

批准：　　　　　　　　仓管员：　　　　　　　　领料人：

（2）严格执行限额发料制度。发料数量要按照物资消耗定额和生产计划的产品生产量核算出物资需要量，制定发放物资数量，严格控制物料的发放数量。

（3）实行物料退库和核销制度。发生多余的物料时，要及时办理退料手续（退料单样式见表 4.8）。物资部门还要对生产部门消耗的物料按月进行核销，加强对生产部门物资消耗的考核。**核销单**（见表 4.14）由生产车间填写，上报物资供应部门，用以考核车间物资使用的合理性。

表 4.14　生产车间材料核销单

材料类别：　　　　　　　　产品名称：　　　　　　　　车间：

材料名称	规格型号	单位	材料消耗	超	降	原　因

经手人：　　　　　　　　车间主管：　　　　　　　　保管员：

（4）建立消耗台账。生产车间要建立**材料消耗台账**（见表 4.15），以便及时掌握各生产班组原材料的实际消耗情况。记录材料日常使用情况，对比消耗定额，分析材料使用情况，及时纠正浪费状况。

表 4.15　材料消耗台账

班组：

材料名称			规格		单位		消耗定额	
	实际消耗		月累计消耗		备　注			
日期	数量	超/降	数量	超/降				

【导入案例解析】

搞好玻璃杯仓库管理要做好以下工作。

第一，把好验收入库关。对数量、质量进行认真检验，保证入库物资质量合格、数量准确；对退库物资也是一样，核对数量，检查质量，把好退库物资入库关。

第二，把好物资保管关。在储存过程中要妥善保管，防止破损，定点存放，明确标识，防止存放混乱，建好台账，及时记录物料的领用量和入库量，及时清点，保证账卡相符。

第三，把好物资发放关。领用、发放一定要有合规手续，手续不全不发物资，防止物资滥发。

第四，把好物资使用关。物料使用一定按照消耗定额考核，防止超领物资和浪费。

【技能训练】

【情境4.2】中的企业学习海尔公司实行日清日结，当天工作任务必须日结。假设企业均衡生产，根据情境资料和该公司的经济订货批量，试模拟填写10日的玻璃杯的库存台账。

【要点总结】

降低库存成本从两个方面着手，一是参照经济批量模型确定合理的采购批量和生产批量，使仓库保管费、订货费用（生产准备费）、采购成本（生产成本）三项总成本最低；二是做好仓库管理工作，严格管理物料出入库，保证物料出入库符合相关手续，保证库存过程中没有不合理损耗，保证不发生丢失现象。

任务四　物料消耗定额

生产一件产品需要多少原辅材料，消耗多少燃料动力，消耗多少各种物资，需要有一个最合理的数量标准，这个标准就是**物料消耗定额**。确定了产品的物料消耗定额，知道了生产多少产品，就知道了生产这批产品需要多少原辅材料。它是制订物资供应计划的依据，也是考核材料消耗指标，进行产品成本管理的重要手段。

【导入案例】

【情境 4.4】某公司生产 A 型电饭煲 6000 件，每只内胆需规格 $0.8 \times \phi 390$ 圆铝片一件（0.2579kg），冲压圆铝片搭边 3mm（冲压时每件圆铝片之间的间距），现在有 1600 mm × 1200 mm 和 2300 mm × 1200 mm 两种规格铝板材料，请选择材料并制定工艺消耗定额。

【案例分析】制定工艺消耗定额要做以下工作。

1. 生产 $0.8 \times \phi 390$ 圆铝片的铝板材料消耗定额，就是生产一件圆铝片需要多少千克的铝板。

（1）首先画出在现有生产设备工艺水平下冲压下料草图，确定各种规格铝板材料可以冲压多少件 $\phi 390$ 的圆铝片。

（2）求整张铝板材料冲压出铝片毛坯的总重量。

（3）求铝板材料下料利用率。将铝片毛坯的总重量除以整张铝板材料的总重量得出下料利用率。

（4）求圆铝片产品铝板材料工艺消耗定额。工艺消耗定额等于圆铝片重量除以下料利用率，即得出生产一件圆铝片消耗多少千克铝板。

2. 对比两种尺寸规格的铝板材，选择材料利用率最高、损耗最小的尺寸规格铝板。

一、物料消耗定额的内容

物料消耗定额是指在一定的生产技术和生产组织的条件下，制造单位产品或完成某项生产任务，合理消耗物料的标准数量。物料消耗包括构成产品净重的**产品消耗**、**工艺消耗**和**非工艺消耗**三个部分。构成产品净重的消耗是产品的组成部分，这部分消耗由产品设计决定；工艺消耗是生产加工工艺过程中的消耗，比如切削金属过程中产生的金属屑就属于工艺消耗，这部分消耗与加工工艺特点和加工技术水平有关；非工艺消耗是生产加工、运输、保管等过程中产生的合理损耗，这部分消耗与企业的管理水平有关。

物资消耗定额是根据上述消耗的三个部分制定出**工艺消耗定额**和**非工艺消耗定额**。工艺消耗定额是生产单位产品或完成单位工作量必须产生的物料消耗量，它包括构成产品净重的消耗和合理的工艺消耗两部分，比如，零件的净重量、加工过程中产生的废屑、边角余料、夹头、残料属于工艺消耗定额，它是发料和考核物料消耗的主要依据；非工艺消耗定额是对非工艺消耗量制定的定额，比如调整设备产生的损耗、废品损耗、生产过程中的保管不善损失等属于非工艺消耗定额。

二、物料消耗定额的制定方法

1. 经验估计法

经验估计法是根据定额制定人员的经验和掌握的资料来估计制定的。这种方法简便易行，主观因素较多，科学性和准确性稍差一些。适用于消耗量不大但没有一定消耗规律的材料，比如单件小批量生产的产品。一般按平均消耗水平确定，其计算公式为

$$M = \frac{a + 4c + b}{6}$$

式中，M 为物料消耗定额；a 为估计最少的消耗数量；b 为估计最多的消耗数量；c 为估计一般的消耗数量。

2. 统计分析法

统计分析法是根据过去物料实际消耗的统计资料，再考虑计划期生产技术组织条件等因素进行分析计算，而制定的物料消耗定额。为了保证定额的先进合理性，一般尽量采用平均先进定额计算方法。其计算公式为

$$M_a = \frac{M_r + M_{min}}{2}$$

式中，M_a 为平均先进消耗定额；M_r 为平均实际消耗定额；M_{min} 为最小实际消耗定额。统计分析法简单易行，但必须有大量和准确的统计资料，一般适用于成批轮番生产的产品。

3. 技术计算法

技术计算法是根据产品图纸和工艺文件进行分析计算确定的物料消耗定额的方法。这种方法计算准确、科学、工作量大，要求技术文件和资料完整，主要用于批量较大，技术资料较完整的定型产品的物料消耗定额的制定。

4. 实际测量法

实际测量法是根据对现场、实物测量和分析计算制定物料消耗定额的方法。采用实际测量法要注意生产条件的典型性、代表性，测量次数一般不少于三次，以便能够真实反映物料消耗的实际水平。这种方法适用于工艺简单、加工人员较少的生产工序或产品。

三、物料消耗定额的制定

（一）主要原材料消耗定额的制定

工艺消耗定额可以根据产品的设计和采用的加工工艺技术方法来确定，非工艺消耗定额是管理不善造成的消耗，生产过程中产生的质量损失、丢失，原材料尺寸规格影响材料的利用率等非工艺消耗不可避免。为了保证原材料供应，在工艺消耗的基础上，按照一定比例加上非工艺消耗，这样计算出来的定额称为材料供应定额。工艺消耗定额作为车间发放材料的依据和生产组织考核的依据，材料供应定额作为核算材料需要量和编制采购计划的依据。根据产品工艺性质不同，计算材料消耗定额时分以下两种情况。

1. 机械物理性质的加工情况

在机械物理性质的加工情况下，原材料消耗定额的制定通常根据设计图纸和工艺技术文件对规定的产品尺寸、规格、重量等用具体的公式计算而得。在机械加工企业的很多零件先由下料单位把棒材、板材等型材下料成毛坯，再由机加工、热处理、铆焊等车间进行加工，零件的钢材消耗定额一般按照毛坯的重量进行计算。

（1）锻造零件材料消耗定额：

锻件材料消耗定额=毛坯重量+锻造切割损耗重量+烧损重量+锯口重量+夹头重量+残料重量

毛坯是产品组成部分，锻造切割损耗、烧损、锯口、夹头、残料是工艺损耗，两部分共同构成消耗定额。

（2）棒料零件消耗定额：

零件棒材消耗定额=一根棒材的重量/一根棒材可能锯出的毛坯数量

一根棒材重量=棒材单位长度的重量×棒材长度

一根棒材可锯毛坯的数量=（棒材长度−料夹长度−剩余料长度）/（单位毛坯长度+锯口宽度）

锯口、夹头和残料是工艺损耗，三部分共同构成消耗定额。

（3）板材零件消耗定额：

板材下料利用率=（零件毛坯总重量/板材重量）×100%

零件板材消耗定额=每个零件的毛坯重量/板材下料利用率

搭边、残料是工艺损耗，两部分共同构成消耗定额。

各种规格型材都有理论重量资料可供查阅，根据毛坯的尺寸和型材的规格型号所标称的理论重量，计算出材料重量或者零件毛坯重量。

2. 冶金与化工产品加工情况

冶金与化工产品加工时，原材料消耗定额的制定通常根据工艺流程的特点和预定的配料比，用一系列的技术经济指标（如成品率、料耗比等）计算，计算公式为

成品率=（成品重量/投入的原材料重量）×100%

料耗比=投入的原材料重量/成品重量

（二）辅助材料及其他材料定额的制定方法

辅助材料及其他材料消耗的特点是品种繁多、用途广、使用情况也较复杂，一般难以用计算法确定它们的消耗定额，大多按其服务对象或使用寿命来制定。一般根据实际情况采用以下不同的制定方法。

1. 辅助材料消耗定额

辅助材料是指间接地用于生产制造，在生产制造中起到辅助作用，但不构成产品主要组成部分的各种材料。辅助材料消耗定额的制定方法主要有以下几种。

（1）用于生产加工工艺技术中的辅助材料，按单位产品确定。如塑料树脂中的抗老化剂、蜡模铸造中的蜡、电饭煲内胆冲压过程中衬的胶袋都属于辅助材料。

（2）用于设备维护保养的辅助材料，按设备工作的台时（班）确定，即按照使用时间周期确定。如设备运转一个台时（班）消耗多少千克的润滑油，设备冷却液多长时间更换等。

（3）经常使用无消耗规律的辅助材料，按照统计和经验估计确定消耗定额，定期发放，或者按照实际需要以旧换新。比如标识用的笔、擦机器的棉纱、卫生清洁的笤帚、照明灯具等。

2. 燃料消耗定额

燃料品种较多，包括煤、焦炭、天然气等。为了使燃料消耗具有可比性，消耗定额一般是根据产品生产消耗的燃料换算成标煤消耗量，如发一度电需要多少千克标煤，生产一吨铸铁件需要消耗多少吨焦炭，折算成每吨铸铁件消耗多少吨标煤等。

物料消耗定额动画演示

3. 动力消耗定额

动力消耗一般是按照单位产品消耗的电量确定消耗定额。生产某种产品加工工艺过程中直接消耗的动力就按单位产品来确定，比如生产一吨电解铝耗电量定额。如果用电力驱动设备，要先计算驱动设备的电力耗费量，再按生产的工时数比例分摊到单位产品中去。如将磁控溅射镀膜玻璃生产线全月耗电量，按不同批次产品在生产线上所耗工时比例进行分摊，再把分摊到的耗电量除以该批次生产数量，所得结果就是每平方米镀膜玻璃的电力消耗定额。

4. 工具消耗定额

工具消耗定额一般是根据工具耐用期限和使用时间来制定的。

【导入案例解析】

根据【情境 4.4】资料，任务实施如下。

第一，求使用 1600 mm × 1200 mm 规格铝板材生产一件圆铝片消耗量。

（1）画出现有工艺水平下冲压下料草图，每张 1600 mm × 1200 mm 铝板可以冲压 12 件 ϕ390mm 圆铝片，如图 4.17 所示。

（2）求铝板材下料利用率。将 12 件铝片毛坯的总重量除以整张铝板的总重量得出下料利用率。

$$板材下料利用率 = （圆铝片毛坯总重量/板材重量）× 100\%$$
$$= [(390/2)^2 × \pi × 0.8 × 比重 × 12]/(1600 × 1200 × 0.8 × 比重）× 100\%$$
$$= 74.6\%$$

（3）求圆铝片产品铝板材消耗量。

$$圆铝片板材消耗量 = 每个圆铝片的毛坯重量/板材下料利用率$$
$$= （0.2579/74.6\%）= 0.3457（kg/件）$$

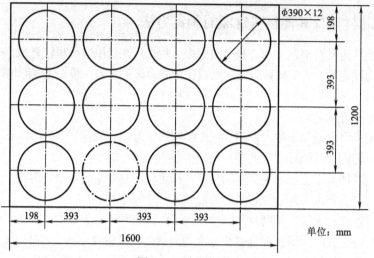

图4.17　冲压草图

第二，计算 2300×1200 规格的铝板生产该产品的消耗量。

（1）每张 2300 mm×1200 mm 铝板可以冲压 15 件 ϕ390mm 圆铝片，并形成 332mm 长的边料。如图 4.18 所示。

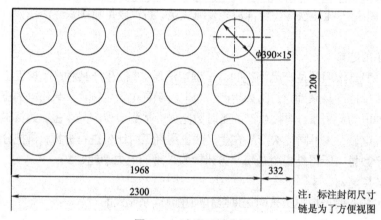

注：标注封闭尺寸链是为了方便视图

图4.18　冲压下料草图

（2）求铝板材下料利用率。

　　板材下料利用率 =（圆铝片毛坯总重量/板材重量）×100%

　　　　　　　　　= [(390/2)^2×π×0.8×比重×15]/(2300×1200×0.8×比重)×100%

　　　　　　　　　= 64.9%

（3）每件圆铝片消耗铝板材料量=0.2579/64.9%=0.3974（kg/件）

可见两种方案的板材利用率不同，选用 2300 mm×1200 mm 消耗较高，会造成浪费。选用 1600 mm×1200 mm 规格的铝板较为合理，工艺消耗定额为 0.3457kg/件。

【技能训练】

某公司生产一批轴类零件，坯料直径 ϕ60mm、长度 350mm，一根棒材长度 2200mm，重量 22.2kg/m，锯口量 1.2mm，料夹位的末端料也形成一件坯料，求零件坯料的消耗定额。

【要点总结】

物料消耗定额就是生产单位产品消耗各种原辅材料最合理的数量。它与生产设备、工艺要求、管理水平、工人的操作技术水平等有关,消耗定额高低是相对的,是特定条件下合理性消耗,消耗定额是控制生产成本的重要手段。

【课后练习】

一、名词解释

1. 物料需求计划　　2. 独立需求　　3. 相关需求　　4. 物料清单
5. 经济订货批量　　6. 经济生产批量　　7. 库存台账　　8. 消耗台账
9. 四号定位　　10. 五五摆放　　11. 定量订货控制　　12. 定期订货控制
13. 物料消耗定额　　14. 工艺消耗　　15. 非工艺消耗

二、判断题

1. 物料清单提供产品构成的原材料、零件和组件及其构成关系等信息。　　（　　）

2. 相关需求一般指的是构成产品的零件、材料等,完成了所有加工工序的产品就一定是独立需求产品。　　（　　）

3. 物料需求计划是提供产品生产需要哪些物料,需要多少,什么时间需要的计划。（　　）

4. 产品结构树与物料清单表都是用来描述产品构成及其构成关系的方式,只是表述形式不同而已。　　（　　）

5. 物料需求计划的三项主要输入是产品出产计划、库存状态文件和物料清单文件,这里所说出产计划是指车间的生产作业计划。　　（　　）

6. 在无价格折扣的情况下,采购总成本费用中,每次订货量发生变化,订货成本就发生变化,库存成本也发生变化,采购成本是常数,不影响总成本的变化。　　（　　）

7. 由于经济生产批量与经济订货批量的计算公式的原理不同,所以计算公式不一样。
　　（　　）

8. 在有价格折扣的情况下,采购成本对采购总成本有影响,确定经济采购批量时,必须计算采购成本、订货费用和库存费用三项总成本费用,以确定经济批量。　　（　　）

9. 在特殊情况下,可以先发料后补手续以免耽误生产。　　（　　）

10. 物料消耗定额包括设备故障造成的物料损耗。　　（　　）

三、单项选择题

1. 物料清单是企业物料管理的重要文件,其英文缩写是（　　）。
　　A. BOM　　　　B. BIM　　　　C. BPM　　　　D. BCM
2. 关于物料清单,下列表述错误的是（　　）。
　　A. 是物料需求计划系统的三个主要输入之一　B. 能够在需求的时间提供需要数量的物料
　　C. 列出产品生产的顺序　　　　　　　　　　D. 能够对物料进行编码
3. 企业库存积压的源头是（　　）。

A. 销售工作没做好 B. 生产计划不合理　　C. 物料清单不准确 D. 管理人员不合格

4. （　　）是物料管理的核心和主要内容。

A. 生产计划　　　　B. 物料需求计划　　C. 销售计划　　　　D. 采购计划

5. 库存管理的基本目标就是（　　）。

A. 防止缺货和超储　　　　　　　　　B. 消除供需双方的空间差异

C. 实现联合管理库存　　　　　　　　D. 协调与供应商的关系

6. 当库存量降低至订货点即触发订货的控制，属于（　　）。

A. 安全量订货控制 B. 计划订货控制　　C. 定期订货控制　　D. 定量订货控制

7. 定量订货控制需要随时将库存余额与订货点比较，决定是否发出订货，又称为（　　）。

A. 定量检查控制　　B. 定期检查控制　　C. 随机检查控制　　D. 连续检查控制

8. 物资存放一般采取（　　）。

A. 分类存放　　　　B. 分区存放　　　　C. 分区分类存放　　D. 分性质存放

四、简答题

1. 简述物料需求计划的运算逻辑。
2. 简述计算有价格折扣的最优订货批量步骤。
3. 什么是 ABC 库存管理法？
4. 物资保管工作的主要内容有哪些？
5. 仓库管理工作的主要内容有哪些？
6. 简述制定物资消耗定额的意义。

五、计算题

1. A 产品的构成信息与库存信息见表 4.16，要求第 4 周交货 100 个，第 8 周交货 150 个。要求：①画出产品结构树；②编制物料需求计划。

2. 某企业年需要某种零件 10000 件，每次订货费 16 元，零件单价为 160 元/件，保管费为单价的 5%，订货提前期 5 天，一年按 250 个工作日计算，求：①经济订货批量；②订货点库存储备量。

表 4.16　A 产品的构成信息与库存信息

产品名称	提前期（周）	持有量（个）	直接构件
A	1	0	B(4)、C(2)、D（1）
B	2	0	
C	1	50	
D	1		

【单元小测验】

扫描二维码，获得更多练习题目。

项目五

工作设计与工作研究

【引言】

产品生产的每个过程和每个流程都要精心设计和组织，只有这样才能按照生产系统规划组织生产。工作设计就是根据工作组织需要确定员工与工作任务之间的关系，明确岗位职责、任务、权力，以及与其他岗位的工作关系。工作研究就是用系统分析的方法，找出最经济、最合理、效率最高的工作方法的过程。所以，工作设计与工作研究就是建立产品生产组织，兼顾个人的工作技能及需求，规定工作人员具体的工作规范。

工作设计与工作研究的基本内容如图 5.1 所示。

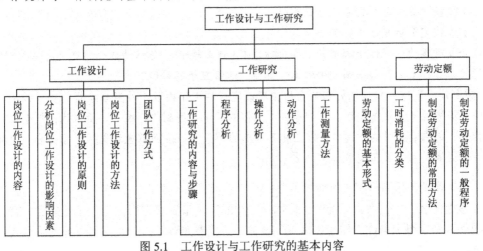

图 5.1　工作设计与工作研究的基本内容

【学习目标】

【知识目标】

1. 掌握岗位工作设计的内容（"5W1H"技术）和要求；
2. 掌握岗位工作设计的理论和方法；
3. 掌握工作团队的内涵；
4. 掌握工作研究的内容和步骤（"ECRS"方法）；
5. 掌握程序分析方法；
6. 掌握操作分析方法；
7. 掌握动作分析方法；
8. 掌握工时消耗分类；
9. 掌握时间定额方法。

【能力目标】

1. 能运用"5W1H"技术进行岗位工作设计，制定管理工作方案；
2. 能用"ECRS"方法与"5W1H"技术相结合开展工作研究，修订管理工作方案；
3. 能用程序图描述工作流程；
4. 能用定额管理方法制订考核方案。

任务一　工作设计

当组织进行生产时，要明确需要做哪些工作，由什么人来做、怎样做、何时做以及这些工作人员之间的协作关系等。**工作设计**是在生产系统中根据生产任务要求设置好各个工作岗位，明确每个岗位的工作职责，规定各个岗位的工作内容，明确每个员工与任务之间的关系。

【导入案例】

【情境 5.1】 以下是某小家电公司包装工岗位职责。

（1）必须服从班长工作安排，做好本职工作。

（2）将所领用的包装材料（如纸箱、封口胶、包装带等）分别整齐堆放到包装台两侧，不得随意乱放。

（3）包装时，必须按照作业指导书要求进行操作，并符合质量要求，做到整齐、美观。

（4）每班产品必须包装完毕后方可下班，不能遗留到下一班，包装完工产品要及时入库。

（5）保持场地整洁，包装的废弃物放到指定位置，不能乱放。

（6）爱护设备，负责打包机的日常维护。

（7）工作完毕后做好交接班手续。

该企业对各项生产作业都制定了作业指导书（作业规范），你认为该公司是否有必要制定《包装工岗位工作标准》？如果制定岗位工作标准，通常应该怎样做？

【案例分析】 岗位职责是要求某个岗位应该完成的工作内容以及应当承担的责任范围，岗位标准除了有岗位职责之外，还有任职条件、工作的环境、达到的标准等。所以我们要全面了解岗位工作设计的内容、目的、过程、方法和要考虑的因素等。全面掌握这些知识才能分析包装工岗位职责能否满足对包装工岗位管理的要求。

岗位工作设计是为组织或群体中的某一个人或某一群人指明岗位工作的内容，包括这一个岗位应该做什么、怎么做、由谁做、使用什么样的工具来做等。岗位工作设计的目的就是要设计出既能够满足组织岗位工作与技术规范要求，又能够兼顾工人的生理承受能力及个人需求的工作结构。

岗位工作设计规定了员工各自岗位的任务、责任、权力以及本岗位与其他岗位的联系，对工作的绩效会产生直接的影响。因此，岗位工作设计质量的优劣将直接影响到组织的效率与管理水平。在实际操作中，岗位工作设计首先要明确岗位工作设计的内容，然后依照两个方面的要求来展开，一是分析岗位工作设计各方面的影响因素，二是把握岗位工作设计的相关原则。

一、岗位工作设计的内容

岗位工作设计的内容包括何人做、做何事、何处做、何时做、为何做、如何做六个方面，用英文表示就是 who、what、where、when、why、how，通常称为"5W1H"技术，又称作"六何"技术，岗位工作设计的内容见图 5.2。

通过运用"5W1H"技术，管理者可以分析劳动者的心理和生理特征、在该岗位上要完成什么样的工作任务、岗位所在组织的地理位置和工作地点、岗位工作开始的时间和整个流程的时间、岗位工作的组织原则和员工的目的与动机、岗位工作方法和激励方法等，核心包括三个方面，即岗位工作内容设计、岗位工作职责设计和关联岗位协作关系设计。

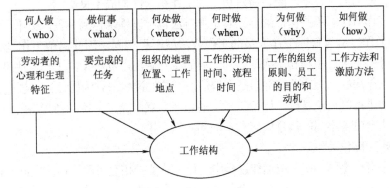

图 5.2 岗位工作设计的内容

（一）岗位工作设计的核心内容

1. 岗位工作内容设计

通俗地讲岗位工作内容设计是规定某一岗位需要做些什么工作，具体包括以下五个方面。

（1）岗位工作的完整性。岗位工作的完整性就是将某一岗位工作作为其中的一个环节纳入组织整体工作之中，使员工意识到个人的工作对于整体工作的影响和意义，由此对自身工作成果抱有进取心和成就感。

（2）岗位工作的自主性。现代企业讲求人性化管理，为了增强员工工作的责任心，提高工作热情，就应当充分信任员工，在工作过程中赋予员工充分的自主权，使其感受到被重视和被尊重，从而更好地激发其工作的能动性。

（3）岗位工作的广度。岗位工作的广度，也就是指工作的多样性，工作设计过程中，要充分考虑员工的心理特征，尽量安排员工完成不同的工作任务，使其工作多样化，不要过于单一，以保持员工的工作兴趣，减少由于对工作感到枯燥和厌倦所产生的不良效应。

（4）岗位工作的深度。针对员工对于工作挑战性的渴求，岗位工作设计时，在员工工作技能方面的要求应该具有层次感，从易到难，具有一定的挑战性，使员工的创造力和克服困难的能力得以激发和提升。

（5）岗位工作的信息反馈。岗位工作信息反馈，可以使员工全面认识自己工作所产生的工作效果，特别是能够帮助自己反省过失，从而正确引导和激励员工在今后的工作中发扬长处、改进过失，更加精益求精。岗位工作信息反馈主要包括两方面的内容：首先是对工作本身的信息反馈，如工作质量、数量、效率等；其次是上级和同事对员工本人工作意见的反馈，如工作态度、工作能力评价等。

2. 岗位工作职责设计

岗位工作职责设计主要包括以下四个方面。

（1）岗位工作责任。岗位工作职责设计的首要任务是要明确员工的岗位工作责任，就是要界定员工在工作中应承担的职责及压力范围，换句话说就是要设定员工的工作负荷。这种设定要尽量做到恰到好处，既不能使员工的工作负荷过低、缺乏压力，从而导致员工行为轻率和低效；又要避免员工工作负荷过重、压力过大，以致影响员工的身心健康，令员工反感、抱怨和抵触。

（2）岗位工作权力。岗位工作职责设计要将员工的岗位工作权力规定清楚，使员工明确自己什么能做，什么不能做。当然，员工工作权力的大小与其责任的大小是对等的，权力范围越大，责任也就越大，权力与责任不匹配，将对员工的工作积极性构成不良影响。

（3）岗位工作方法。不同岗位的员工其工作方法也难以强求达到一致，更不可能千篇一律，例如管理者的工作方法与普通工作人员的工作方法就不尽相同。因此岗位工作设计就要灵活多样，要针对领导对下级、组织和个人等不同性质的工作做出不同类型的工作方法设计。

（4）岗位工作沟通。岗位工作沟通是工作信息交流的过程，它为岗位协作创造了条件，是整个工作流程顺利进行的信息基础。岗位工作沟通包括垂直沟通、平行沟通和斜向沟通三种形式，不同的沟通模式会带来不同的信息内容和不同的沟通效果。

3. 关联岗位协作关系设计

组织是一个有机整体，在组织运作过程中，存在着多种相互关联的岗位之间的协作关系，这些关系，既有互相配合、支持、依存、合作的成分，即协作关系；也有互相协调、制约、督促、纠错的作用，即监督关系。此外，还有其他互有交集的各个方面的关系。关联岗位协作关系设计要理清脉络，使关联岗位按既定规则处理相互间的关系，避免由于工作环节的脱节或超越职权行为造成对组织运营的不利影响。

（1）协作关系。规定关联岗位之间协作的事项、时机、行为标准、保障方式等。例如生产线上要完成装配任务，装配岗的人员要与前后工序、仓管、运输、电力供应、维修保养、生产管理等诸多相关岗位人员产生关系，在确保本岗位工作任务顺利完成的过程中给予或取得这些相关联岗位人员支持和帮助。

（2）监督关系。这种关系既有来自上下级之间的一种天然关系，也有来自平行岗位的制约关系，监督关系可以发现工作环节中存在的问题，便于及时沟通、反馈和纠错。例如，生产线装配岗的成品交到检测岗，检测岗就负有对装配岗所装配出来的成品是否符合质量标准的监督责任。

（二）岗位工作设计的目标

通过岗位工作设计，组织可以对员工所要从事工作的岗位状况加深理解和认识，为组织的人力资源管理提供依据，保证相关岗位事得其人，人尽其才，人事相宜。岗位工作设计也使得人力资源配置得以优化，使员工能够更好地发挥自身潜能力，提高工作效率，使管理得到更为科学的保障。综合而言，岗位工作设计使得组织得以达成以下目标：

（1）明确岗位工作任务及其作业流程；

（2）进行合理的岗位工作分工，明确相应岗位的工作内容；

（3）明确每个岗位工作人员的岗位工作职责（如岗位作业规范、质量标准等）；

（4）确定与岗位工作协调匹配的组织形式，规定岗位分工后关联岗位之间的协作配合关系，以保证工作任务的完成。

二、分析岗位工作设计的影响因素

影响岗位工作设计的因素是多方面的，要使岗位工作设计真正达到规范工作行为、提高组织管理成效的目的，就要在进行岗位工作设计时，认真调查研究，综合考虑岗位工作的各种影响因素，例如，工作岗位任务的计划安排情况、内外部环境因素对岗位工作可能带来的影响、员工素质与能力的高低、员工对工作任务的接受程度，以及结合组织的管理模式、劳动条件、政策法规等。在此基础上深入研究探讨，最终才能形成与组织岗位工作要求相匹配的、符合实际需要的岗位工作设计方案。归纳一下，在进行岗位工作设计时，必须考虑以下三个方面的影响因素。

（一）员工因素

员工是组织活动中最基本的要素，影响岗位工作设计的员工因素表现在以下四个方面。

（1）员工的工作主动性。员工工作效率的高低与其是主动工作还是被动工作有很大关系，在主动工作的状态下，员工的工作态度是积极进取的，即使遇到困难和问题也会千方百计想办法解决；而在被动工作的状态下，员工通常表现为得过且过，不思进取，面对困难可能会消极对待。因此，在进行岗位工作设计时，要认真考虑如何能够发挥员工的主观能动性。

（2）员工需要的满足程度。员工需求的变化是岗位设计不断更新的一个重要因素。岗位工作设计的主要内容之一就是要使员工在工作中得到最大的满足。现代组织中的员工除了需要获得一定的经济收益之外，更希望在自己的工作中得到锻炼和发展，因此，在进行岗位工作设计时，要尽量迎合这种需求变化趋势。

（3）工作的挑战性对员工的激励。现代企业对员工的素质要求和工作质量的追求日益提高，对员工工作提出诸多新的挑战，对于员工来说，这也是一种刺激和激励，员工潜意识中本能地存在好胜心理，管理者如果在这方面善加利用，并结合采取适当的奖惩措施，将能很好地激发员工岗位工作的斗志。

（4）信息沟通渠道是否畅通。信息沟通是组织能否运作顺畅的基础，建立和保持良好的信息沟通渠道非常重要。良好的信息沟通渠道将可以及时、顺畅地将岗位工作的信息正确、全面、真实地传递和反馈，为组织评价和改进工作提供依据，避免发生信息迟滞、失真等沟通困难，给工作带来不必要的困扰，甚至是损失。

鉴于员工因素对组织工作影响重大，组织进行岗位工作设计时就要重视员工的诉求，尽可能地使岗位工作特征与要求适合员工的个性特征，注意员工潜能的开发，甚至是投其所好，让员工在工作中发挥最大的潜力。以此为员工创造成长和发展的空间，激发员工的工作热情，同时也增强了组织的吸引力，以便留住人才，促进组织的发展。

（二）组织因素

组织因素在岗位工作设计时起到了决定性的主导作用，岗位工作设计最基本的目的就是为了提高组织效率，增加产出。组织在岗位工作设计时需要在岗位专业化程度、岗位工作流程、岗位工作习惯三个方面寻求最佳契合点。

1. 岗位专业化程度

专业分工、实行岗位专业化是组织管理的通常选择。岗位专业化程度越高，员工工作任务的范围就越窄，重复性也就越强，这样，尽管效率可以提高，但技能要求就比较狭窄；从另一个角度看，岗位专业化程度越低，员工工作任务的范围就越宽，变化较多，这样，效率未必很高，对员工的技能要求反而宽泛一些。

岗位专业化有以下几项优点：①员工可以在较短的时间内掌握工作方法和步骤；②效率较高，管理控制力较强；③培训和人力资源成本较低。

岗位专业化存在的不足表现在以下几方面：①岗位任务整体性较差，会造成岗位工作不平衡，员工忙闲不均；②环节多使得岗位间的协作关系变得复杂，信息传递容易产生牛鞭效应；③重复性导致疲劳、厌倦和效率降低等不良后果。

针对岗位专业化的优点和存在的不足，在岗位工作设计的过程中，要扬长避短，把握好岗位专业化程度，尽量求得效率与实用的平衡点。

2. 岗位工作流程

流程化可以为管理者提供规范化的工作程序及行为步骤。岗位工作流程就是建立在规范化原则上的岗位工作程序和行为步骤。现代组织非常重视岗位工作流程的管理，强调要通过过程控制来保证和提升企业管理的效益。岗位工作流程管理应关注以下四个要点。

（1）如何完成岗位工作任务。对完成工作进行先后顺序的安排，对工作每一环节的标准、完成方式等作出具体的要求；

（2）岗位流程的主体。由管理者确定工作的内容、数量、质量、时间、地点的标准和要求，并对工作的细节作出规定；

（3）岗位考核标准。强调按照岗位工作的标准要求来确定其绩效的好坏和高低，考核的参照系数是包括数量、质量、时间、地点等在内的事先确定好的具体要求；

（4）岗位相互之间的关系。应该如何设置上下级职位，处理同一流程中的不同岗位人员的地位与权力的制衡关系。

岗位工作流程涵盖实现公司日常办公的工作程序和步骤安排，追求的是系统化的过程，包括行政、财务、人事、购销、业务和事务性工作等程序和步骤，合理的岗位工作流程安排，可以实现组织内部工作的系统化、条理化、透明化和规范化，便于工作信息的正确、迅速传递与反馈，使得组织的各项工作可操作性更强，更加富有效率，管理更为顺畅。

3. 岗位工作习惯

"习惯"就是由于重复或多次练习而巩固下来并变成需要的行为。它是一种长久养成的行为方式，是平时的点滴养成。这些点滴养成往往积聚成了员工工作和生活的全部。好的习惯诸如珍惜工作、勤奋好学、积极进取、行动高效、善于合作、重视细节、勇于担当、专注认真、勇于创新、劳逸结合、懂得感恩等，是业绩倍增的放大器，是职场晋升的阶梯，是优秀与成功的基石；不良的习惯如"凭感觉办事""按钮型员工"、特立独行、我行我素、总是为失误找借口等等，则是绩效低下、平庸与失败的诱因。因此，组织要分外关注优良高效工作习惯的养成。要注意提炼和总结出优秀员工应具备的岗位工作习惯，以此供员工对照、思考、学习和借鉴，进而优化自己的岗位工作习惯和行为方式。组织管理者可以尝试从以下四个方面促使岗位工作习惯的养成。

（1）培养良好的学习习惯，使员工面对岗位工作时，主动学习和钻研，尽快掌握岗位工作技能；

（2）养成良好的行为方式，培养员工按照岗位工作程序和规范行事的习惯，消除不必要和制约工作效率的思维与行为定式；

（3）从人文关怀的角度，关注和结合员工的惯性思维与惯性动作，合理地进行岗位工作设计，增强其执行岗位规范的自主性和认同感；

（4）纠正员工的不良行为习惯和惯性思维，引导他们进入正确的思维与行为轨道，并最终养成其新的岗位工作习惯。

岗位工作习惯对员工的工作效率、对组织目标的实现有着重大的影响，因此，组织在岗位设计时就要全面权衡组织的经济效率原则与员工的职业心理需要，找到一个好的平衡点，使员工即使满负荷工作，也能够愉快地接受，组织亦由此获得生产效益和员工个人满意度的"双丰收"。

（三）环境因素

环境对于岗位工作设计也是非常重要的。组织在进行岗位工作设计时面临的环境因素主要包含两个方面。

（1）人力资源供给状况。人力资源供给在员工的数量与素质等方面对组织的岗位工作设计形成重大影响。组织在进行岗位工作设计时，要针对企业现有员工的基本状况、知识结构、工作经验、能力与潜能、兴趣爱好、个人职业生涯规划、绩效、薪酬期望，以及组织人力资源结构、流动情况、社会人力资源状况，结合组织的人力资源政策，从现实情况出发，进行研究。既要对员工的数量、质量、结构等进行静态分析，又要对员工的流动性进行动态分析，还要就人力资源管理的关键职能进行效能分析。尽力做到岗位工作设计与人力资源的实际水平相一致，合理安排岗位工作，避免出现资源浪费或工作力不从心的状况。组织人力资源供给来源于组织外部的社会人力资源供给和组织内部的人力资源供给。

（2）社会期望。社会期望是指人们希望通过工作得到哪些方面的满足。对于员工而言，根据马斯洛需求层次理论的观点，他们各自都有自己不同层次的需求，这些需求的满足程度，通常意味着对他们的激励程度，对其工作热情有着重要的影响。因此，现代组织在进行岗位工作设计时，就会更加注重考虑一些人性方面的东西。比如绿色环保的思想已经深入人心，员工比较关注气候适宜、污染少、照明合理人舒适、色彩协调心境佳、噪声适度受保护等环境条件因素。

三、岗位工作设计的原则

岗位工作设计要坚持以下三项基本原则。

1. 岗位工作目标明确的原则

基于岗位工作目标明确的原则，在设计岗位工作时，就应该从组织的整体利益出发，既着眼于现实状况，又着眼于组织发展的未来，做到"以事定岗、以岗定人"，即先要按照组织内部各部门职责范围划定岗位，再依据划定的岗位妥善安排适当的人员开展相应的工作。不能因人设岗，本末倒置。

2. 岗位之间的分工与合作的原则

基于岗位之间的分工与合作的原则，组织在进行工作岗位设计时，要把握好分工与协作之间的关系，要在岗位整体规划下实现分工基础上的有效整合，强调统一领导与分级管理，使各岗位既做到职责分明，又能上下纵横同步协调，发挥最大的效能。

3. 岗位责权利相对应的原则

岗位责任是岗位工作人员应尽的义务，在岗位工作设计时，就要明确所设置岗位的岗位责任，使工作人员对于自己所要从事的工作行为和工作任务做到心中有数，管理人员也就可以做到考核有据。权力是保证岗位工作运行顺畅的工具，要对岗位工作人员清晰授权，使其恰当行使职权，免受不必要的干扰，顺利完成工作任务；利益是驱使岗位员工更好完成任务的动力，这是影响员工工作积极性的关键因素。

四、岗位工作设计的方法

要有效地进行岗位工作设计，管理者必须通过岗位分析对岗位工作的当前状态全面了解，同时通过工作流程的分析明确该岗位工作在整个组织工作流程中的位置或地位。在对岗位工作进行了充分而全面的了解、分析之后，管理者可针对不同岗位的工作特点选择不同的方法进行岗位工作设计。

1. 工作专业化

工作专业化是工作设计最通常的做法，它是将每一项工作任务进行细分、专业细化。工作专业化常用于工厂的装配线和许多的专业化工作如计算机终端控制、会计等。工作专业化强调的是要寻求一种能够使得效率达到最大化的最简单的操作方式来完成岗位工作。这种方法要求尽可能降低工作的复杂程度，使任何人只要经过快速培训就能够很容易掌握，并以单纯、简洁的动作来提高操作人员的工作效率，完成岗位工作任务。工作专业化的好处是便于制定工作标准、形成行为规范，管理比较精确、到位。工作专业化的缺陷是，当工作过于专业化时，员工单调、机械地重复工作，会反感和厌倦，从而影响工作的效率和质量。

2. 工作轮换

工作轮换是指在不同的时间阶段，让员工在不同的岗位上进行工作。工作轮换的好处是拓宽了员工的工作领域，使员工的活动趋于多样化，给他们更多的工作体验，避免了由于工作专业化造成的员工对工作的反感、厌倦。同时，广泛的工作体验也有利于员工的学习和成长，提高综合工作技能，为他们日后的职位提升奠定基础。工作轮换也是有缺陷的，其缺陷突出表现在：职务轮换过程需要增加培训成本，由于员工要重新熟悉岗位，可能会导致生产率的暂时下降，对于某些喜欢专攻一行的员工而言，其积极性会受到打击。

3. 工作丰富化

工作丰富化也称工作垂直延伸，是指在工作中赋予员工更多的责任、自主权和控制权。工作丰富化通过更多、更有意义的任务和责任，使员工的工作垂直延伸，要求员工参与计划、组织和监控自己的工作，它改变了员工完成任务的方式，从本质上来说，这种工作延伸是一种分权。员工在本职工作中得到激励和成就感，从而增加自主性和责任感，提高了其工作的价值。例如，某家公司将批准开支和处理退货的权力交由一般店员处理，而这些工作过去通常由商场主管或经理人员负责。工作丰富化实施过程还要求进行反馈，使员工可以自我评价和改进工作。工作丰富化加重了员工的工作负荷与责任，在特定的场合，可能导致生产率下降。

4. 工作扩大化

工作扩大化也称工作的横向扩大，是指从水平方向扩大员工的工作范围，要求员工完成更多的工作量。工作扩大化的做法是扩展一项工作包括的任务和职责，它改变了员工的工作职责和内容。工作扩大化使某一项工作从若干个单体会合成一个整体，从而减少了单体之间的传递时间，进而提高了工作效率；同时，工作扩大化使员工从过细的专业化中解脱开来，心理上得到一定程度的安慰；工作扩大化也使员工的工作内容增加，可以学习和掌握更多的知识与技能，工作兴趣也会相应提高；工作扩大化使当下员工所从事的工作与过去承担的工作内容非常相似，只是工作内容在水平方向上进行了扩展，员工无需具备新的技能，因此，他们很难感受到工作在枯燥和单调方面有大的改观。工作扩大化在激发员工的积极性和培养挑战意识方面意义不大。

五、团队工作方式

团队工作方式，是围绕某项任务，以团队方式独立开展工作。在团队工作方式下，每位员工在工作中不仅是执行上级的命令，更重要的是积极地参与团队活动，起到决策与辅助决策的作用。团队工作方式的基本思想是使全员参与，调动每位员工的积极性和创造性，使工作任务包括效率、质量、成本等的综合结果能尽善尽美地完成。因此，团队工作方式有三项要求：第一，团队成员一专多能，能够比较熟悉团队多项工作职能，确保工作协调、顺利进行；第二，团队工作基本氛围是信任，建立长期监督控制机制，避免对每一步工作的稽核，以提高工作效率；第三，团队处于变动状态，针对不同的事物，可以建立不同的团队，同一个人也可能属于不同的团队。

（一）团队的含义

团队就是由两个或者两个以上相互作用、相互依赖的个体，为了特定目标而按照一定规则结合在一起的组织。也可以说，团队是由员工和管理层组成的一个共同体，它合理利用每一个成员的知识和技能协同工作，解决问题，达到共同的目标。团队由目标、人、定位、权限、计划五个要素（5P）构成：

（1）目标（purpose）。每一个团队从组成的时候开始，就有了自己既定的目标，告诉团队成员要做什么、任务的指向在何方。团队成员为了共同的目标既独立自主又协调配合工作，合力实现共同的目标。

（2）人（people）。团队的核心是人。在团队中要吸纳具有不同才能的员工，诸如策划人员、技术人员、协调管理人员、监督考核人员等等，形成技能互补、高效工作，不同的人通过分工来共同完成团队的目标。

（3）定位（place）。团队的定位包含两个层面。一是团队的定位，要考量团队在企业中处于什么位置，团队的成员的选择和决定权归谁，团队最终应对谁负责，团队采取什么方式激励下属；二是个体的定位，要考量团队成员在团队中扮演了什么样的角色。

（4）权限（power）。团队负责人及相关成员都被赋予相应的权限，其权限的大小随着团队的发展阶段和任务的变化而改变，团队初创的初期发展阶段，团队的权限相对比较集中，随着团队走向成熟，权限可能随之减少。

（5）计划（plan）。每个团队开展工作都必须制订工作计划。一是要最终实现工作目标，需要制定一系列具体的行动方案；二是提前按计划开展工作，可以保障团队工作进度的顺利推进。

（二）团队的类型

按照其存在的目的和拥有自主权的大小，团队可以分为三种类型。

1. 解决问题型团队

解决问题型的团队是一种非正式组织，它通常由一个部门内不同班组的成员自愿组合而成，七八个人或十来个人，大家每个星期在一起聚集一次或若干次，每次几小时，针对工作中遇到的一些问题进行分析研究并寻求解决方案。解决问题型团队的核心关注的是提高生产质量、提高生产效率、改善企业工作环境等。例如，针对生产中遇到的产品质量、生产率提高、操作方法和设备与工具的改造等问题，团队中成员就如何改变工作程序和工作方法相互交流，提出具体的改进建议，提交给管理决策部门。解决问题型团队的成员只提出建议和方案，没有根据建议采取行动的实际权力。20世纪70年代，解决问题型团队在日本企业广泛采用，日本解决问题型团队的典型代表——QC小组，在提高企业产品质量、改善企业生产系统、提高生产率等方面获得了极大的成功；对于提高员工的工作积极性、改善职工关系、职工与经营者的关系也起了很大的作用。这种团队迅速被推广到了美国等世界各地的企业。

2. 多功能型团队

多功能型团队亦称为跨职能型团队，团队成员由来自同一等级、不同工作领域的员工组成，这些成员既可以是普通职工，也可以是与所需解决问题相关的专家和经营管理人员。多功能型团队组成的目的是要完成某一项具体的目标任务，例如，某个新产品的开发；某项新技术的引进与评价；某种劳资关系问题处理等。多功能型团队便于组织内部，甚至是组织之间不同领域的员工进行信息交流，激发产生新的观点，协调复杂的项目，解决面临的问题。由于多功能型团队面临的工作任务复杂多样，在不同背景、经历和观点的成员之间，需要花较多的时间相互适应，从而建立起信任，以利于合作共事。

多功能型团队被赋予一定的决策和实施权限。多功能型团队的成员中，有团队中的经营管理人员，他们拥有一定的决策权，可以直接向最高决策层报告。所以，多功能型团队的工作结果，包括各种建议或方案，是可以得到实施的，甚至团队本身就是为实施某个方案而设立的。多功能型团队是一种非常设机构，通常是为某项一次性工作或某一个项目而设立的。这种团队的特点是使基层员工的意见和建议与经营管理层的沟通变得更加便捷，员工的意见也能直接反映到决策之中。20 世纪 80 年代末，所有主要的汽车制造公司都采用了多功能型团队形式来协调完成复杂的项目，包括丰田、尼桑、本田、宝马、通用汽车、福特、克莱斯勒等著名企业。

3. 自我管理型团队

自我管理型团队通常由数人（几人至十几人）组成，通过自我管理、自我负责、自我领导、自我学习，共同完成一项相对完整的工作任务。自我管理型团队的责任范围包括控制工作节奏、决定工作任务的分配、安排工间休息，甚至可以自己挑选成员，并让成员相互进行绩效评估。也就是说自我管理型团队的成员可以自己决定任务分配的方式和任务轮换，自己承担管理的责任，如制订工作进度计划、采购计划、临时工雇用计划等，决定工作方法，甚至承担自己的上司所承担的一些责任。

自我管理型团队引入了两个重要的新概念：一个是员工授权，即组织把决策的权力和责任层层下放，直至每一位普通员工。自我管理型团队改变过往组织的任务分配模式，将原来由不同层次、不同部门的管理人员来决定的工作进度计划、人员雇用计划等权力交给每一个团队成员，并由他们承担相应的责任；另一个是组织重构——即将原有的组织架构重新梳理整合，形成新的组织结构和运作模式。采取这种工作方式之后，原先的班组长、工段长、部门负责人（科室主任、部门经理等）中间管理层的角色由团队成员自行担当，组织层次变少，实现了组织结构的"扁平化"。这种自我管理型团队引发的组织重构实际上是权力层层下放，交给每一个团队成员的必然结果。

研究表明，自我管理型工作团队虽然具有强大的优越性，但是具体到某一个组织，却不一定能带来积极的效果。因此不能一概而论，生搬硬套。

（三）团队工作的目标

目标是个人、部门或整个组织所期望的成果。就组织而言，团队工作的目标是指根据团队的使命而提出的团队在一定时期内所要达到的预期成果。在团队工作的要素当中，目标是十分重要的，常言说：人不是因为辛苦而停止，而是因为盲目而放弃。特别是在高效的团队之中，团队成员对所要达到的目标更要有清楚的了解，并且坚信这一目标具有重大的意义和价值。每个团队成员都要以团队工作目标的重要性来激励自己和其他所有的团队成员，并将个人目标融入和升华到团队工作目标当中，为团队目标作出承诺，共同工作直至工作使命最终完成。

建立团队工作的目标具有以下非常重要的意义：提高团队成员的沟通能力；提高团队成员的领导能力；激发团队成员的潜能；增强培训和发展员工的能力；建立积极、开放的团队气氛，建立自信等。

帮助团队设定明确的工作目标可以依照**"SMART 原则"**去做。

（1）明确性（specific）。目标必须是具体的、明确的。就是要用具体的语言清楚地说明团队所要达成的行为标准。成功团队共同的特征就是有明确的工作目标。目标设置要完整，做到有项目、有衡量标准、有达成措施、有完成期限以及有资源要求等，使团队在某一工作时期内计划要做哪些事情和计划完成到什么程度都一目了然，以便于考核。如果一个团队目标定得模棱两可，并且还不能将目标有效地传达给团队成员，那么这些团队注定难以获得成功。

（2）可衡量性（measurable）。可衡量性就是指团队工作目标应该是可以衡量的，而不是模糊的，而且尽可能是一个定量的可以衡量的分析数据，以此作为衡量团队工作是否达成目标的依据。如果制订的团队目标没有办法衡量，就无法判断这个目标是否实现。团队工作目标的衡量标准要遵循"能量化的量化，不能量化的质化"的原则，着眼于数量、质量、成本、上级和客户五个方面，使目标制订、目标考核有一个统一的、标准的、清晰的、可度量的标尺，杜绝在目标设置中使用概念模糊、无法衡量的形容词描述。目标细化、工作流程化等方法都可以实现目标的可衡量性。

（3）可实现性（attainable）。目标的设定基于现实，并具有一定的挑战性，是通过努力可以达到的。目标的制订过程不能一厢情愿，而应该为团队成员所能接受，领导者要吸纳下属的意见，在目标制订时，坚持让团队成员更多地参与、上下左右沟通，使得团队和个人之间观点达成一致，使得目标实施更易于操作，避免产生对立情绪和沟通障碍，从而增加实现目标的现实可能性。

（4）相关性（relevant）。团队工作目标的相关性是指制订的团队目标与其他目标的关联情况。团队在设定目标时，需要考虑达成该目标所需要的相关条件，譬如人力资源状况、硬件与技术条件、系统信息条件、团队环境因素等。团队设定的目标往往与其他各类目标掺杂在一起，互相关联。例如，个人目标与团队目标相关，长、中、短期目标相关，目标与岗位职责相关，目标与目标之间关联和不冲突等。如果团队制订并实现了某个目标，这个目标却与其他目标完全不相关，或者相关程度很低，那么这个目标的意义就不是很大。

（5）时限性（time-bound）。团队工作目标的时限性就是指目标的达成是有时间限制的。没有时间限制的目标是无法考核的，也是缺乏效率和不公正的，会挫伤员工的工作积极性。因此在拟定团队工作目标时，要对工作目标作出时间限制，根据工作任务的权重、事情的轻重缓急，确定完成目标任务的时间，定期检查任务完成进度，及时掌握工作进展和变化情况，及时对下属进行工作指导，并根据工作发生的异常情况及时调整工作方案。

（四）高效团队设计

建立高效团队需要一定的工作方法，借助一些常见的管理工具精心设计，主要考虑如下问题。

（1）认识团队成员所具有的优势和劣势。团队运作过程中面对诸多的外部的威胁与机会，要取得任务的成功，首先就应该对团队的状况有一个深入的了解，掌握团队成员对工作的喜好、处理问题的方式、基本价值观差异等，尤其是要认清自身的优势和劣势，通过分析所处环境来评估团队的综合能力，找出团队综合能力与所需达成的团队目标要求之间的差距，形成共同的信念，以此确定团队如何才能够扬长避短、发挥优势、回避威胁、提高迎接挑战的能力。

（2）明确团队工作的目标和行动计划。团队要以工作任务为导向确定团队工作的目标和行动计划，并使每个团队成员清晰了解和把握。为了激发团队成员的激情，还可以确立阶段性任务，使团队成员更好把握工作节奏，创造出令成员工作的兴奋点。

（3）在合适的时机采取合适的行动。团队工作要讲求高效率，这时候对行动时机的把握就显得尤为关键。关键的节点在于：团队任务的启动时机；团队遇到困难或障碍时，分析与解决问题的机遇；团队面对内、外部冲突时进行舒缓或消除的时机；在何时与何地取得相应的资源支持的机会等。必须因势利导，见机行事，求得圆满结果。

（4）形成团队的运行规则。为了实时高效地实现团队目标，就要花大力气梳理好内部关系，做好内部资源整合工作，建立团队运行的游戏规则。具体做法是要在团队内部进行分工，明确不同的团队角色应承担的职责、履行的权力、协调和沟通内容与方式等。通过团队内部各个成员之间明确的岗位职责描述和说明，建立团队成员的工作标准。以此将激励机制引入团队建设，增强团队成员的责任感和使命感，保证团队工作有条不紊、顺利地开展。

【导入案例解析】

岗位工作标准通常包括工作内容、工作标准、任职条件、岗位职责等，包装工工作比较简单，并且有作业指导书规定了作业规范，一般不再需要制定岗位工作标准。如果制定岗位工作标准，通常的步骤如下。

（1）岗位工作分析。运用"5W1H"技术的指导思想分析包装工所从事的岗位工作特点；

（2）形成可能的岗位设计方案。运用"5W1H"技术，根据岗位分析的结果，针对相关岗位的特点拟定岗位工作设计方案；

（3）评价和确定工作方案。从实施的技术方法、经济性、环境、实施难易度等方面进行系统的研究分析，确定最佳工作方案；

（4）形成工作规范。按照经过反复分析、比较、论证之后形成的最佳岗位设计方案，拟定《包装工员岗位工作标准》。

【技能训练】

根据【情境 5.1】的包装岗位职责所述，指出包装工的工作内容，并指出与其他工作岗位的关系。

【要点总结】

工作设计是基于工作岗位设计相关理论，采用工作岗位设计的科学方法，结合实际工作状况整合完成。整个过程中需要用岗位工作设计"5W1H"技术、工作设计方法、效率学派、行为学派、工作团队等相关知识作为行动的支点，其目的是在分配工作时既满足生产组织、生产技术的要求，又满足个人心理的需求。

任务二 工作研究

当接受一项工作时，用什么样的操作方法作业效率高，应该怎样安排操作的程序，先实施哪个步骤后开展哪个步骤，采用多长时间完成作业比较合理，**工作研究**就是要明确回答这些问题。进行工作研究就是排除作业中不合理、不经济的因素，寻求更经济、更合理、更容易的工作方法，以提高工作效率。

工作研究动画演示

【导入案例】

【情境5.2】 以下是某小家电公司包装电风扇的操作步骤：

（1）按照作业指导书与包装文件要求，备好相应规格的彩盒和外箱。

（2）用封箱胶纸把彩盒、纸箱底面封粘整齐，在封好的彩盒底部加泡沫下衬垫，先将套袋的电风扇装入彩盒，加泡沫上衬垫，在泡沫上衬垫上放置装有说明书、保修卡、产品合格证的印刷品胶袋，彩盒用封箱胶密封。

（3）按要求将彩盒装入大箱，然后将每个大箱整齐摆放到托板上，依次重复放上面，总共摆放五层。

你如何判断这个操作步骤是否合理？

【案例分析】 分析操作步骤是否合理，要利用工作研究理论全面分析包装作业的工作内容和方法，分析包装作业的操作程序、步骤，判断操作步骤的合理性。

一、工作研究的内容与步骤

（一）工作研究的内容

1. 工作研究的含义

工作研究是针对现实的工作状况，通过改进作业流程和操作方法，实行先进合理的工时定额，形成并实施新的工作标准，达到降低成本、提高工作效率和效益、增强组织竞争能力的一种基础技术。

2. 工作研究的目的

工作研究的目的是为了提高工作效率和员工的工作满意程度，使组织在成本、质量、服务和速度等重要绩效指标上得以改善。

3. 工作研究的过程

工作研究的过程是对现行工作进行分析研究，重新整合改进，制定出新的工作标准的工作过程。在这个过程中，必须进行整体考虑，包括组织的环境因素和工作岗位本身的因素，例如岗位工作的内容、岗位工作的自主性、岗位工作的难度、岗位信息流程、岗位责任、岗位之间的职权关系、工作协作要求、与他人交往建立友谊的机会、工作过程中集体合作的要求等。工作研究的关注点主要放在两个方面：一是绩效成果因素，例如生产率高低、员工对工作岗位的满意度、员工出勤率、员工离职率等；二是员工的个人特征，例如员工的个人需求、员工的价值观取向、员工的个性及学习能力等。

4. 工作研究的内容

工作研究包括**工作方法研究**和**工作时间研究**（也称为"作业测定"）。工作标准的形成是建立在工作方法与工作时间研究基础上的，工作研究的内容如图5.3所示。

（二）工作研究的步骤

工作研究要按照七个步骤来进行，见图5.4。

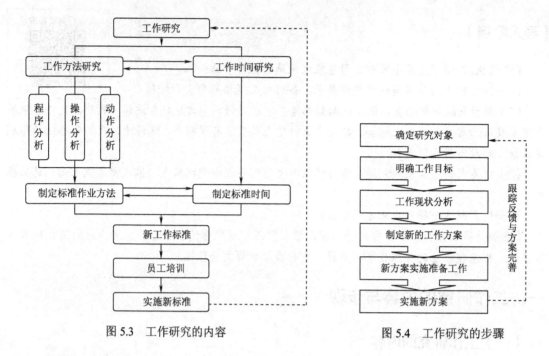

图 5.3　工作研究的内容　　　　　　图 5.4　工作研究的步骤

1. 确定研究对象

通常组织确定研究对象时，着眼于系统的关键环节、薄弱环节；或者是带有普遍性的问题等方面，或者是从实施角度容易开展、见效快的方面。换言之，就是选择那些效率明显不高、成本耗费较大和急需改善的工作作为研究对象。研究对象可以是运作系统的全部，也可以是系统运作的某一局部；可以具体到具体的工序、岗位，甚至是操作人员的具体动作或者时间标准等。在确定研究对象时要考虑三方面的因素：第一是经济因素：要针对能力瓶颈、废品率高、成本比重大等关键事项，选择经济价值高的问题；第二是技术因素：要确定自身实施研究要有足够的技术方法、知识和手段；第三是人的因素：要预估员工对研究工作的接受程度和欢迎程度。

2. 明确工作目标

研究对象确定之后，要针对这一研究对象分解设定出具体的研究目标，工作研究的目标包括：①减少作业所需时间；②节约作业中的物料消耗、降低运作成本；③提高工作质量的稳定性；④增强员工工作的安全性，改善工作环境和工作条件；⑤改善员工的操作，减少劳动疲劳；⑥提高员工对所从事工作的兴趣，增强员工的劳动积极性。

3. 工作的记录与现状分析

（1）观察现行操作方法，记录全部事实。借助各类专用的表格、图表、录像带和电影胶片等工具，运用作业分析、动作分析等一系列基础工业工程等相关的手法，将当前采用的工作方法或工作过程如实地、详细地记录下来，以此作为工作研究的基础。这些记录的详尽、正确程度直接影响着下一步对原始记录资料进行分析的结果。

（2）严格考察记录事实，寻求改进现状的可能方案。运用 5W1H 和 ECRS 方法，对记录进行全面的分析，判断现行工作方法中的每一个步骤和每一动作是否必要、顺序是否合理、是否存在浪费、是否需要去除或者改变、是否有更好的方法，在分析研究的基础上提出可能的改善方案。

"5W1H（六何）"工作现状分析表，如表 5.1 所示。

表 5.1　"5W1H" 工作现状分析表

5W1H24 问	第一层问题	第二层问题	第三层问题	第四层问题	结论
who	何人做	为何是他	有更合适的人吗	为何是更合适的人	定人
what	做何事	为何做此事情	有更合适的事情吗	为何是更合适的事情	定事
where	何处做	为何在此地	有更合适的地点吗	为何是更合适的地点	定位
when	何时做	为何在此时	有更合适的时间吗	为何是更合适的时间	定时
why	为何做	为何是此原因	有更合适的理由吗	为何是更合适的理由	定原因
how	如何做	为何采用此方法	有更合适的方法吗	为何是更合适的方法	定方法

4. 制订新的工作方案

制订新的工作方案是工作研究的核心部分。首先，要根据现场记录资料分析结果提出改进工作的构思；然后，采用 ECRS 或其他科学的分析评价技术，对这种构思进行评价、调整，构思并形成新的工作方案。

ECRS 是指取消（eliminate）、合并（combine）、重排（rearrange）以及简化（simplify）。具体内容如下：

（1）取消。对所研究的工作，首先考虑取消的可能性。经过审查，取消所有没有必要保留的工作。例如，取消所有可以取消的工作内容、工作步骤、工作环节及作业动作；取消所有不安全、不准确、不规范的动作；取消所有不方便或不正常的作业；取消所有不必要的闲置时间等。

（2）合并。如果工作不能取消，则考虑能否与其他工作合并，凡能合并者，在保证质量、提高效率的前提下予以合并。例如，两种工具能否合并？两道工序能否合并？能否将必须突然改变方向的各个小动作合成一个连续的曲线动作等，这种合并可以达到省时、简化的目的。

（3）重排。对原有的作业序列进行宏观分析，考虑重新排列的必要性和可能性，对工作的先后顺序进行重新组合排列，达到显著提高效率的目的。例如，重新排列工艺流程，使程序优化；重新布置工作现场，使物流路线缩短；重排流水线工位，消除薄弱环节；重新安排分工，使工作量均衡等。

（4）简化。经过取消、合并、重排后，再对该工作进行深入的分析研究，使方法和动作尽量简化，既包括将复杂的流程加以简化，也包括简化每道工序的内容，使新的工作方法效率更高。例如，减少各种烦琐程序，减少各种复杂性；使用最简单的动作来完成工作；简化不必要的设计结构，使工艺更合理作业方法更简化；运送路线，信息传递路线力求缩短等。

经过 ECRS 处理，组织可能会形成多种新的工作方法选项，我们再从经济价值、安全程度和管理方便程度几方面来分析确定。

5. 新方案实施准备工作

新方案形成之后，还要从硬件和软件两个方面为新方案的实施做好充分的准备工作，避免出现工作环节的脱节和员工抵触现象。

（1）改善新方案实施所需的工作条件。例如添置设施设备、改善工作环境、优化工作流程等，使改进后的工作条件与新方案良性互动，更加匹配和完备。

（2）说服、培训工作。为所有的关键作业制定流程培训程序，委托专人指导工作和开展流程培训。

6. 实施新方案

当各项准备工作就绪之后，就要开始实施新方案。在实施新方案过程中，早做好思想准备，切忌急躁冒进、急于求成。因为要改变员工多年形成的思维定式和老的工作习惯，并不是一件容易的事情，要有耐心，循序渐进地推进。实施过程还要将工作方案具体化、标准化，形成可操作性的文本，并配套采取严格的考核奖罚措施。

7. 跟踪反馈与方案完善

新的方案实施后，要加强日常的检查、监督和管理，及时纠正新方案实施过程中的不当行为，发现存在问题，及时作出反馈，以便组织适时观测评估，进一步改进和完善方案，获取更好的工作成效。

二、程序分析

程序分析指的是对工作过程的序列状态进行记录、分析和改善的一种方法，主要运用于生产工艺过程，是将工艺过程中的物流及人的工作流程以符号形式进行记录、设计的方法。管理者通过这种方法可以了解工序整体的状态，有效地发现和掌握工作流程的问题点，研究制订出改善的对策，以提高流程效率。

程序分析用于制造企业称为生产过程分析；用于服务企业可称为作业过程分析；用于对信息处理业务的分析则可称为信息处理过程分析或数据流程分析。程序分析的主要目的和作用，就是要掌握全部生产过程包括工艺过程、检验过程、运输过程的实际状态，发现并去除过程浪费与不合理。

（一）程序分析图表的要素符号

程序分析有五种符号，分别代表了不同的工作程序和相关的工作内容，见表5.2。

表 5.2　程序分析符号

符号	名称	工作内容
○	操作	在一个工作地完成一项工艺加工
□	检查	数量检查：按原始记录核对实际的产品产量质量 检查：根据技术要求检查产品质量
⇨	运输	产品的位置发生变动
D	延迟	管理不善造成空闲和等待
▽	储存	在计划控制下产品的保存、停放

（二）程序分析图表技术概述

在工作研究中，可以针对不同的研究对象和研究方向，利用程序分析符号绘制不同的程序分析图表，进行程序分析。例如，就生产制造过程而言，进行程序分析就可以从整个制造程序、产品或材料或人的流动、布置与路线这三个方向进行，分别绘制出工艺程序图、人型流程程序图、物型流程程序图、线路图等不同的程序分析图，如图5.5所示。

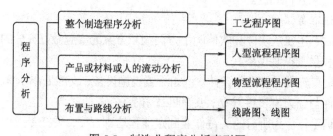

图 5.5　制造业程序分析索引图

1. 工艺程序图

工艺程序图又称为**生产过程程序图**，用于整个制造过程的产品工序分析，它是对产品的生产过程进行工序作业的描述和分析，目的是为了了解产品从原料投入开始到成品形成这一整个生产过程由哪些生产环节、多少主要工序所组成，经过了哪些加工顺序，对整个生产过程有一个概括的了解，以便从全局出发来分析问题。工艺程序图一般只用操作和检验这两种程序分析符号，较为粗线条。图 5.6 是服装衬里工艺程序图。

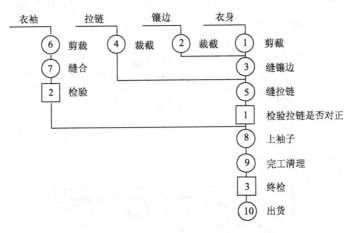

图 5.6　服装衬里工艺程序图

2. 流程程序图

流程程序图又称为**工艺流程分析图**，通常分为**人型流程分析图**（见图 5.7）和**物型流程分析图**（见图 5.8）两种形式。流程程序图是对某个零件（某项服务）的加工（服务）过程进行描述、分析，其目的是要了解物料（服务物品）流动的数量、搬运的距离、消耗的时间、工艺方法、作业地点、作业人员、使用的机器设备和工艺装备以及容器等状况，为分析工作提供切实的依据。流程程序图一般用四种程序分析符号（很少用延迟符号），比工艺程序图细致一些。

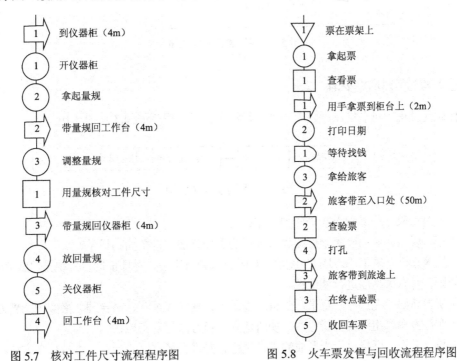

图 5.7　核对工件尺寸流程程序图　　　　图 5.8　火车票发售与回收流程程序图

3. 线路图

线路图是在工艺流程分析的基础上，进一步分析原材料、零部件加工等研究对象在厂内经过的路线是否合理。其目的是要改善厂房布置和设备配置。线路图的要求是：移动距离要尽量缩短；移动路线尽可能呈直线、L形或U形；加工对象尽可能向一个方向移动，尽量避免往返移动；道路的宽度要合适，路面要良好、畅通，不要有不易搬运的地方。线路图更加具有工作的指向性，图5.9是零件加工立体线路图。

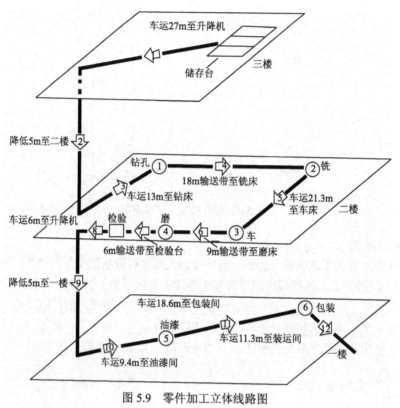

图5.9 零件加工立体线路图

（三）程序分析的步骤

工作研究过程中可以按以下六个步骤进行程序分析，程序流程图见图5.10。

图5.10 程序分析流程图

（1）选定对象，选择所需要研究的工作；

（2）记录现场，利用程序分析图表对现行的工作方法进行全面的记录；

（3）技术分析，采用"5W1H"技术，对所记录的事实进行逐项提问；并根据"ECRS"方法的四大原则，对有关程序进行处理；

（4）确定新法，在选择、记录、分析的基础上，建立最经济、最合理、最实用的新方法；

（5）实施方案，组织实行新方法，使所建立的新方法得以实现；

（6）持之以恒，坚持执行所形成的工作规范，并进行经常性的检查，维持标准方法不变。

三、操作分析

操作分析是要研究某一道工序、某一个工作地点的某一位员工（或群体）使用机器或不使用机器状态下的各个操作活动。操作分析与流程分析的区别在于：流程分析是研究整个生产的运行过程，分析到工序为止；而操作分析则是研究某一道工序的运行过程，分析到操作为止。

（一）操作分析常用的工具

操作分析常用的工具有人机操作程序图、联合操作程序图和双手操作程序图。这些图线详细地记录了操作者在工作地点的活动以及操作者与机器之间在同一时间、同一地点的协同工作状况。

1. 人机操作程序图

人机操作程序图用于记录作业者和机器在同一时间内的工作情况，以便分析寻求合理的操作方法，使人的操作和机器的运转协调配合，充分发挥人和机器的效率，制模人机操作程序图见图 5.11。

2. 联合操作程序图

联合操作程序图用于记录某一工作程序内，各个对象的各种不同动作之间的相互关系，用以分析当几个作业人员共同作业于一项工作时，作业人员在时间安排上的相互关系，以及排除作业人员作业过程中存在的不经济、不均衡、不合理和浪费等现象，其核心是提高班组的配合程度，减少总空闲时间和等待时间，装运零件联合操作程序图见图 5.12。

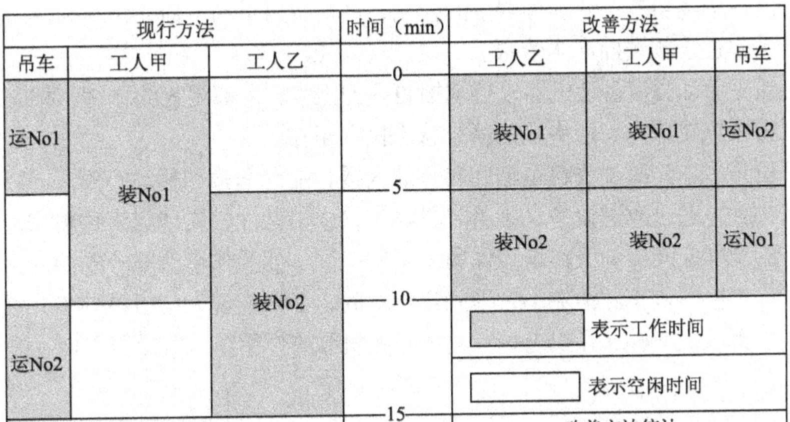

作业员		经过时间（秒）	机器	
作业	时间		时间	作业
放模	16		16	放模
开机	13	29	13	开动
放材料	100		90	机器加工
			10	等待
停机	8	129 / 137	8	停机
取模	12	149	12	取模
取成品	18	167	18	等待

图 5.11 制模人机操作程序图

图 5.12 装运零件联合操作程序图

项目	周程	工作时间	空闲时间	利用率		利用率	空闲时间	工作时间	周程	项目
吊车	15	10	5	10/15=67%		10/10=100%	0	10	10	吊车
工人甲	15	10	5	10/15=67%		10/10=100%	0	10	10	工人甲
工人乙	15	10	5	10/15=67%		10/10=100%	0	10	10	工人乙

3. 双手操作程序图

双手操作程序图是将操作者在工作地操作时，左手和右手的动作按发生顺序、所有动作和空闲加以记录的图表。双手操作程序图可用于对各项操作进行分析并改进各项操作的动作，有助于员工的操作更加合理，组装螺栓和螺帽双手操作程序图见图 5.13。

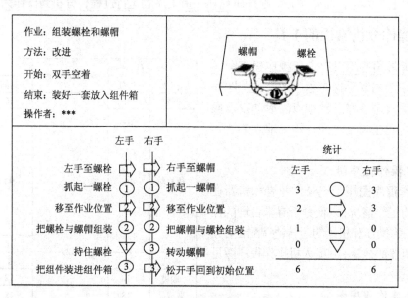

图 5.13　组装螺栓和螺帽双手操作程序图

（二）操作分析的基本要求

（1）执行简易。根据"ECRS"的四大原则，通过删减、合并、重排和简化，使作业过程的操作总数减至最少、工序排列达到最佳，并使每一项操作简单易行。

（2）减少人体消耗与损伤。发挥双手的作用，平衡两只手的负荷，合理利用肌肉群，防止某些肌肉群由于动作过于频繁而产生劳损。

（3）减轻员工劳动强度。让机器设备承担更多的工作，发挥更大的作用，相应地使员工的劳动强度降低，得以恢复体力，以更好的精神状态投入工作。

（4）降低位移成本。减少物料运输和转移的次数，缩短运输和移动距离。

（5）缩减物耗。通过改进设备、工具、材料规格或工艺性，实现经济物料用量。

（6）适宜的操作空间。为工作地点保留足够的空间，使操作者有充分的回旋余地。

（7）追求人机协同效率。消除不合理的空闲时间，尽量实现人与机器同步开展工作。

通过操作分析，组织可以寻找进一步发挥人和机器的作用、缩短操作周期、提高工作效率的有效途径。

四、动作分析

（一）动作分析的含义

动作分析又称为动素分析（analysis of therbligs）、"方法研究"或"工作方法设计"，其主要内容是通过各种分析手段，发现、寻求最经济有效的工作方法。对员工作业中的动作进行细微的分析，促使其改进不合理、不经济的部分，取消多余、重复的部分，并对有效动作进行最佳组合设计，使工作达到标准化，更好地提升工作效率和经济效益。

动作分析典型的例证是：动作分析的创始人弗兰克·吉尔布雷斯（Frank Bunker Gilbreth，1868—1924），对砌砖的动作进行了专门的研究、分析。他把原来砌砖的 18 个动作，缩减为 5 个，使每个工人由原来每小时砌 120 块砖，增加到每小时砌 350 块砖，工效提高近三倍。

（二）动素及动素符号

动素（Therbligs），就是在完成一件工作时所需做出的基本动作，亦即动作的基本要素。员工工作过程中完成操作的方式虽然千变万化，但完成工作是由若干基本的动作构成。吉尔布雷斯将这些基本动作归纳为 3 种类型 17 个动素符号，后续研究者将其增补为 18 个基本动素符号。

（1）完成操作必须的动作要素（8 个）：握取、实运（又称移物）、对准、装配、使用、拆卸、预对、放手。

（2）阻碍第一类动作进行的动作要素（6 个）：寻找、发现、选择、检验、运空、计划。

（3）对工作无益的动作要素（4 个）：休息、迟延、故延、持住。

（三）动作经济原则

动作经济原则的核心内容就是要减少作业过程中无效的动作，保持有效动作，从而提高劳动效率。动作经济原则划分为以下三大类。

"预对""故延"这些动素术语是不是看不懂？可扫描二维码查看 18 种动素术语解释。

关于身体使用的原则有以下几项。

（1）排除不必要动作。

（2）动作应以最短距离进行。

（3）动作应使用最低位次的身体部位进行；人手动作分五个等级，最低为手指，依次上升是手腕、前臂、后臂、肩。尽可能用手指而不用手腕。

（4）尽可能利用物理力（惯性、重力等）。

（5）取消急剧转向动作，尽量使动作成为连续的曲线运动。

（6）建立作业节奏。

（7）双手动作尽可能同时开始、同时完成。双手除在休息时外，不应同时闲置。

（8）两腕运动应不在同一方向，而应为相反对称同时进行。

关于作业区布置的原则有以下几项。

（1）工具和材料应放在固定位置。

（2）工具和材料应就近放置，且应按作业顺序排列。

（3）作业面与操作者有相适应的高度。

（4）作业面要有适当照明。

（5）材料的供应与搬运应利用重力。

（6）传送装置应尽可能靠近装配或使用的地方。

（7）尽可能使用吊车传送。

（8）为工人提供能保持其良好姿势的某种类型和高度的椅子。

关于工具与设备的设计原则有以下几项。

（1）采取除了手之外，尽量使用身体其他部位进行操作的方式。

（2）尽可能把两个以上的工具结合起来。

（3）材料和工具应尽可能放在预定地方，不轻易变动。

（4）充分设计器材和工具手柄部所需要的功能。

（5）机器操作部件的位置应能使操作者极少变动其地点和姿势。

（6）手指操作时，应按其能力分配使用，如计算机键盘设计应合理。

（四）动作分析方法

1. 目视动作分析法

分析人员直接观测员工的实际作业过程，并将观察到的情况直接记录在专用的表格上，然后进行分析。这种分析方法比较简单，可以用肉眼观察并作出判断，但这种方法的缺陷在于有一定的局限性，不够精确。

2. 影片、录像分析法

分析人员通过录像和摄影记录员工作业的实施过程，再通过回放、影像来观察和分析作业动作，通常采用高速摄影分析（细微动作影像分析）、常速摄影分析、慢速摄影分析等分析方法。这种分析方法比较细致、精确有效，但这种方法的不足在于花费时间较多，有的做法成本较高。

3. 预定动作分析法

预定动作分析法（PTS 法）是分析人员预定各种作业动作所需的时间，将作业活动分解为基本动作，并确定每个动作所需的标准时间，再根据作业记录进行分析。这种分析方法更加精确到位，但需专业人员进行操作。

4. 标准数据分析法

分析人员要建立起庞大的工作单元的作业时间数据库，并在操作过程中将这些工作单元所包含的一些基本作业动作组块与特定的机器或作业联系在一起，用标准数据系统计算工作的标准时间，这样，比预定动作分析法更为便利。这种分析法对组织的基础数据库建设提出了更高的要求。

五、工作测量方法

（一）工作测量方法的含义

工作测量方法又称作时间研究或工作测量，是以时间为尺度，对作业系统进行评价、设计和运用，并把作业分解成适当的作业要素、测定作业要素所需时间的方法。这种方法被用来开发绩效标准，目的是要制定各种工作或生产作业的标准时间，即劳动定额。在组织的管理活动中，许多方面都要使用这些标准时间，诸如所需员工、分配工作任务、制定标准成本、评估员工绩效和建立工作支付计划等。

（二）常用的工作测量方法

1. 秒表时间法

秒表时间法是用秒表在工作现场对生产作业直接进行观察、记录和分析研究的方法，实施的主要方式有以下几种。

（1）工作日写实，就是由专职写实人员利用秒表或其他时间记录器，对工人整个工作日的时间利用情况，按时间消耗的顺序，进行实地观察、记录和分析的一种方法。一般采取"一对一"

方法，效率较低。

（2）工时抽样（瞬间观察），就是通过对现场的操作者或机器设备进行随机的瞬间观察，调查各种作业事项的发生率，进行工时研究的一种方法。其理论依据：随机抽样的样本和总体分布状态是相同的。该方法不但可用于生产现场，还可用于测定办公室的工作效率。

（3）测时，就是以工序为对象，按操作顺序实现观察和测量工时消耗的一种方法。一般用秒表或其他计时工具，来测定作业时间（基本时间和辅助时间），比较精确。其步骤是：①选择观测对象；②划分作业的操作要素，制作测时记录表；③记录观察时间，剔除异常值，计算各项作业要素的平均时间值；④计算该项作业的总时间，即取该作业各项作业要素平均时间之和；⑤效率评定，计算正常作业时间；⑥考虑宽放时间比率，确定标准作业时间。对实测的结果进行评定和宽放，公式如下：

$$正常作业时间 = 实测作业时间 \times 评定系数$$
$$标准时间 = 正常作业时间 + 宽放时间$$
$$或标准时间 = 正常作业时间 \times 宽放系数$$

2. 预定时间标准法

预定时间标准法（PTS 法）是利用现成的动素时间标准，制定作业时间标准的方法。这种方法近年来发展很快，有许多分支，如方法时间测量法、工作因素分析法、模特排时法等。

【导入案例解析】

判断操作工作业步骤是否合理要做以下工作：

1. 观察记录。观察包装工的现行操作方法，记录全部事实；运用作业分析、动作分析、程序分析等一系列工作研究的方法记录现状。

2. 研究岗位工作的方法。将所学的 "5W1H" 技术与 "ECRS" 方法相结合，严格考察记录事实，对记录的现状进行全面的分析，判断现有作业、动作方法、步骤是否存在浪费，是否有更好的方法，有无改进现状的可能方案。

3. 评价现在的作业方案。进行工作现状研究，形成研究分析报告，从实施的技术方法、经济性、环境、实施难易度等方面进行分析研究，评价现在工作步骤是否是最佳方案。

4. 制定新的作业规范。如果能够改进则对原作业步骤进行改进补充。

【技能训练】

根据图 5.13，请用语言描述组装螺栓和螺帽的双手操作程序。

【要点总结】

工作研究包括时间研究和方法研究。工作研究的目的是提高效率、避免浪费。工作研究的步骤包括：选择工作研究对象；确定工作研究目标；记录现行的工作方法；分析、设计、试用新的方法；新方法实施。在整个过程中需要了解工作研究的内容、掌握程序分析、操作分析、动作分析、"5W1H（六何）" "ECRS" 方法、工作测量（实践研究）等相关知识作为研究的知识支撑。

任务三　劳动定额

完成一件产品需要多少时间，或者说在一定的时间内能完成多少产品，一定要有一个合理的规定。**劳动定额**指的是在一定的生产技术组织条件下，生产一定产量的产品所规定消耗的时间，或在一定时间内所规定生产的合格产品的数量，亦即单位时间产量或劳动消耗量。它是实行计划管理的科学依据，是实行企业内部核算的重要条件，也是执行按劳分配原则的重要依据。

【导入案例】

【情境 5.3】快递公司校园业务人员的业务工作通常包括受理、收单、接货、检查、收款、缴款、资料录入与整理、发货和跟单等内容。为了便于对业务员进行考核管理，需对各项工作流程所消耗的时间进行分析研究，确定业务员的劳动定额，以便实施业务人员的劳动定额管理，请问快递公司对校园业务人员应如何实施劳动定额管理。

【案例分析】根据业务人员实际操作特点，选用适当的劳动测量方法，对业务人员的操作过程进行记录、测量、汇总、整理，然后通过观察、分析，形成劳动定额考核初步方案，再经过评估、选择、修改，得出实施方案，付诸实行。

一、劳动定额的基本形式

1. 产量定额

产量定额是在单位时间内（如小时、工作日或班次）规定的应生产产品的数量或应完成的工作量。如对车工规定一小时应加工的零件数量，对装配工规定一个工作日应装配的部件或产品的数量；对宾馆服务员规定一个班次应清理客房的数量。在制造业中，大批量生产的组织主要采用"产量定额"。

产量定额的计算公式如下：

$$产量定额 = \frac{产品数量}{生产产品所消耗的劳动时间总量}$$

2. 工时定额

工时定额是指在一定的技术状态和生产组织模式下，按照产品工艺工序加工完成一个合格产品所需要的工作时间、准备时间、休息时间与生理时间的总和。工时定额是完成一道工序所需的时间，它是劳动生产率指标。根据工时定额可以安排生产作业计划，进行成本核算，确定设备数量和人员编制，规划生产面积。因此工时定额是工艺规程中的重要组成部分。确定工时定额应根据本企业的生产技术条件，使大多数工人经过努力都能达到，部分先进工人可以超出，少数工人经过努力可以达到或接近平均先进水平。随着企业生产技术条件的不断改善，工时定额也应该定期进行修订，以保持定额的平均先进水平。

工时定额通常由定额员、工艺人员和工人相结合，通过总结过去的经验并参考有关的技术资料直接估计确定；或者以同类产品的工件或工序的工时定额为依据进行对比分析后推算出来，也可通过对实际操作时间的测定和分析后确定。

3. 看管定额

看管定额又称"操作定额"，是指一个工人或一个班组，同时能看管机器设备的台数，或看管机器设备上操作岗位的数量。看管定额是一种特殊形式的产量定额，其基本原理是多机床管理，就是工人利用某一台机器设备的机动时间（如机床的自动走刀时间）去完成另一台或多台设备上手动时间的工作任务。

机器设备的机动时间越长，工作手动操作时间越短，工人能够看管的设备台数就越多。因此制定看管定额的前提条件是：每台设备的机动时间必须大于或等于工人看管其他设备所需手动时间的总和。

4. 服务定额

服务定额是按一定质量要求，对服务人员在制度规定的时间内提供某种服务所规定的限额，如酒店规定每个客房服务员负责清扫的客房数或床位数目等。

二、工时消耗的分类

从制定劳动定额的角度将工时消耗分为定额时间和非定额时间两大类，工时消耗结构见图5.14。

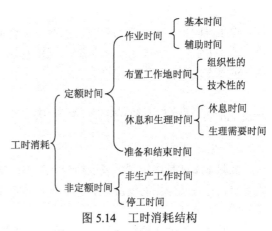

图5.14 工时消耗结构

（一）定额时间

定额时间是指工人完成某项工作所必须消耗的劳动时间。定额时间由作业时间、布置工作时间、休息时间和准备结束时间组成。

1. 作业时间

作业时间是指直接用于完成工作任务所消耗的时间，它是定额时间中最主要的组成部分。它由基本时间和辅助时间两部分构成。

（1）基本时间，是直接改变生产对象的尺寸、形状、相对位置以及表面状态等工艺过程所消耗的时间。比如车床切削金属。

（2）辅助时间，是为保证完成生产工作任务而进行的各种辅助操作所消耗的时间。比如车床切削金属时的进刀动作所消耗的时间。

2. 布置工作地时间

布置工作地时间是指工作轮班内用于照管工作地，使其保持正常的工作状态和良好作业环境所消耗的时间。按其作用不同可分为组织性的布置时间和技术性的布置时间。

（1）组织性布置工作地时间，主要是指用于工作地的生产准备和交接班工作所消耗的时间，如检查设备、整理工具、领取图纸、清扫工作地等。

（2）技术性布置工作地时间，是指由于技术需要用于照管工作地所消耗的时间，如调整设备、更换刀具、清除铁屑等。

3. 休息和生理时间

休息和生理时间是指为了消除疲劳，保证工人生理的自然需要所消耗的时间。这部分时间与劳动条件好坏、工作的繁重程度、复杂程度、工人的身体状况等有较大的差别。一般工作环境条件差、工作繁重的情况下需要消耗较长的时间。

4．准备和结束时间

准备和结束时间是指工人为生产一批产品或完成一项工作，事先进行工作准备和事后工作收尾所消耗的时间。比如事先熟悉图纸，事后清理工作现场等。

（二）非定额时间

非定额时间是指因故停工或执行非生产性工作所消耗的时间，它是不必要的时间消耗。这类时间消耗可能是管理缺陷或技术缺陷造成的，也可能是工人违反劳动纪律造成的，具体可分为两种时间。

1．非生产工作时间

非生产工作时间是指工人在上班时间做了与本职工作无关的工作所消耗的时间。比如在正常生产时去整理混乱的现场，在正常生产时去修理工具等。

2．停工时间

停工时间是指在正常的生产工作中因故造成生产中断停止时间。这是生产过程中不应该发生的时间，往往是由于管理不善或者工人违反劳动纪律造成的。例如，物料供应中断造成停工待料，工人迟到造成岗位空缺停工等。

三、制定劳动定额的常用方法

1．经验估工法

经验估工法是由定额员或三结合（工人、技术人员和定额员）小组，参照产品图纸和工艺技术要求，并考虑使用的设备、工艺装备、原材料等有关生产技术条件，根据实践经验直接估算出定额的一种方法。

经验估工法的主要特点是方法简单，工作量小，便于及时制定和修订定额。缺陷是制定的定额准确性较差，难以保证质量。经验估工法一般适用于多品种生产或单件、小批量生产的企业，以及新产品试制和临时性生产。

2．统计分析法

统计分析法就是根据历史统计资料所记载的过去生产同类型产品、零件的实作工时或统计资料，经过整理和分析，考虑今后企业生产技术组织条件的可能变化来计算平均实做工时、平均先进工时，分析可靠性，剔除异常数值，制定劳动定额的方法。统计分析法具体又可细分为简单平均法和加权平均法等多种。

统计分析法的主要特点是方法简便易行，工作量也比较小，由于有一定的资料做依据，制定定额的质量较之估工定额要准确些。但如果原始记录和统计资料不准确，将会直接影响定额的质量。

统计分析法适用于大量生产或成批生产的企业。一般生产条件比较正常、产品较固定、原始记录和统计工作比较健全的企业均可采用统计分析法。

3．类推比较法

类推比较法是以具有代表性的同类型产品的典型零件、典型工序的定额或定额标准为依据，经分析比较后制定典型零件的劳动定额作为参考系，推算出另一相似零件或工序的劳动定额的方法。采用类推比较法制定定额的具体做法是：首先把产品结构、形状、工艺加工内容相同或相似的零件或工序进行分组排列、分类分型，然后从各组中分别选择具有代表性的零件或工序作为典型，采用经验估工、统计分析、技术测定、技术计算等方法，制定出典型定额或定额标准，并以此为依据，推算出同类型零件或工序的工时定额。

类推比较法制定定额应具备的条件是：结构上的相似性、工艺上的同类性、条件上的可比性、变化的规律性。类推比较法制定定额因有一定的依据和标准，其准确性和平衡性较好。缺点是制定典型零件或典型工序的定额标准时，工作量较大。同时，如果典型代表件选择不准，就会影响工时定额的可靠性。

4．技术测定法

技术测定法是通过对生产技术组织条件的分析，在挖掘生产潜力及操作合理化的基础上，采用实地预测和分析计算制定劳动定额的方法。其工作步骤如下。

（1）分解工序。将被制定定额的工序分解为工步、走刀、操作、动作等，并分析工序结构的合理性；同时，设计和确定合理的工序结构及操作程序；

（2）分析设备状况。主要分析设备、工具的性能及技术参数，分析工人实际使用的工艺用量是否合理，以求充分发挥设备和工具的效能；

（3）分析生产组织与劳动组织。主要了解和分析劳动分工与协作是否合理、工作地的布置和供应服务是否符合要求、工人技术等级与工作物技术等级是否适应、工作环境与劳动条件是否正常等；

（4）现场观测与记录。采用工作日写实、测时、工时抽样等方法，实地观测和记录工序作业内容、作业方法及各部分工时消耗的实际状况；

（5）分析计算劳动定额时间。通过对观测结果的分析，计算和确定出劳动定额时间。

技术测定法是一种较为先进和科学的方法。它的主要优点是，重视现场调查研究和技术分析，有一定的科学技术依据，制定定额的准确性较好，定额水平易达到平衡，可发现和揭露生产中的实际问题；缺点是费时费力，工作量较大，没有一定的文化和专业技术水平难以胜任此项工作。

上述制定劳动定额的基本方法各有其特点和适用范围，各企业可根据自身特点和具体情况，选择其中一种或几种方法并用。

四、制定劳动定额的一般程序

制定劳动定额，首先要从工作研究开始做起，在完成了工作研究中的工作方法研究，掌握了员工作业的第一手资料之后，就要结合其操作过程的时间把握来进行工时研究，两相结合，可以研究制订出初步的劳动定额方案，然后试行此方案，在试行的同时还要继续观测、征询改进意见，研究完善方案。劳动定额方案经试行、改进完善后，可以制定出正式方案，进而付诸实施。制定劳动定额的一般程序见图5.15。

图 5.15　制定劳动定额方案的一般程序

【导入案例解析】

快递公司对校园业务员实行劳动定额管理要做以下工作：

（1）研究岗位工作特点。将所学的"5W1H"技术与"ECRS"方法相结合，在严格考察记录事实的基础上，对员工的岗位工作现状进行全面的分析，确定合理的工作规程。

（2）研究岗位工作工时。观察校园快递公司业务员从事的校园内快递业务的现行操作方法，选择相应的工时研究方法，记录每项作业所花费的时间。

（3）拟定劳动定额方案。根据岗位工作研究和岗位工作工时记录，经过反复、充分的试验和论证，作出劳动定额分析报告，进而拟定劳动定额方案。

（4）实施劳动定额方案。根据拟定的劳动定额方案，组织宣讲和培训，在做好充分准备后，实施劳动定额方案。实施过程中还要注意信息反馈和持续改进。

【技能训练】

根据【情境 5.2】包装电风扇的操作步骤，设计工时记录表。

【要点总结】

制定劳动定额是对生产效率实行科学管理的重要依据。通过对工作过程时间控制方面的研究，制定劳动定额方案，规定生产过程中劳动消耗标准。整个过程中需要运用岗位工作研究的基础知识，选择适当的工时研究方法，对工作人员的操作过程进行记录、测量、汇总、整理，据此形成劳动定额实施方案，并付诸实行。劳动定额的制定方法主要有经验估工法、统计分析法、类推比较法和技术测定法。

【课后练习】

一、名词解释

1. 工作设计　　2. 工作分析　　3. ECRS 方法　　4. 程序分析

5. 工艺程序图　　6. 流程程序图　　7. 线路图　　8. 操作分析

9. 动作分析　　10. 动素　　11. 人机操作程序图

12. 联合操作分析图　　13. 人机操作分析图　　14. 劳动定额

15. 标准数据分析法　　16. 预定动作分析法　　17. 产量定额　　18. 工时定额

二、判断题

1. 岗位工作设计的核心内容是岗位工作内容和岗位工作职责的设计，关联岗位协作工作通常会另行组织安排，设专门的岗位完成。　　　　　　　　　（　　）

2. 时间定额的构成与企业的生产类型相关性不大，不同的生产类型，定额时间的构成以及单件工时定额的核算方法都是一样的。　　　　　　　　　（　　）

3. 岗位工作流程就是建立在规范化原则上的岗位工作程序和行为步骤，不同企业同名称工作岗位的工作流程是一样的。　　　　　　　　　（　　）

4. 确定定额修改的间隔期应该尽可能长，以保持定额的稳定性。　　　　　　　　　（　　）

5. 停工待料、等待图样、停电、动力供应中断属于非定额时间。　　　　　　　　　（　　）

6. 工作研究就是研究操作人员的操作方法、动作是否合理并加以改进。　　　　　　　　　（　　）

7. 劳动定额定员标准在制定、发布以后，必须在一定时期内保持相对稳定，以便经过反复利用而取得社会效益。　　　　　　　　　　　　　　　　　　　　（　　　）

8. 5W1H 技术 ECRS 方法都不适用于工作研究。　　　　　　　　　　　　（　　　）

9. 操作分析与动作分析研究的对象是一致的。　　　　　　　　　　　　（　　　）

10. 工作设计的结果通常体现在工作说明书上。　　　　　　　　　　　　（　　　）

三、单项选择题

1. 在一定的时间内，企业中由特定人员所承担的一项或多项职责的集合叫作（　　　）。

A. 任务　　　　　B. 岗位　　　　　C. 责任　　　　　D. 职责

2. 工作分析的结果常常表现为有关工作流程与行为的（　　　）。

A. 工作调查　　　B. 工作评价　　　C. 工作任务　　　D. 工作描述

3. 下面不属于工作描述的项目是（　　　）。

A. 工作名称的分析　　　　　　　　　B. 对员工必备条件的分析

C. 工作关系的分析　　　　　　　　　D. 工作职责的分析

4. 工作研究的对象应为（　　　）。

A. 作业系统　　　B. 工程系统　　　C. 社会系统　　　D. 环境系统

5. 时间研究是一种作业测定技术，旨在决定一位（　　　）在标准状态下，对一特定的工作，以正常速度操作所需要的时间。

A. 先进工人　　　B. 一般工人　　　C. 正常工人　　　D. 合格工人

6. 核心动素为（　　　）。

A. 伸手、移物、持住　　　　　　　　B. 装配、拆卸、应用

C. 装配、检查、使用　　　　　　　　D. 检查、寻找、预对

7. 常用的操作分析工具不包括（　　　）。

A. 双手操作分析　　　　　　　　　　B. 流程程序分析

C. 人—机操作分析　　　　　　　　　D. 联合操作分析

8. 机械加工时由员工直接操纵工艺设备实现基本工艺所消耗的时间属于（　　　）。

A. 机动的基本时间　　　　　　　　　B. 手动的基本时间

C. 机手并动的基本时间　　　　　　　D. 辅助时间

9. 某月甲车工完成合格产品 720 件，实耗工时为 160，并知该产品车加工产量定额为 3 件/工时。该车工劳动定额的完成率是（　　　）。

A. 120%　　　　　B. 140%　　　　　C. 130%　　　　　D. 150%

10. 劳动定额的主要表现形式是时间定额，但同时也表现为产量定额，时间定额与产量定额的关系是（　　　）。

A. 互为倒数　　　B. 独立关系　　　C. 正比关系　　　D. 相关关系

四、简答题

1. 岗位设计的核心内容是什么？

2. 动作分析主要解决哪些方面的问题？

3. 工作研究的内容是什么？

4. 制定劳动定额的意义是什么？

五、计算题

对航空特快货运飞机处于空闲的时间百分数估计的初步调查中，分析员发现，60 次观察中货运飞机处于闲置有 6 次。问闲置时间百分数的估计值是多少？

【单元小测验】

扫描二维码，获得更多练习题目。

项目六

工艺选择与设备管理

【引言】

设备是实现生产加工工艺的工具，企业根据产品的工艺特点选择加工设备，在产品设计时要考虑产品的可加工性和可装配性，制订规范的工艺文件指导作业。设备完好状态是实现加工工艺的保证，企业要建立设备完好的保障制度，对设备进行维护保养和修理，以保证生产设备的技术性能和完好状态，同时对设备及时更新改造，保证企业生产效率的提升和加工工艺技术的提升。

工艺选择与设备管理的基本内容如图 6.1 所示。

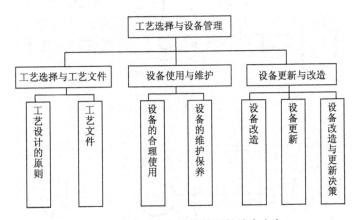

图 6.1　工艺选择与设备管理的基本内容

【学习目标】

【知识目标】

1. 了解产品可制造性与可装配性的要求；
2. 了解工艺文件的形式与内容；
3. 掌握设备合理使用的原则；
4. 掌握设备维护的制度要求；
5. 了解设备更新改造的形式。

【能力目标】

1. 能够根据产品的可制造性与可装配性原则判断制造工艺的优劣；
2. 能够根据设备维护制度，合理使用设备；
3. 能够综合考虑设备更新改造的影响因素，合理选择设备更新改造的形式。

任务一　工艺选择与工艺文件

对于一般生产加工企业来说，在开发设计新产品时，要立足本企业的生产设备工艺能力特点，合理地进行产品结构设计，不仅要求产品的性能满足顾客的需求，同时还要节约材料，尽量能够使用本企业设备完成全部生产工艺过程，并尽量使制造和装配工艺过程简化。在进行产品加工生产时，选择最合理的生产工艺路线，并考虑设备的有效利用和均衡利用，以保证企业生产效率的最大化。这样才能使产品的生产成本费用最低，经济效益更好。

【导入案例】

【情境6.1】某公司接到家用电风扇订单，需求风扇2000台，风扇叶片结构有两种设计方案（见图6.2），A、B两种方案顾客均可以接受，市场销售价一样。A方案叶片注塑件有销槽，安装在销轴上，用金属锁紧螺母紧固。锁紧螺母需要用套管扳手。为了美观设有螺母槽，锁紧螺母后扣上螺母槽盖。B方案叶片注塑件装在半圆轴上，用锁紧帽直接锁紧，不需专用工具。锁紧帽注塑件，内置金属螺母。两种结构方案的材料价格一样，选择哪种叶片结构方案更好？

图 6.2 看得懂吗？如果不明白，可扫描二维码，看一下照片实例，该照片实例与之类似。

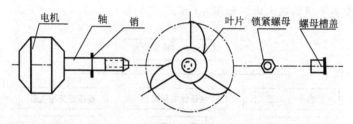

（a）风扇叶片安装A方案

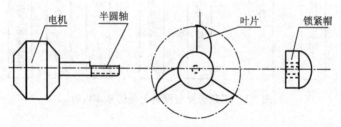

（b）风扇叶片安装B方案

图6.2 风扇叶片安装示意图

【案例分析】较好的设计方案应该使加工容易、装配容易、加工及装配成本费用低，材料成本低，生产效率更高。当材料成本没有区别时，主要考虑可制造性和可装配性，如果加工工艺简单，零件数量少，生产制造工艺步骤少，装配容易，这种方案就是较好的设计方案。

一、工艺设计的原则

1. 产品的可制造性

产品的可制造性就是将产品设计和制造工艺设计结合起来，使其更容易制造，成本更低。面向可制造的设计原则如下。

（1）使零件具有**通用化**。通用化是指用途相同、结构相近似的零部件，经过统一以后，可以彼此互换的标准化形式。通用化零件具有**互换性**，扩大了使用范围，这样就能大大减少零件的种类，简化装配工作，降低零件的生产成本和采购管理成本。如丰田汽车的一款手动柄可以安装在40多种型号的汽车上。

（2）进行对称设计。尽可能把零件设计成具有对称性，这样可以减少制造的复杂性，并使安装变得简便。

（3）消除左手和右手零件的区别。消除左手和右手零件的区别可以减少零件的种类，零件种类减少了，同种零件的数量就会增加，批量增加就会降低生产成本；零件种类减少了，零件加工所需要的夹具、模具等也将减少，也会减少生产成本。

（4）设计组合零件。尽量使一种零件具有多种功能和多种用途，以降低零件的数量。

（5）尽量使用已有零件。使用已有零件不需重新设计，生产过程也熟悉，可以大大降低成本，也可以保证产品质量。

（6）不同零件的差异要明显化。使不同零件的差异明显化，将减少零件加工和装配过程中的差错率。

（7）考虑产品的制造效率。尽量采用现有设备的加工能力和工艺基础进行产品设计，可以节约新设备的投资，同时采用熟悉的生产设备工艺有利于生产效率的充分利用。

（8）尽量使操作简单。使产品容易操作，容易维修，通过产品的模块化设计和产品装配工具通用化技术和方法，减少产品故障的判断、维修和损坏零件的更换时间，提高售后服务质量。

2. 产品的可装配性

产品**可装配性**是指零件之间的配合、定位、装配方向和路径有利于装配，产品的结构、几何尺寸有利于装配。

（1）产品设计时减少零件数量和零件种类；

（2）尽量消除装配过程中的调整过程；

（3）使产品的组件在装配过程中能自对齐和自定位；

（4）确保零件有充足的进入空间和非限制的视野；

（5）确保在众多的零件中能够对零件进行相应的处理；

（6）最小化装配时零件的重新定位；

（7）零件不会被错装；

（8）在可行的情况下最大化零件的对称性或者使零件的非对称性尽量明显化。

二、工艺文件

当选择某种加工工艺后，必须对工人的操作活动进行指导，以保证工人正确操作，最终保证产品的质量和生产效率。从设备工艺过程的角度来指导工人操作的文件有**工艺卡**、**工序卡**；从工人工作活动规范的角度描述作业要求，指导工人操作的文件有**作业指导书**，也有的企业称**作业指导票**，一般加工制造企业多采用作业指导书，机械加工企业多采用工艺卡，也经常把作业指导书与工艺卡结合起来，指导工人的加工生产过程。

1. 工艺流程

工艺流程也称**生产流程**或**加工流程**，是指在产品加工过程中，将各种原材料、半成品按照一定的加工顺序进行加工成为成品的方法与过程，工艺流程由许多工序组成。通常情况下对于加工装配生产类型的生产，把零件的生产流程称为**零件加工流程**，把零件、部件组装成整机的生产流程称为**装配流程**。由于不同企业设备的类型、生产能力、精度以及工人技术水平等因素存在差异，所以，不同企业生产同一种产品，其工艺可能是不同的，即使同一个工厂在不同的时期的工艺也可能不同。工艺流程必须符合经济性、合理性、可操作性和可控性等条件的要求。

通常情况下工艺流程用**工艺流程图**表示。图 6.3 所示为某公司电饭煲煲胆喷漆工艺流程图，它描述了电饭煲煲胆喷涂工艺流程，从坯件除尘开始经过 13 道工序直至完成整个喷涂工艺，它是作业指导文件的组成部分。

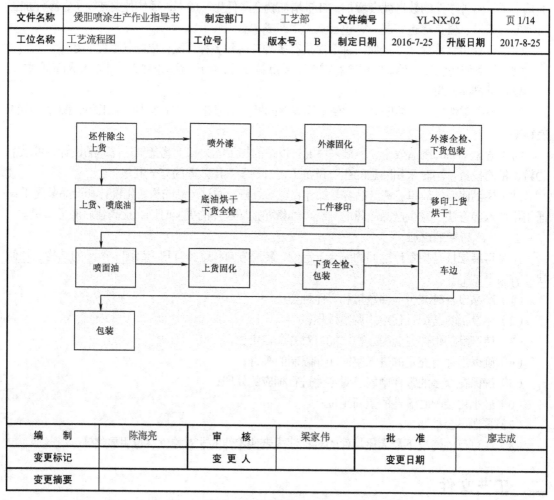

文件名称	煲胆喷涂生产作业指导书	制定部门	工艺部	文件编号	YL-NX-02	页 1/14
工位名称	工艺流程图	工位号	版本号 B	制定日期 2016-7-25		升版日期 2017-8-25

编　　制	陈海亮	审　核	梁家伟	批　准	廖志成
变更标记		变　更　人		变更日期	
变更摘要					

图 6.3　某公司电饭煲煲胆喷涂工艺流程图

2. 作业指导书

作业指导书没有固定格式，根据工艺要求和特点来制定。通常情况下作业指导书包括作业步骤、具体的操作方法，操作过程的具体技术条件和要求，使用的工具、设备；使用的具体材料，包括规格、型号等。作业指导书对产品加工整个工艺路线中的每一个工艺步骤都做了规定，规定了每个工艺步骤的具体操作方法、使用的设备、材料等。表 6.1 是图 6.3 中第一道工序的作业指导书，它介绍了这道工序的具体操作步骤与方法，使用的工具与工作标准，它指导该工位的工人完成工序操作，并达到规定的要求。每道工序都有一份工序作业指导书指导生产作业活动。表 6.2 是电风扇包装工艺的作业指导书。

表 6.1　电饭煲煲胆喷涂坯检、除尘上货工序

文件名称	煲胆喷涂生产作业指导书	制定部门	工艺部	文件编号	YL-NX-02	页 2/14
工位名称	坯检、除尘上货	工位号	1	版本号	B	制定日期 2016-7-25	升版日期 2017-8-25

作业步骤与操作要求	参 考 图 例
1. 坯件全检员将氧化好的工件拆除包装进行全检，要求：工件无划伤、变形、水印、手印、脏污、材料条纹、材料无明显变薄、电化颜色一致、打砂要均匀，并检查有无坯件型号不符的坯件混在里面 2. 对有问题的坯件进行分类，如可以打磨的则用砂纸、打磨机进行打磨，如不能处理的则包装好后分类存放 3. 全检合格的工件用干净的碎布将煲胆外面的灰尘擦掉 4. 将除好尘的工件放到夹具上	1.全检坯件，并用无毛干净的碎布将煲胆外面的灰尘擦掉。 2. 将合格工件放到夹具上。 3. 将可以打磨处理的坯件用砂纸打磨处理。

注意事项及判定标准
1. 生产前将所需夹具安装到生产线的夹具座上，安装要牢固。 2. 生产过程与工件接触时必须戴手套。 3. 操作过程必须轻拿轻放，避免生产过程碰伤工件

设备·测量器具·工夹具·保护用具
手套、砂纸、钢丝球、打磨机、碎布

编　制	陈海亮	审　核	梁嘉伟	批　准	廖志成
变更标记		变 更 人		变 更 日 期	
变更文件摘要					

表 6.2　电风扇包装工艺作业指导书

电风电扇生产作业指导书		文件编号		LW-FS-01	
		版 本/次		C	3
		共 23 页 第 22 页		制定日期	2017-4-6
制定部门	工艺部	工位名称	包装	工位号	14

作业步骤：
1. 按照作业指导书与包装文件要求，备好相应规格的彩盒箱和外箱
2. 用封箱胶纸把彩盒、纸箱底面封粘整齐，在封好的彩盒底部加泡沫下衬垫，先将套袋的电风扇装入彩盒，加泡沫上衬垫，在泡沫上衬垫上放置装有说明书、保修卡、产品合格证的印刷品胶袋，彩盒用封箱胶密封
3. 按要求将彩盒装入大箱，然后将每个大箱整齐摆放到托板上，依次重复放上面，总共摆放五层

技术要求：
1. 产品从纸箱上面开口方向入装，确保上、下面、前、后面装入方向正确，并确认纸箱规格正确、完整无破损
2. 保证产品质量合格证、产品说明书、保修卡包装数量准确；严禁错装、少装和多装
3. 每卡板叠装层数不准超过五层，要摆放整齐牢靠

序号	仪器、工具	型　号	单　位	
1	打包机	自制	台	
序号	材　料	规格型号	材　质	
1	封口胶	H　45mm		
2	纸　箱	对照作业指导书和包装文件		
3	电风扇成品	对照作业指导书型号		
4	外箱标签	对照作业指导书和包装文件		
5	包装带	对照打包工艺文件		
编制		审核		批准	

3. 工艺规程

工艺规程是一个总称，它是反映工艺过程的文件，其主要形式有工艺卡、工艺路线卡和工序卡等。

（1）**工艺卡**是按零部件的每一个工艺阶段编制的。它规定着加工对象在制造过程中，一个工艺阶段内所要经过的各道工序，以及各道工序所应用的设备、工艺装备、切削用量、工时定额和所用材料的材质规格等。工艺卡主要用于指导车间的生产活动。

（2）**工艺路线卡**（工艺过程卡）是按产品的每个零部件编制的。它具体规定这一零件在整个加工过程中所要经过的路线，列出这种零件经过的车间、小组、各道工序的名称，使用的设备和工艺、装备等。它是编制其他工艺规程、进行车间分工以及生产调度的重要依据。

（3）**工序卡**（或称操作卡）是按零部件的每道工序编制的。它规定着每道工序的操作方法和要求，对工人的操作进行具体指导，以保证加工的产品达到预定要求。工序卡适用于大量生产的全部零件和成批生产的重要零件。在单件小批生产中，一些特别重要的工序也需要编制工序卡片。

工艺规程的形式和内容与生产类型有关，但不是所有企业及各种生产类型都需详细编写以上形式的工艺文件。工艺规程的主要内容是产品及其各部分的制造方法和顺序、设备的选择、切削规范的选择、工艺装备的确定、劳动量及工作物等级的确定、设备调整方法和产品装配与零件加工的技术条件等。在单件小批量生产条件下，由于工艺规程较粗略，一般只编制工艺过程卡，个别关键零部件编制工艺卡片；在成批生产条件下，一般零部件编制工艺卡片，关键零部件编制工序卡片；在大量生产条件下，大部分零部件都编制工序卡片。

工艺卡以工序为单元描述加工工艺路线、工艺标准、所用工艺设备、工时定额等。与作业指导书相比，工艺卡更强调加工过程中装夹、定位、加工工艺要求和工艺步骤，多用于机械加工产品，工艺过程文件的形式如表 6.3～表 6.5 所示，表 6.5 所述的工序为表 6.4 的第一道工序。

表 6.3　工艺卡

××公司	数控加工工艺卡	零件名称		材料名称		设备名称	
工序号	加工内容	加工部位	刀具			主轴转速（r/min）	进给速度（mm/min）	切削深度（mm）	程序编号
			刀具名称	刀具编号	刀具直径				
1						0			
2									
3									
4									
5									

表 6.4 工艺过程卡

××公司		机械加工工艺过程卡	产品型号		零件图号				
			产品名称		零件名称	填料箱盖	共1页	第1页	
材料牌号	HT200	毛坯种类	铸造	毛坯外形尺寸	F160×140	每毛坯件数	1	每台件数	1	备注:

工序号	工序名称	工 序 内 容	车间	工段	设备	工 艺 装 备	工时	
							准终	单件
1	车	粗车端面保证 137＋1、粗车外圆保证 $\phi155$、车台阶面保证 17	机工		C620-1	YG6 端面车刀、YG6 外圆车刀、三爪自定心卡盘、YG6 镗刀、游标卡尺、内径百分表		
		⋯⋯						
6	车	精镗内孔 $\phi60$ 保证尺寸 $\Phi60^{+0.046}_{0}$，倒角 $1×45°$	机工		C616A	YG10 镗刀、游标卡尺、内径百分表、YG6 90° 弯头车刀、三爪自定心卡盘		
7	钻	钻 $6×\phi13.5$ 小孔	机工		Z3025	专用夹具		
8	钻	钻 $4×M10$ 螺纹孔	机工		Z3025	专用夹具		
9	钻	钻 $2×M10$ 螺纹通孔	机工		Z3025	专用夹具		
10	攻丝	攻丝 M10	机工			丝锥		
11	去毛刺	去毛刺、清洗				台钳		
12	终检							

编制	李强	审核	张云峰	批准	李平

表 6.5 工序卡

××公司		机械加工工序卡	产品名称	填料箱盖	产品型号	
			零件名称	填料箱盖	零件图号	

车间	工序号	工序名称	材料牌号
车床车间	I	车削端面	HT200

毛坯种类	毛坯外形尺寸	每台件数	每件毛坯可制件数
铸造件		1	1

设备名称	设备型号	设备编号	同时加工件数
卧式车床	C620-1		1

夹具编号	夹具名称	切削液
	三爪卡盘	

工位器具编号	工位器具名称	工序工时	
		准终	单件

137±1 / $\phi155$

工序号	工 步 内 容	工艺装备	主轴转速	切削速度	进给量	切削深度	工时定额	
							机动	辅助
1	粗车两端面，保证尺寸为 137±1	YG6 外圆车刀	150r/min	75.4m/min	0.5mm/r	3mm		
2	粗车 $\phi155$ 外圆	YG6 外圆车刀	150r/min	314m/min	0.5mm/r	5mm		

编制	李强	审核	张云峰	批准	李平

【导入案例解析】

根据【情境 6.1】资料，分析见表 6.6。A 方案较 B 方案多一个零件，零件加工工艺也相对复杂，安装也没有 B 方案简单，所以选择 B 方案生产效率更高。

表 6.6　电风扇叶片设计方案对比

序号	零件	A 方案	B 方案	优选方案
1	电机轴	有挡销：钻孔、装销两道工序、两次定位	半圆轴：磨削，一次定位	B 方案
2	叶片	PVC 冲压叶片，有螺母槽，有销轴槽在叶片背面，安装时遮挡槽、销对应的视线	PVC 冲压叶片，有半圆孔，安装时孔在视线的正面，安装方便	B 方案
3	锁紧件	用锁紧螺母，螺母槽空间狭小，并需要专用套管扳手安装锁紧螺母	锁紧螺帽，不需专用工具。安装容易	B 方案
4	装饰件	螺母槽盖	无	B 方案

【技能训练】

某公司电饭煲煲胆喷涂工艺流程如图 6.3 所示，分析该企业电饭煲煲胆喷涂生产工艺设备布置的形式及其生产的工艺特点。

【要点总结】

当企业完成基本建设和生产设施布置之后，新产品工艺设计是根据本企业的设备工艺特点和能力来进行的，并遵循方便加工制造和方便装配的原则。在加工实施过程中，要建立规范的工艺文件，指导、规范生产加工活动过程，保证生产质量和生产效率。

任务二　设备使用与维护

同类型产品的制造工艺具有相似性，同类型产品生产企业配备的设备类型也基本相似。当一个企业决定了生产什么样的产品时，也就决定了企业拥有什么样的设备。企业在进行产品设计时，要立足本企业的设备工艺特点，在生产加工时要合理地使用设备。为了保证设备完好，要及时地维护保养设备，及时修理设备，使设备得到合理利用。

【导入案例】

【情境 6.2】某公司接到订单需求 P-1 型号工业换气扇 200 台，风扇叶片为薄钢板结构，原计划使用传统单工位冲床手工送料冲压完成，薄钢板材料已经在剪板机下料完成；在生产时冲床发生故障，如果带病工作加工周期要延长 0.5 天；如果维修则需要 2 天才能维修完毕，等到设备维修好后再加工，需要增加 2 个加班才能保证交货期；如果改用带自动送料机的多工位冲压机生产，不需要加班，也不影响其他冲压件生产；由于该批冲压叶片的数量较少，结构简单，使用该设备的效率较低。应如何处理？

【案例分析】企业中完成某种加工工艺的设备有多种类型或者多种型号，合理使用设备要考虑两个方面问题，一是从生产效率和经济性的角度考虑，二是从设备的完好状态考虑。我们要按照设备选择的基本原则来选用设备，再就是设备在使用过程中需要保养、维护，以保证设备的正常使用寿命和效能的发挥。因此，应该采用哪种冲床加工，需要考虑两个问题。

（1）设备的合理使用，根据合理使用设备的依据、原则和要求选择设备。

（2）设备维护，建立设备维护制度，保证设备发挥正常的生产效能，在保证设备完好状态下使用设备。

一、设备的合理使用

设备寿命的长短、效率的高低、精度的高低，取决于设备本身的设计结构和各种参数，对设备正确、合理的使用在很大程度上能够减轻磨损，降低故障率，延长设备的使用寿命，使设备保持良好的性能和应用精度，充分发挥设备的生产效率。

合理使用设备，必须注意以下几点。

（1）合理配备设备。要根据产品结构的工艺特点，合理地配备各种生产设备，使加工对象和任务相适应。合理地配备生产设备要做好以下几点：①设备的生产效率应该与生产任务相适应，使设备具有较大的生产负荷。②设备的类型、规格、性能以及加工精度要与产品的特点和工艺要求相适应，以保证产品的加工精度。③配备设备要成套，才能完成工艺配套要求。④设备要安全可靠、配套治理三废装置。

（2）合理地安排生产任务。要根据设备的性能、结构和其他技术特征，合理地安排生产任务和工作负荷。避免"大机小用""精机粗用"等现象。不同的设备是依据不同的科学技术原理设计制造的，它们的性能、结构、精度、使用范围、工作条件和能力以及其他技术条件是各不相同的。企业如果不考虑上述特点，不是造成设备效率的浪费，就是使设备超负荷运转，加速损坏。

（3）合理地配备操作工人。设备操作人员必须熟悉并掌握设备的性能、结构、工艺加工范围和维护保养技术。新工人上机一定要进行技术考核，合格后方允许独立操作。对于精密、复杂、稀有以及生产关键性的设备，应指定具有专门技术的工人去操作。实行定人定机，凭操作证操作。只有这样才能充分发挥设备的效能，使机器设备在最佳状态下运行。

（4）为设备运行创造良好的条件。良好的工作环境不仅可以延长设备的使用寿命，还可以提高产品质量。要为设备的使用环境创造良好的工作条件，保持工作环境清洁整齐、通风良好。对某些特殊设备要安装防尘、防潮、防冻、保暖、降温等装置，对设备的温度、灰尘、震动、腐蚀等环境进行严格控制，有些设备需要配备相应的检测仪器、仪表，以便监测环境条件。

（5）持久的职工教育和培训。操作工人对机器设备爱护程度，对设备的使用和保养以及设备效率能否充分发挥，有着重大的影响。因此，一定要对职工经常进行思想教育和技术培训，使操作人员养成自觉爱护设备的风气和习惯，使设备经常保持"整齐、清洁、润滑、安全"，处于最佳技术状态。

（6）严格执行作业制度。要建立健全设备使用维修制度，并严格执行设备使用和维修的规章制度，建立健全设备使用责任制度，并严格执行，对严格遵守制度爱护设备的人员给予表彰，对于违反操作规程以致造成设备故障的人员要给予批评与处罚，保证操作工人严格按照设备操作规程操作设备，并严格按照设备的保养、维修规定维护设备，以保证合理使用设备。

二、设备的维护保养

为了保证设备处于最佳使用状态，保证设备的使用寿命，要建立设备维护制度，对设备进行维护保养。

（一）设备磨损与故障规律

1. 设备的磨损分类

设备在使用过程中会逐渐发生磨损，一般分为**有形磨损**和**无形磨损**两种形式。

（1）**有形磨损**：指设备在工作中，由于其零件受摩擦、振动而磨损或损坏，以致设备的技术状态劣化；或设备在闲置中由于自然力的作用，而失去精度和工作能力，以上两种情况都称为有形磨损。

（2）**无形磨损**：是指两种设备使用价值相同或类似，应用新的科学技术的新型设备，使用成本更低，生产成果更好，使旧的设备贬值，称为无形磨损。或者说设备的技术结构，性能没有变化，新型设备生产率提高，再生产费用下降，使原有的设备的经济效能相对降低而形成的一种消耗。

2. 设备的磨损规律

设备有形磨损过程与使用过程有关系，大致分三个阶段，如图6.4所示。

（1）**初期磨损阶段**。在此阶段中，机器零件表面的高低不平，接触面之间没有磨合，零件运转时，配合面之间受摩擦的作用，很快被磨损。这一磨损速度快，且时间短。

（2）**正常磨损阶段**。零件已经磨合完成，正常运转情况下接触面之间摩擦力较小，磨损较小，延续时间较长，设备处于最佳状态。

（3）**剧烈磨损阶段**。设备长期使用，形成疲劳磨损，磨损量增大，磨损加快，使设备精度大大下降，设备的工作性能也迅速降低，如不停止使用并进行维修，设备可能被损坏，或整个设备进入加剧磨损阶段，以致失去维修的价值。

3. 设备故障规律

设备在其寿命周期内，由于磨损或操作使用等方面的原因，发生丧失其规定功能的状况称为故障。设备故障也遵循一定的规律，图6.5所示为设备故障曲线。

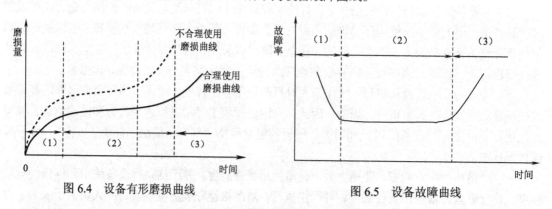

图6.4 设备有形磨损曲线　　　　图6.5 设备故障曲线

（1）**初期故障期**。这一阶段的故障主要是由于设计上的缺陷，制造质量欠佳和操作习惯不良而引起，开始故障率较高，随后逐渐减少。在初期故障期要及时找出故障原因，及时调整设备，更正设备操作方式，减少该期的故障率，这对保证设备正常使用寿命非常重要。

（2）**偶发故障期**。在这一阶段，设备已进入正常运转阶段，故障很少，一般都是由于维护不好、操作不当和设备使用条件不好引起的偶发故障。在偶发故障期重点是按照操作规程使用、保养、维护设备。

（3）**磨损故障期**。也称劣化故障期，在这阶段，设备的零件已磨损、老化进入加剧磨损期，故障率急剧上升。在磨损故障期，应加强对设备的检查、监测和计划修理工作。

（二）设备维护和检查

1. 设备的维护

设备的维护也叫保养，是指设备使用人员和专业维护人员在规定的时间内及维护保养范围内，对设备进行预防性的技术护理。目前较多的企业实行"**三级保养制度**"，即日常维护保养、一级保养和二级保养。

（1）**日常维护保养**。日常维护保养亦称例行保养或"日保"，由操作人员每天在班前后进行。它的主要内容是：进行清洗、润滑、紧固松动的螺丝，检查零部件状况。

（2）**一级保养**。一级保养是以操作人员为主、维修人员为辅对设备进行局部解体、检查、清洗及定期维护，一般设备累计运行 500 小时进行一次，保养停机时间约 8 小时。

（3）**二级保养**。二级保养是以维修人员为主、操作人员参加，对设备进行部分解体、检查、修理，全面清洗和更换或修复磨损件，局部恢复精度、润滑和调整。一般设备运行 2500 小时进行一次，停修时间约为 32 小时。

在不同的行业中设备保养的内容、范围、类别等有很大的不同，各企业的设备保养制度应按设备的生产工艺、结构复杂程度和企业的习惯来规定。对于特别设备要根据维护要求进行特别维护，对规定的设备检查点进行直观检查和工具仪表检查，实行点检制度。

2. 设备的检查

设备的检查是指对设备的运行情况、工作状态、工作精度、磨损或者腐蚀程度进行检查、测定和校验。通过检查，全面掌握设备的技术状况和磨损情况，及早发现设备故障征兆和隐患，使故障及早排除，防止突发故障事故。设备检查一般有以下方式。

（1）**日常检查**。日常检查是由操作工和维修工每天执行的例行维护的一项主要工作，通过感官和简单工具或者设备上的仪表和信号标示（温度、压力、油标、电压、电流等）对设备进行检查。操作工要做班前检查，并在交接班时由交接班双方按照交接班规定内容进行检查。维修工要做巡回检查，在班内对运行的设备进行检查，同时要做好交接班工作。

（2）**定期检查**。定期检查是指有计划的预防性检查，以维修工为主操作工参加，按计划定期对设备进行检查，一般间隔期一个月以上，按照检查卡规定内容逐项进行，以便全面准确地掌握设备的技术状态、零部件磨损、老化情况，定期检查一般与定期维护结合进行，确定是否有进行修理的必要。

（3）**精度检查**。精度检查是指对设备的加工精度进行定期、有计划的检查。以便确定设备的实际精度，为设备验收、调整、修理、更新和报废提供依据。

（三）设备修理

设备修理是通过修复或者更换磨损的零件、调整精度、排除故障、恢复设备的技术性能的技术活动。检查与修理工作通常结合在一起，经常称作**检修**，通过检修恢复设备的性能、精度，提高生产效率，延长设备寿命。

1. 设备修理的类别

（1）**小修**，是日常的零星修理，通常只更换或者修复小量的磨损零件，排除故障或者清洗设备，紧固和调整松动零件等。小修的特点是修理次数多，工作量小，一般结合日常检查与维护工作进行。

（2）**中修**，是更换或者修理设备的主要零部件和数量较多的其他磨损零件，检查调整设备的整个系统，紧固所有的机件，校正设备的基准等，以保证设备达到和恢复应有的标准和技术要求。中修属于计划修理，它的特点是发生修理次数多，修理间隔期较短，工作量不是很大，每次修理时间不长，费用不高。

（3）**大修**，是对设备全面修理，将设备全部拆卸，更换和修理全部磨损件，校正设备的基准和精度，恢复设备原有的精度、性能和生产效率。大修的特点是修理次数少，修理间隔时间长，修理间隔期一般在一年以上，工作量大，修理时间长，修理费用较高。

（4）**项修**，是针对设备的结构和使用特点及其存在的问题，为提高或者恢复某项性能对设备零件进行的调整、更换和修理。项修可以将大修分为若干项目，分几次进行修理，项修针对性强，能有效压缩修理停台时间，改善设备的技术状况，是介于小修与中修之间的计划性修理，适用于精密、大型、稀有生产线和成套设备。

小修、中修一般属于日常修理，由于发生事故造成损毁进行的修理，称作事故性修理。

2. 设备修理制度

我国目前的设备修理制度与方法，大致分为预防修理、计划修理、事后修理和全员修理。

（1）**预防修理**。预防修理是根据设备磨损规律和故障规律，制订设备修理计划，对设备进行预防性的维护、检查和修理的维修制度。预防修理包括标准修理、定期修理和检查后修理三种方式。

1）标准修理：根据零件的磨损规律和使用寿命，事先规定设备的修理日期、类别、内容和工作量，修理时不管设备的实际技术状态如何，都要按照计划规定的修理项目和内容进行修理。这种修理适用于一些必须保证安全运行的关键设备。

2）定期修理：根据设备的使用情况，参照有关检修定额标准，事先定出大概的修理日期、修理项目和内容，届时再根据检查的结果确定修理的时间、项目和内容。这种修理方法能够根据实际确定修理事项，有利于降低修理成本，提高修理质量，大多数企业都采取这种设备修理方式。

3）检查后修理：制定检查计划，预先规定检查的次数和时间，根据检查结果确定具体的检修时间、检修类别、检修内容。

（2）**计划修理**，是有计划地对设备进行一定类别的保养和修理，一般由三级保养和大修理组成。计划修理规定了各种维护保养和大修的周期、内容和要求。必须按照计划规定期限进行强制保养，包括日保、一级保养和二级保养。计划修理通过制度安排，让修理工和操作工相结合维护保养设备，贯彻了预防和修理并重的原则，使操作者与专业修理者共同保证设备的完好。

（3）**事后修理**，是设备发生故障或者性能达不到基本要求时而进行的修理，事后修理有如下特点。①修理时间长，耽误生产。②故障具有随机性，一旦发生，就会打乱生产作业计划。③经常为了减少停机时间而抢修，使修理质量差且费用高。④紧急抢修可能干扰正常修理维护工作的进行。

（4）**全员维修**，是以提高设备综合效率为目的，在设备的整个寿命周期中，全员参加设备维修的制度方法。它的特点是：①以提高设备的综合效率为目标。②建立以设备生命周期为对象的生产维修系统。③各部门共同参与，涉及规划、研究、使用、维修等部门。④全员参与，上到企业最高领导下到生产一线操作人员都参加设备的维修。⑤强化生产维修工作教育，开展以小组为单位的生产维修目标管理活动。

设备维护动画演示

【导入案例解析】

根据【情境6.2】资料：

（1）从合理地使用设备的角度来看，多工位冲床的工艺能力比较强，适合多次定位、多次冲压、相对复杂的零件，加工这类零件会发挥比较高的生产效率。但是电风扇叶片结构简单，只需要单工位一次冲压，如果使用该冲床加工叶片就形成了"大机小用"现象，不能发挥设备的生产效率，造成设备使用不经济，如果不是赶工的情况下不宜采用。

（2）从设备维护制度来讲，建立各种设备维护保养制度，是为了保证生产设备在完好状态下运行，设备的维修制度也规定了设备发生故障时要及时维修，恢复设备的功能。因此，设备应该立即维修，维修完毕后再进行生产使用。

【技能训练】

企业对设备操作人员有"四会""五项纪律"的要求。

设备操作人员的基本功"四会"要求如下。

（1）会使用：操作者应熟悉设备安全操作维护规程；熟悉设备结构、性能、传动原理和基本操作法；懂得加工工艺和工装、刀具在该设备上的正确运用。

（2）会维护：能够正确执行设备维护和润滑规定，上班加油，下班清扫，周末大清扫，经常保持设备内外清洁和零部件、附件的完整；能在维修人员指导下进行定保。

（3）会检查：了解易损零件部位，知道完好检查项目、标准和方法，并能按规定要求进行日常点检。

（4）会排除故障：熟悉所操作设备特点，能鉴别设备的异常现象，会作一般的调整和排除简单的故障。自己不能解决的问题要及时报告，并协同维修人员排除故障。

设备操作人员的"五项纪律"要求如下。

（1）实行定人定机、凭操作证使用设备，遵守安全操作规程，禁止操作非所定设备。

（2）经常保持设备整洁，按规定加油，保证合理润滑。

（3）遵守设备交接班制度。

（4）管好设备附件及工具，不得遗失。

（5）发现异常立即停车检查，自己不能解决的问题应及时通知有关人员检查处理。

请指出落实办法。

【要点总结】

设备的磨损与故障有其自然规律，要遵循设备的使用规律，正确合理地使用设备，及时对设备进行维护、保养和维修，保证设备的良好运行，提高设备的效率，为正常生产提供设备保障。

任务三 设备更新与改造

设备是在企业创建之初以及扩产、改造时根据生产需求购置或者自制获得，选择设备时，除了能够满足生产工艺需求之外，要重点考虑设备的经济性和技术性。从经济性来考虑，设备的购买成本和使用成本要低；从技术性能方面考虑，要保证设备的生产能力、可靠性、安全性、可维护性等要求。由于使用磨损、技术进步使得设备不宜再使用时，需要对设备更新或改造，使其性能状态达到使用要求。

【导入案例】

【情境 6.3】企业需要 1 台自动冲床，现在有两种方案。第一种方案是对现有价值 2 万元的 1 台手动旧冲床进行技术改造，加装送料机等设施改装成自动冲床，需要增加投入 6.2 万元，预计设备使用期 8 年，年净利润 1.5 万元；第二种方案是更新，购买 1 台全新的自动冲床需要 10.4 万元，冲压效率比改造方案提高 0.5 倍，且单位产品利润率提高 10%，预计使用 10 年，设备使用寿命到期后均无残值。如果选择更新方案，手动旧冲床将闲置。问应该选择哪种方案。

【案例分析】分析如下：

（1）首先从加工工艺的角度考虑，主要考虑工艺的适用性；

（2）从设备技术先进性的角度考虑，哪种方案技术先进、效率高，更加有利于企业装备技术水平的提高，有利于产品多样化的生产转换（生产柔性）；

（3）从经济性的角度考虑，要测算哪种方案的经济效益更好，包括单位产品加工费用，设备生产能力与效率，设备投资回收期，设备投资利润率等；

（4）从筹资的角度考虑，判断哪种方案筹资更少，更容易操作。

一、设备改造

设备改造是改变设备的局部结构，更换、加装技术新、性能好的新部件，以改善设备性能，提高生产效率的技术措施。

1. 设备改造的形式

（1）**设备改装**，是为了提高或者改变设备的原有性能，或者为了减少设备的故障，提高设备生产效率或专用化程度而对设备的容量、功率、体积、形状的加大或改变。比如：将普通车床改装成专用车床，减少夹装、定位时间，提高效率；将水平皮带输送机改装成具有仰角的皮带输送机；将带机械手的单机冲床，按照工艺顺序排列实现多机联动，改装成自动冲压生产线等等，也就是将设备以小拼大，以短接长，多机串联。设备改装是利用了现有设备进行局部改造，减少了新设备的购置，节省了投资，设备改装不能提高设备的现代化水平。

（2）**设备技术改造**，是把科学技术的新成果应用于企业的现有设备，提高设备的技术水平。例如将普通车床改造为数控车床；将手动冲床加装机械手、自动感应器等改装成自动冲床，将提升机加装防坠器成为自动防坠提升机，以防止钢丝绳断裂造成坠落事故等等。设备改造提高了生产效率，提高了产品质量，提高了设备的安全性，提高了设备的技术水平。

2. 设备改造的要求

（1）设备改造与企业的技术改造相结合。技术改造是企业为了提高经济效益和产品质量，达到升级换代新产品生产要求，采用新技术、新工艺、新设备等对现有生产设施和生产工艺条件进行的改造。主要以产品为核心的工艺设备改造，是技术改造中的重要部分。通过工艺设备改造，满足产品生产对新工艺的要求，提高生产效率，降低生产成本、提高产品质量，减少工业排放等等。设备改造与企业的技术改造相结合，满足企业生产对设备的要求。

（2）要尽量采用先进技术。先进的生产技术不断发展进步，落后的生产工艺技术不断被淘汰。因此，为了保持设备的先进性，尽量使用较先进的工艺技术，但不能脱离现有物质技术基础，而应该遵循先进、适用、经济的原则，促进设备性能的现代化和提高经济效益。

（3）要经济合理。要充分考虑经济效益，设备改造是一项经济投资，投入改造资金的目的是获得经济收益回报，设备改造的经济性是评价设备改造可行性的最重要指标，即使经过论证其他各方面都可行，但在经济上不可行，这个改造项目也是不可行的。所以要充分考虑设备改造的资金投入，使用成本、维护成本和产出效益，选择经济效益好的方案。

（4）坚持自力更生和群众路线的方针。坚持自力更生是为了避免对他人的技术依赖，避免技术上的被动性，在设备改造过程中，能自己解决的技术问题不引进，能自己生产的零件不外购，能自己施工的不外包。走群众路线既是充分发挥群众的智慧使改造更合理，也是让群众参与进来尽快广泛地掌握、消化吸收和提高。

二、设备更新

设备更新是用技术更先进、性能更好的新设备替换现有不宜再使用的旧设备或者用原型新设备替换旧设备。设备更新是由其寿命决定的，有形物质磨损使设备的物质寿命终结；新技术的出现淘汰了落后技术，使设备的技术寿命终结；使用过程中设备使用成本不断增加，继续使用没有经济效益，使设备的经济寿命终结。上述三种情况促使设备必须更新。

1. 设备更新的形式

（1）**原型更新**。更新的新设备与原来的旧设备在结构、性能方面相同。原型更新是为了更换已经损坏、陈旧而没有修复价值的设备。这种更新不能提高设备的技术水平，只适用于设备技术还比较先进但物质寿命已经到期的设备。

（2）**技术更新**。用技术上更先进、经济上更合理的先进设备，来代替不宜使用的旧设备。技术更新设备的技术水平更先进、性能更好、效率更高，设备的技术更新是企业的技术进步与技术发展的重要物质基础，对企业的发展更加具有意义。

2. 设备更新的对象

（1）役龄过长的设备。设备使用年限长，接近或者超过了使用年限，设备的物质寿命、技术寿命与经济寿命都接近极限，设备维护费用高、使用成本高、技术落后、效率低，难以恢复设备的预定功能，此时，设备必须更新。

（2）设备的性能差、生产质量差或者无法修复的设备。设备本身存在缺陷并且难以改造或弥补，或者设备多次大修，大修费用递增，性能不能恢复，造成设备使用不经济，可靠性、生产质量等各项技术性能都差，设备失去使用价值。

（3）技术落后的设备。技术落后的设备生产效率低，能耗高，污染大，安全性差，性能不稳定，不宜再继续使用。

（4）不适应产品发展的设备。企业生产规模扩大，产品更新换代，原有的旧设备在生产效率、精度、性能方面达不到要求，不能完成新产品的生产工艺要求，应及时更新。

三、设备改造与更新决策

当进行设备改造与更新时，要对设备更新改造项目做可行性研究报告，从企业发展的全局统筹考虑设备改造与更新，对设备的技术先进性、生产工艺先进性和可行性、劳动安全、环境保护、经济效益等方面进行全面评价，并聘请行业专家对项目的可行性进行论证。也就是说要把企业设备更新改造纳入到企业发展的全局来考虑，同时还要将行业技术发展的方向，与企业技术改造结合起来，只有这样，才能保证设备的更新改造决策的正确性，保证设备改造与更新跟上时代技术的发展，满足生产发展的需要。

1. 确定设备更新周期

设备更新要综合考虑设备的物质寿命、技术寿命和经济寿命，经济寿命法设备最佳更新周期的计算公式为

$$T = \sqrt{\frac{2C}{G}}$$

式中，T 为设备更新周期；C 为设备原值减去残值；G 为每年设备维持费增加额。

【小练习 6.1】某厂有一套设备，原价为 10 万元，没有残值，每年这套设备的低劣化值（即每年增加的维持费用）为 2000 元，求这套设备的经济寿命。

解：

$$T = \sqrt{\frac{2C}{G}} = \sqrt{\frac{2 \times 100000}{2000}} = 10 \text{（年）}$$

2. 设备更新改造方案决策

比较设备更新改造方案的优劣，可用最大收益法、最小年均费用法、单位产品费用等计算方法，也可以比较两个方案的投资回收期，投资回收期短的方案为优选方案，公式为

$$投资回收期 = \frac{设备投资额}{净利润 + 设备折旧额}$$

【小练习 6.2】某厂更新设备有两套方案，方案一，设备投资 25 万元年折旧 2.5 万元，年利润 2 万元；方案二，设备投资 20 万元年折旧 2.5 万元，年利润 1.5 万元，哪个方案更好？

解：方案一：

$$投资回收期 = \frac{设备投资额}{净利润 + 设备折旧额} = \frac{25}{2 + 2.5} = 5.6 \text{（年）}$$

方案二：

$$投资回收期 = \frac{设备投资额}{净利润 + 设备折旧额} = \frac{20}{1.5 + 2.5} = 5 \text{（年）}$$

可见，方案二比方案一好。

【导入案例解析】

（1）首先从加工工艺的角度考虑，主要考虑工艺的适用性，两种方案均能够满足冲压加工工艺要求。

（2）从设备技术先进性的角度考虑，更新方案技术先进、效率高，更加有利于企业装备技术水平的提高。

（3）从经济性的角度考虑，比较两种方案的投资回收期。

设：更新方案的年产值为 X，利润率为 i。

改造方案的年净利润 $= X \cdot i = 15000$（元）

更新方案的年净利润 $= X(1 + 50\%) \times (1 + 10\%)i = (X \cdot i) \times (1.5 \times 1.1)$（元）

$= 15000 \times (1.5 \times 1.1) = 24750$（元）

改造方案的年折旧额 $= \dfrac{设备总值}{折旧年限} = \dfrac{62000 + 20000}{8} = 10250$（元）

更新方案的年折旧额 $= \dfrac{设备总值}{折旧年限} = \dfrac{104000}{10} = 10400$（元）

改造方案的投资回收期 $= \dfrac{设备投资额}{净利润 + 设备折旧额} = \dfrac{82000}{15000 + 10250} = 3.25$（年）

更新方案的投资回收期 $= \dfrac{设备投资额}{净利润 + 设备折旧额} = \dfrac{104000}{24750 + 10400} = 2.95$（年）

从投资效率和效益的角度来看更新方案更好。

从以上分析中可以看出，尽管设备更新后，旧设备将闲置，但是更新方案仍然比改造方案更优。

【技能训练】

某企业是一户汽车发动机配件生产厂，虽然设备比较陈旧，但基本能够满足生产的需要，虽然生产的是普通产品，但经济效益比较好，一直以来厂领导对设备更新有很大的争议。有的领导建议在经济效益好的时候，尽快更新先进的设备，为生产高技术新产品提供条件；有的厂领导认为，现在的设备能够满足生产要求，如果更新设备固定资产投入较大，将影响企业的经济效益，请提出你的意见。

【要点总结】

当设备使用不经济或者达不到技术要求的时候，要对设备进行更新和改造。所谓不经济是指效率低，达不到社会平均生产效率，生产出的产品质量没有竞争力，同时设备技术水平落后不能满足生产的要求。所以，对设备进行更新或者改造时要考虑两个方面的问题，一是从投资效益的角度考虑其投资收益性，二是从可持续发展的角度考虑技术的先进性，两者要综合考虑，片面考虑设备的经济性可能使设备很快被技术发展所淘汰，片面考虑技术先进性可能使设备投资过大，效益差。

【课后练习】

一、名词解释

1. 工艺流程　2. 作业指导书　3. 工艺规程　4. 工艺卡　5. 工艺路线卡

6. 工序卡　7. 日常维护保养　8. 一级保养　9. 二级保养　10. 日常检查

11. 定期检查　12. 设备小修　13. 设备中修　14. 设备大修　15. 设备预防修理

16. 设备计划修理　　17. 设备更新　　18. 设备改造

二、判断题

1. 产品差异化是企业的竞争策略之一，为了保持竞争优势，在产品工艺设计时对相近似的零件也要保持其差异性特点。　　　　　　　　　　　　　　　　　　（　　）

2. 生产工艺流程通常是固定不变的。　　　　　　　　　　　　　　（　　）

3. 作业指导书是用来规定加工工艺过程和方法的，它规定了生产工艺过程的各道工序。　　　　　　　　　　　　　　　　　　　　　　　　　　　　　　　（　　）

4. 企业中的作业指导书与工艺卡、工序卡作为工艺文件一般同时使用。　（　　）

5. 设备定修是在推行设备点检管理的基础上，根据预防检修的原则和设备点检结果确定检修内容、检修周期和工期，并严格按计划实施设备检修的一种检修管理方式。　　（　　）

6. 设备定修就是我们传统意义上的预防检修。　　　　　　　　　　（　　）

7. 平日小修理是指进行小修理的项目，这种修理项目一般结合日常检查进行。（　　）

8. 定期检修是一种以时间为基础的预防性检修，根据设备磨损和老化的统计规律，事先确定检修等级、检修间隔、检修项目、需用的备件及材料等的检修方式。　　（　　）

9. 定期检修、状态检修、故障检修、改进性检修都是计划内的检修。　（　　）

10. 设备更新是新设备替换旧设备，设备改造是通过改变设备的局部结构来改善设备性能，所以，只要资金充足首选更新方案。　　　　　　　　　　　　　　　　（　　）

三、单项选择题

1. 下列对工艺卡表述正确的是（　　）。
   A. 是按产品的每个零部件编制的　　　　B. 是按零部件的每道工序编制的
   C. 是按零部件的每一个工艺阶段编制的　D. 是按零部件的工序路线编制的

2. 产品可制造性工艺设计的原则不包括（　　）。
   A. 通用化和标准化　　　　　　　　　　B. 进行对称设计
   C. 消除左手和右手零件的区别　　　　　D. 不同零件的不明显异性

3. 设备的日常修理一般是指（　　）。
   A. 大修理、中修　　B. 大修理、小修　　C. 小修、中修　　D. 小修、项修

4. 关键设备操作者应具备"三好""四会"的基本功，其中四会是指（　　）。
   A. 会使用、会维护、会检查、会排除故障　B. 会使用、会润滑、会检查、会排除故障
   C. 会使用、会保养、点检、会排除故障　　D. 会润滑、会检查、会排除故障、会点检

5. 不属于设备维护保养工作"三级保养制"的选项是（　　）。
   A. 日常保养　　B. 一级保养　　C. 二级保养　　D. 三级保养

6. 由维修人员（或专职点检员）凭感官和专用检测工具，按一定时间周期对设备的技术状态和安全状况进行全面检查和测定。该项点检是（　　）。
   A. 日常点检　　B. 专项点检　　C. 定期点检　　D. 移动点检

7. 专项检查中的精密检查，是对设备的几何精度和加工精度有计划地定期进行检测，精度检查的目的是为（　　）提供依据。
   A. 设备的调整、验收和报废更新　　　　B. 设备的调整、修理和报废更新
   C. 设备的调整、修理和验收　　　　　　D. 设备的调整、修理、验收和报废更新

8. 设备的偶发故障期处于（ ）。

    A. 新设备运转初期 B. 正常运转期   C. 设备运转后期   D. 大修后投入使用初期

9. 从保证设备安全运行角度来说，更应强调的是（ ）。

    A. 预防性维修   B. 事后维修   C. 大修   D. 改造维修

10. 操作工人每班必须进行的设备保养工作是（ ）。

    A. 日常保养   B. 一级保养   C. 二级保养   D. 专门保养

四、简答题

1. 简述判断工艺设计合理性的要求有哪些。

2. 简述工艺文件的作用有哪些。

3. 简述设备的操作者的"五项纪律"指的是什么。

4. 简述设备磨损与故障的基本规律是什么。

5. 简述什么是"设备三级保养制度"。

6. 简述设备修理的类别有哪些。

五、计算题

    某冶金企业有一套型材设备，原价为 300 万元，每年这套设备的低劣化值（即每年增加的维持费用）为 6 万元，求这套设备的经济寿命。

【单元小测验】

扫描二维码，获得更多练习题目。

项目七

生产控制

【引言】

在生产过程中，要重点做好生产进度控制、生产成本控制和产品质量控制。做好生产进度控制是为了保证交货期，做好生产成本控制是为了实现企业的成本目标，做好产品质量控制是为了保证产品符合客户的质量要求。做好生产控制的根本目的是保证企业的市场竞争力，关乎企业的生存发展。

生产控制的基本内容如图 7.1 所示。

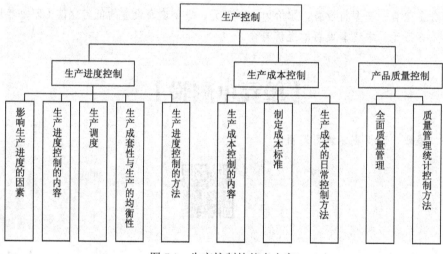

图 7.1　生产控制的基本内容

【学习目标】

【知识目标】

1. 掌握生产进度控制的基本方法和工具，生产成本项目的日常控制方法；
2. 了解成本控制的基本内容和方法；
3. 了解质量控制的基本方法和工具。

【能力目标】

1. 能够运用生产进度控制工具和方法进行生产进度控制；
2. 能够运用生产成本控制方法进行生产成本控制；
3. 能够运用质量控制工具和方法进行产品质量控制。

任务一　生产进度控制

生产进度控制是在生产作业计划执行过程中，保证产品生产的数量和生产周期符合作业计划进度要求而进行的控制。在生产加工过程中会遇到生产原材料缺料、断料，设备发生故障，生产缺员，出现生产工艺瓶颈等各种问题，影响生产任务不能按期完成，所以，要对生产过程进行监督、检查和控制，以计划要求为标准，及时采取相应的措施，纠正生产工作偏差，保证能够按期交货。

【导入案例】

【情境 7.1】某企业生产跟单员的主要职责有：审核订单，包括规格、数量、交货期；了解并协调原料满足订单生产需用量；负责订单跟踪工作，原材料投放—各工序出产量—成品入库—发货并跟踪记录，确保订单顺利完成，对交货时间负责。请指出跟单员应该掌握的生产进度控制知识和技能。

【案例分析】控制生产进度，需要掌握以下信息、知识和技能。

（1）及时获得生产进度的信息；

（2）掌握造成生产进度延迟的因素；

（3）掌握生产进度控制的内容、措施和方法。

一、影响生产进度的因素

生产中影响生产进度的因素一般有以下几项。

（1）设备故障。设备完好是发挥设备生产能力的保障，在制订生产计划时要考虑设备完好率指标；在生产过程中，当设备发生故障的时间超出计划允许的时间时，有可能影响生产进度计划的完成。

（2）产品质量问题。在制订生产计划时，要考虑**废品率指标**，当废品率超出计划时，就会影响出产计划。造成废品率过高的原因很多，主要原因有机器设备、人员、原材料、工艺设计等。这些因素造成的废品率高都会影响到生产进度。

（3）物料供应问题。物料供应中断时间过长，且加工计划也没能及时调整，会严重影响生产进度。**停工待料**有两种情况：一是由于材料计划不当或供应商原因造成供应中断，从而造成停工待料；二是由于前后工序衔接不好，造成后道工序停工，保证生产物料供应和保证各工序生产的均衡性非常重要。

（4）员工缺勤。关键设备和流水生产线员工缺勤，会导致生产率的下降，当缺勤严重时会导致停产，劳动力投入是生产进度的重要保证。

二、生产进度控制的内容

1. 投入进度控制

投入进度控制是指对产品的投入日期、投入数量，以及原材料、零部件投入等所做的控制。投入控制是预防性控制，通过对投入资源的控制，达到期望的生产目的，避免出现物料供应不足、生产任务量完不成或者产品生产超量造成积压等结果；通过投入进度控制，实现生产的均衡性、成套性和连续性，确保生产均衡稳定进行。

2．工序进度控制

工序进度控制是对产品在生产过程中各道工序的进度进行控制。完成生产投入之后就开始加工制造，通常产品由多个零件、部件构成，经过多道加工工序，整个产品的生产提前期包括了各道工序的生产提前期，保证各道工序进度按期完成才能保证整个生产进度按期完成，特别是对关键路径的工序进行控制，对于保证完成生产进度尤为重要。

3．出产进度控制

出产进度控制是指对产品的出产日期、出产提前期、出产数量、出产均衡性和出产成套性的控制。出产进度、投入进度和工序进度的控制是**相互联系**和**相互制约的关系**，投入进度和工序进度控制好了，出产进度控制也就顺利了，出产进度控制好了，投入控制和工序控制按照出产反馈信息，及时采取投入进度控制和工序进度控制措施，保证生产进度按计划完成。

三、生产调度

企业一般都设有生产调度部门，生产调度部门是企业的生产指挥中心，它的职能是组织实施生产作业计划，保证生产活动能够按照计划协调进行，其中最重要的工作之一是控制生产作业进度。它是生产制造命令的集中发出部门，指挥、协调企业的生产运作活动。

（一）调度的工作方法

1．调度会议制度

调度会议制度是了解生产情况和存在问题，进行上下沟通与联系的重要方式。由生产调度部门组织召开例会，各个生产部门与职能部门的相关负责人参加，了解生产活动中的一切情况，相互通报存在的问题，及时检查、协调生产进度，大多数生产中存在的问题通过在会议上直接发出指令得以解决。

2．调度值班制度

当企业生产时，安排生产**调度值班**。调度值班要及时传达生产指令，检查生产运行情况，检查各项生产指令执行情况，对生产活动中发生的各种问题及时处理，遇有重大问题及时汇报，并做好值班记录，严格执行交接班制度。

3．调度报告制度

各级生产调度部门把每日的调度情况和值班情况上报给上级部门和有关领导，即工段每班要把本班情况报给车间调度，车间调度要把生产车间的生产作业执行情况报给总调度室，总调度室要把每日的生产、库存、产品配套、出产进度等情况编写成生产日报报给厂部领导、车间和各个有关部门。

（二）生产调度中的常用工具

1．单工序工票

单工序工票又称**短票**、**工序票**等。它是对工人分派生产任务、下达作业指令时的一种派工单形式，它以工序为对象设票，单工序工票仅记录一道工序的生产情况，一道工序完工，零件送检，检验员在工票上记录有关事项后，工票返回到计划调度人员后，计划调度人员再为下道工序开出新的工票，如表 7.1 所示。

表 7.1 单工序工票

票号：　　　　　　　　车间：　　　　　　设备号：　　　　　　　　　___年___月___日

产品编号			件　号				件　名		
序　号			序　名			投入件数		本批	
单件工时定额			每台件数					累计	

日期	班次	操作人员	加工时间			完成件数	检查结果					停工		备注
			起	止	工时		合格	回用	退修	工废	料废	待料	设备	其他	

班组长		车间调度员			车间主任	

单工序工票内容一般包括生产设备、生产任务、工时定额、实际完成产品数量、加工起止时间、实际所用工时、停工因素等，工票同时是统计生产进度、反映产品质量、计算工作奖励、分析定额执行和工时利用的依据。不同生产类型的企业所用工票形式不尽相同，但其内容基本一致，单工序工票的优点是周转时间短，使用比较灵活，由于是一道工序一票，开票的工作量较大，更适用于批量大的零件派工使用。

工票一般由车间计划员或工段分配员按照三定（定机、定人、定活）和生产计划进度要求开票派活，工人完成该工序生产任务后，与工票一起交给产品检查人员，由检查人员填写检查结果，送还给车间计划员。在工票记录过程中一定要保证记录资料准确、及时、完整，保证工票的记录质量。

2. 加工路线单

加工路线单又称**多工序工票**、**长票**等。它是下达作业指令时常用的一种派工单的形式，它被成批生产和单件生产类型的企业普遍采用。它是以零件为对象，综合地发布指令，指导工人根据既定的工艺路线顺次地进行加工。加工路线单跟随零件一起转移，它记录每批零件从下料、加工、检查到入库为止全部加工工序的加工情况。一批零件各道工序共用一张加工路线单，它便于制订生产轮班计划，控制生产进度，控制上下工序之间的衔接与配合，贯彻工艺纪律。它既是生产作业指令，也是工艺路线和领料、检验、交库的凭证，又是作业核算和统计的凭证，起到一单多用的作用，有利于保证管理数据的一致性，是成批生产和单件生产的企业普遍采用的重要生产作业控制工具。加工路线单如表 7.2 所示。

加工路线单流传的一般程序如下。

（1）生产管理部门根据月度生产作业计划和期量标准，填写加工路线单的表头部分，送加工车间；

（2）车间生产计划调度人员根据工艺规程填写各道工序的名称、工时定额和件数，并送交仓库备料；

（3）仓库根据加工路线单中的领料单（或者与加工路线单相符的领料单）发料；

（4）工段计划员根据作业轮班计划，把加工路线单交工作地加工；

（5）工人每完成一道工序后，送交检查员填写检查结果；

（6）当最后一道工序加工完毕之后，工段计划员在加工路线单上填写零件入库数量，并与实物一起交仓库验收；

（7）车间统计人员根据零件入库验收签章返回的加工路线单，按日进行登记汇总，编制车间生产日报，报送生产管理部门。

表 7.2　加工路线单

编号：　　　　　　　　　　　　　　　　　　　　　　　　　　　　　　　__年__月__日

产品编号			产品名称				计划投入	件	台	累计
零件编号			每台件数				实际投入	件	台	累计
日期	工序		机床号	操作工		工时定额		检查结果		
	编号	名称		人数	签字	辅助时间	单件	合格	返修	工废	料废	检查员签字
合格入库数		检查员签章		仓管员签章		入库日期		备注		

3．生产日报表

生产日报表是记录生产信息，反映生产情况的统计资料。它记录了产品生产的数量、品种、日期、完成情况等信息。管理者可以根据统计报表监控产品生产计划的完成情况，追溯该批次产品的生产单位，进行质量监控，帮助生产管理者及时掌握生产动态，为管理提供依据。生产日报表按照它的统计范围可以分为班组生产日报表和车间生产日报表，如表 7.3、表 7.4 所示。

表 7.3　班组生产日报表

车间_____　　　　　　　　　班组_____　　　　　　　　　　__年__月__日

产品品种	预计产量	实际产量	产品合格率	废品数	生产工时	停工工时			辅助工时
						设备	材料	其他	
待加工在制品转移			已加工在制品转移			出勤情况			
产品品种	上班结存	本班领料	本班结存	上班结存	交下工序	本班结存	应到人数	事假人数	病假人数	其他	实到人数

表 7.4 车间生产日报表

车间：_____ ____年___月___日

编号	产品名称	预定产量	本日产量		累计产量		耗费工时		半成品	
			预计	实际	预计	实际	本日	累计	本日	累计

人事记录	应到人数		停工记录	异常报告
	请假人数			
	调出人数			
	调入人数			
	实到人数			

4. 生产进度变更通知单

由于客户要求或者生产环节、物料供应环节出现问题等因素影响了生产进度，需要对生产进度进行重新安排时，使用**生产进度变更通知单**调整生产指令，指导调整后的生产作业活动，见表 7.5。

表 7.5 生产进度变更通知单

____年___月___日

产品编号	班组	原 定			变 更			备 注
		规格	数量	完成日期	规格	数量	完成日期	

批示： 审核： 制表：

四、生产成套性与生产的均衡性

在单件小批量生产和成批生产进度控制中，生产成套性控制和生产均衡性控制是保证连续生产和有节奏生产的重要手段，对保证生产进度非常重要。

1. 生产成套性

在进行多品种、小批量、零件数量多的产品生产时，通常采用的是通用设备、万能工装夹具，按照工艺专业化布置生产设施，各个工件在各个工作地交叉流动，产品生产物流路线复杂，工序间的周期等待时间长，产品零件多，生产过程中在制品多。这种情况下，由于零件结构复杂、数量大，需要成套生产，否则，将产生大量的在制品。**生产成套性**控制需要从成套性投料控制和成套性出产控制两方面入手。

成套性投料控制是指在产品生产的各个工序中，根据产品装配要求和当前生产状况合理控制各个工序的投料，比如根据产品的零件组成、数量要求、各个工序的生产提前期要求、现有设备的生产能力等控制成套性的投料。它既要保证充分利用企业现有的生产能力，又要保证零件生产的配套性，尽量减少在制品占用数量，避免大量资金占用，提高企业的经济效益。

成套性出产控制是指零件实际出产的品种、时间、数量与计划规定的品种、时间、数量相比较，检查已出产的零件的品种、数量，是否满足产品装配的配套要求，如果发现实际出产的零件不配套时，要立即补齐所缺的零件。

利用成套性甘特图反映成套性是成套性控制的有效方法之一。成套性甘特图实际是零件出产进度图，它可以清楚地表明各种零件的出产数量及可组装成整机的产品数量，及时控制零件生产的成套性。示例如图7.2所示。

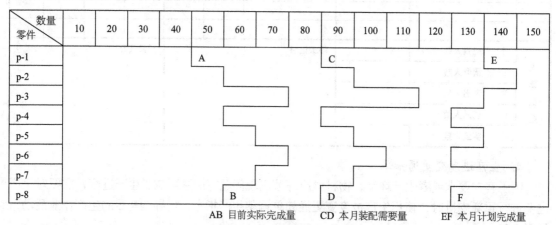

图7.2　成套性甘特图

成套性的完成情况除了可以用图表表示外，还可以通过核算方法对成套性进行计算，用成套数和成套率指标表示。成套数指标是指某种产品中零件实际产量所能配套的产品数量，其计算公式为

$$成套数 = \frac{一种产品中实际完成的最少零件数}{一件产品中需要该零件数}$$

成套率指标是按照计划能够实现产品成套的比例，其计算公式为

$$成套率 = \frac{实际成套数}{计划成套数} \times 100\%$$

【小练习7.1】电饭煲限压阀由重锤、阀座、密封圈、阀瓣四种零件构成，计划生产1000套电饭煲限压阀，零件计划和统计数据如表7.6所示，分别计算成套率和成套数。

表7.6　电饭煲盖组件

零件名称	每套件数	计划产量	实际产量	计划完成率	实际完成台数
重锤	1	1000	1030	103%	1030
阀座	1	1000	1050	105%	1050
密封圈	2	2000	2100	105%	1050
阀瓣	1	1000	990	99%	990

解：
$$成套数 = \frac{一种产品中实际完成的最少零件数}{一件产品中需要该零件数} = \frac{990}{1} = 990（套）$$

$$成套率 = \frac{实际成套数}{计划成套数} \times 100\% = \frac{990}{1000} \times 100\% = 99\%$$

2. 生产均衡性

生产均衡性是指各个生产环节都保持有节奏的生产，不出现时紧时松的现象。均衡生产有利于企业合理利用设备和劳动资源，提高产品质量，避免积压浪费，实现安全生产。这就需要每个生产环节和每种产品都能够在规定的时间内完成生产任务。如果前道工序发生生产延误，后道工序就会出现停工待料情况，如果前道工序超量生产，后道工序生产能力达不到要求时，有可能出现在制品积压。为了避免出现上述情况，要控制每道生产工序的均衡性。

使用图表法能够直观地反映生产的均衡性，生产统计曲线与计划完成曲线分别见图7.3、图7.4。

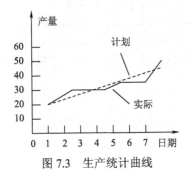

图7.3 生产统计曲线

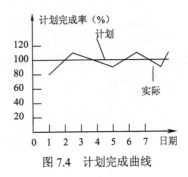

图7.4 计划完成曲线

为了具体说明生产均衡程度，还可以计算生产均衡率指标，其计算公式为

$$均衡率 \lambda = \frac{\sum\limits_{i=1}^{n} r_i}{n} \times 100$$

式中，λ为生产均衡率；r_i为每日完成计划百分比（超过100%按100%计算）；n为生产天数。

【小练习7.2】某车间上旬生产完成情况如表7.7所示，计算生产均衡率。

表7.7 某车间上旬生产完成情况 （单位：件）

日期	1	2	3	4	5	6	7	8	9	10
计划完成	100	90	80	100	110	100	90	100	110	100
实际完成	95	90	85	80	95	110	100	90	115	100
完成计划（%）	95	100	106	80	86	110	111	90	115	100

解： $均衡率 \lambda = \frac{\sum\limits_{i=1}^{n} r_i}{n} \times 100 = \frac{0.95+1+1+0.8+0.86+1+1+0.9+1+1}{10} \times 100\% = 95.1\%$

所以，该车间上旬生产的均衡率是95.1%。

五、生产进度控制的方法

1. 坐标图控制法

坐标图控制法是根据产量随时间变化的对应关系，通过绘制坐标图方式来描述生产进度及其变化趋势，用以控制计划执行的一种方法。在连续均衡生产的情况下，对生产的进度控制只需放在产品最终工序的完成数量上。在这种情况下，用坐标图来描述实际生产数量和计划生产数量的进度，在坐标图上比较实际生产数量和计划生产数量的进度差异，根据坐标图信息控制生产作业进度。

【小练习7.3】某产品出产计划进度如表7.8所示，根据该表绘制生产进度坐标图。

表7.8 产品出产计划进度表 （单位：件）

		1	2	3	4	5	6	7	8	9	10
计划	日产量	40	40	40	40	40	40	40	40	40	40
	累计	40	80	120	160	200	240	280	320	360	400
实际	日产量	20	40	20	40	40	60	40	60	40	40
	累计	20	60	80	120	160	220	260	320	360	400
差异	日产量	−20	0	−20	0	0	+20	0	+20	0	0
	累计	−20	−20	−40	−40	−40	−20	−20	0	0	0

解： 将每日计划产量与实际产量画在累计产量—日期坐标系中，见图 7.5，它描述了实际产量与计划产量的关系。

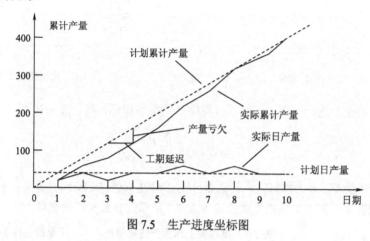

图 7.5 生产进度坐标图

2. 条形图控制法

条形图也叫甘特图，是生产进度控制的常用工具。它是通过绘制生产进度条形图来描述产品或者零件在各个工艺阶段的投入与出产期限。条形图直观表述了投入或者出产活动在什么时候进行，以及实际进度与计划进度的对比。对于工艺复杂的单件和成批生产的产品、加工周期长的零件，要按照各个订货合同规定的日期要求，控制各个工艺阶段的投入、出产日期，保证生产计划的执行。

【小练习 7.4】 某公司计划生产一批冰箱玻璃隔板，各工艺阶段投入出产计划如表 7.9 所示，画出加工进度控制条形图。

解： 建立工作与日期坐标，将表 7.9 的内容对应工作日期用线段画在工作与日期坐标中，如图 7.6 所示。

表7.9 玻璃隔板投入与出产时间

产品名称	时间 工艺		开介	磨边	钢化	丝印	上框
电冰箱玻璃隔板	计划	投入时间	6月1日	6月2日	6月4日	6月5日	6月6日
		出产时间	6月2日	6月3日	6月4日	6月5日	6月6日
	实际	投入时间	6月2日	6月2日	6月5日	6月6日	6月7日
		出产时间	6月3日	6月4日	6月5日	6月6日	6月7日

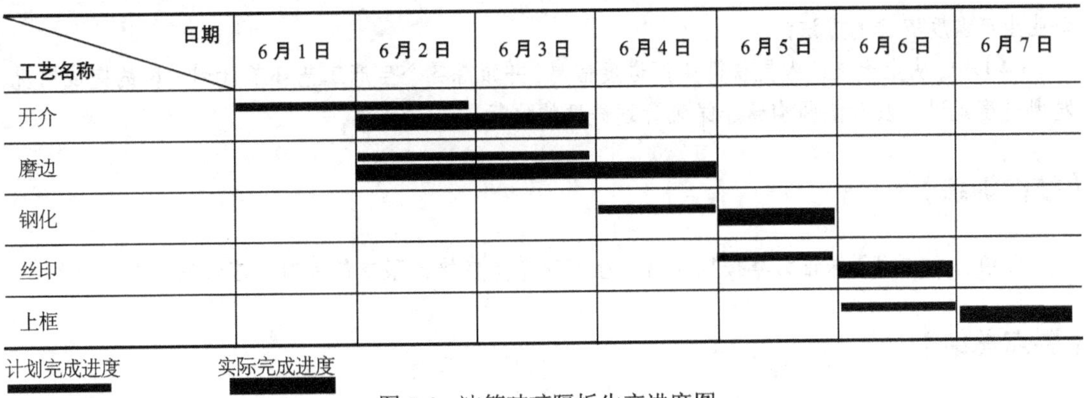

图 7.6　冰箱玻璃隔板生产进度图

3.　投入、出产日历进度表控制法

通过编制**投入、出产日历进度表**，反映生产过程中产品的实际和计划投入、产出数量，分析实际与计划的差异，来控制生产投入进度的方法。在实际生产中每天根据累计投入、出产进度延长这两条线，就可以看出计划与实际完成情况及其差异，根据差异情况采取相应的措施，进行生产进度控制。它对于大量生产特别是大量流水线生产条件下，控制生产进度简便而有效。

【小练习 7.5】表 7.10 是电饭煲产品投入、出产日历进度表，根据该表画出进度控制表。

解：将每日累计计划量和实际量用甘特图形式表示，如表 7.11 所示。

表 7.10　电饭煲产品投入出产日历进度表

产品名称	项目		日期	1		2		3		4	
				当日	累计	当日	累计	当日	累计	当日	累计
电饭煲	计划	投入		1000	1000	1000	2000	1000	3000	1000	4000
		出产		900	900	1000	1900	1000	2900	1100	4000
	实际	投入		900	900	1000	1900	1000	2900	1000	3900
		出产		850	850	950	1800	1000	2800	1050	3850

表 7.11　电饭煲产品累计投入出产日历进度控制表

产品名称	项目		日期 数量	1 1000	2 2000	3 3000	4 4000	5 5000
电饭煲	投入	计划						
		实际						
	产出	计划						
		实际						

计划　　　　　实际

【导入案例解析】

生产跟单员应该掌握以下生产进度控制知识和技能。

（1）熟悉产品的生产工艺流程和加工路线；

（2）熟悉产品的工艺特点和设备的工艺生产能力，各个生产单位的生产负荷；

（3）熟悉企业的生产计划指挥系统，充分了解企业生产调度制度和生产组织安排制度，熟悉企业生产调度安排的方法；

（4）及时从生产统计人员获得生产进度信息，并跟踪各个生产工艺环节计划进度的完成情况，发现进度延迟，及时协调沟通，保证计划进度的执行。

【技能训练】

分组讨论：为了保证订单按期交货，生产跟单员在接到跟单任务时，应该做哪些工作？

【要点总结】

生产进度控制是为了保证产品生产的数量和生产周期符合作业计划进度要求，控制的内容包括投入进度控制、工序进度控制、出产进度控制，通过生产调度方式来控制生产进度。由于产品组成零件生产周期各不相同，为了保证生产的连续性和节奏性，需要控制生产的成套性和均衡性，生产进度控制的基本方法是追踪生产量信息，通过生产调度使生产量符合计划进度要求。

任务二　生产成本控制

以最少的投入生产出尽可能多的高质量产品，是每一户企业追求的生产目标。企业生产过程中需要消耗人力、物力和财力，归集到特定产品上则构成产品的成本，它反映了生产活动的质量和企业的竞争能力。企业在生产活动中，只有物资消耗少，设备利用率高，生产效率高，资金占用少，才可能降低生产成本。因此，必须对生产过程中的各项消耗进行有效的控制，使生产成本达到预期的成本目标。

【导入案例】

【情境 7.2】小李是某车间成本核算员，负责车间人员的考勤及人员工资的计算汇总，车间材料的领用管理及每月材料的计算汇总，产品生产数量统计，车间办公费用的核算等工作，同时，他对车间生产工艺流程非常熟悉。最近更换了新的车间主任，新主任希望进一步降低成本，请小李提出合理化建议，你认为小李应该从哪些方面提出改进意见。

【案例分析】小李要提出降低成本的合理化建议，应该从以下几方面考虑。

（1）分析成本的构成及其合理性；

（2）当前日常成本控制存在的问题；

（3）提出降低生产成本的措施和方法。

一、生产成本控制的内容

生产制造过程中投入了人、财、物各种资源，投入一定的人、财、物能够产出的产品多少，反映出生产转换效率的高低。**生产成本**就是生产一件产品或者一批产品在生产制造过程中的各种消耗的货币表示形式，其会计表达为

$$生产成本=直接材料费+直接人工费+制造费用$$

所以，生产成本控制内容包括以下几方面。

1. 直接材料成本

直接材料成本是指直接用于产品生产的原材料、辅助材料、燃料和动力等。直接材料是生产成本中构成比例最大的部分，对于劳动密集型企业，其经常占到生产成本比例的 85%以上，生产过程中直接材料消耗巨大，如果管理不善将浪费惊人，因此，直接材料消耗是生产成本控制的重点对象。在直接材料消耗控制方面，一是制定先进的物料消耗定额，严格物料发放制度，强化物料的管控，并将物料的消耗与职工个人的经济收入和奖惩挂钩，杜绝生产过程中的浪费现象；二是采用科学的原理与方法提高直接材料的利用率，减少边角余料，降低单位产品的物料消耗，降低物料投入，节约直接材料成本。

生产成本控制
动画演示

2. 直接人工成本

直接人工成本是指生产过程中所耗费的人力资源，可用工资额和福利费等计算，包括生产工人的工资、奖金、津贴和补贴、加班工资等。企业按照国家工资标准的相关规定对各个工种、岗位都设有工资标准，控制直接人工费用关键是合理组织调配生产员工，提高员工的劳动生产效率，降低单位产品的工资费用，制定先进的劳动定额标准，保证员工的出勤率，严格执行工时消耗定额，严格组织生产，调动职工的生产积极性，提高工作效率。

3. 制造费用

制造费用是与产品产量无关的固定费用，包括固定资产折旧、租赁费、修理费等。控制制造费用是一个更加复杂的问题，比如折旧费不可以减少计提比例，但是可以合理使用设备，避免设备闲置，避免设备的不合理使用，例如大马拉小车、精设备干粗活等，提高设备的生产效能，就可以减少每一件产品分摊的设备消耗和制造费用；再如合理使用设备，并及时保养维护设备，可以减少设备的维修费用，如果资金密集型企业中设备投资比重很大，制造费用控制就显得尤为重要。

二、制定成本标准

控制生产成本就是对产品制造过程中形成成本的各项因素对照成本标准进行监控，发现偏差及时纠正，使生产过程中的各种消耗和费用开支控制在标准规定的范围内。因此，成本控制首先要确定先进合理的成本控制标准。**成本控制标准**是对各项费用开支和各种资源消耗所规定的数量界限，包括物资消耗定额、劳动定额、费用限额等。在成本的形成过程中，将成本发生的实际额与成本控制标准进行对比，对发现的偏差及时纠正，使费用和消耗控制在成本标准内。生产成本标准制定的方法有以下几种。

1. 定额法

定额法是企业根据管理水平和技术条件建立人、财、物消耗数量限额或费用开支限额，在生产过程中以这些限额作为各项消耗的控制标准，通过衡量实际发生额与标准的差异，及时采取措施控制生产成本。定额法控制适用于生产稳定的大量生产企业，主要有物资消耗定额、劳动定额、费用定额等。定额法下的实际消耗与定额的差异通过每一笔领料或加工零件来揭示，最终计算出的产品成本是实际成本，强调了材料成本控制。

2. 计划指标分解法

计划指标分解法是根据计划期内的各种消耗定额和费用预算以及有关资料预先计算的成本，将其作为成本控制的标准并加以分解落实。也就是将计划成本指标按照成本产生部门和项目进行分解，落实到各单位、部门，或者分解落实到各个产品、零件，或者落实到产品零件的各个工序，每一项分解的小指标都是衡量指标对象单位、部门、项目的成本控制标准。

3. 预算法

预算法是通过预算制定生产成本控制标准，并将此标准作为成本控制的标准。通常情况下是根据短期的销售预算编制生产预算，根据预算的生产量来确定直接材料、直接人工和制造费用预算，产品成本预算是生产过程中各材料、人工、费用预算的汇总。由于是对未来活动的预测，材料预算价格与实际价格会出现差异，材料、工时等消耗量可能与实际也会发生差异。所以，预算法要一切从实际出发，严格制定标准，严格执行标准。

三、生产成本的日常控制方法

1. 直接材料成本控制

直接材料成本的日常控制是根据已制定的图纸、工艺方法和工艺消耗定额的控制标准，对原材料消耗进行控制。

（1）要监督车间加工人员按图纸、工艺、工装要求进行操作，实行首件检查，防止成批报废。

（2）生产管理人员要控制合理生产批量、合理下料、合理投料、用料、合理调度、均衡生产、减少废品，提高材料利用率，控制原材料定额消耗不超支。

（3）车间设备员要按工艺规程规定的要求监督设备维修和使用情况，不符合要求不能开工生产。

（4）供应部门材料员要按规定的品种、规格、材质实行限额发料，监督领料、补料、退料等制度的执行。

（5）车间材料核算员要监督材料消耗，及时收集资料，进行核算、分析、对比，找出材料消耗定额发生偏差的原因，向责任者和有关部门提出改进措施。

2. 直接人工成本的日常控制

主要是由车间劳资员对生产现场的劳动人员分配、使用、劳动定额、出勤率、工时利用率、加班加点、奖金、津贴、劳动组织等的监督和控制。

（1）由施工人员按图纸、工艺、技术标准进行控制操作，按工艺规定配备符合技术等级的工人，使用符合规定的设备、工装、材料并进行控制。

（2）生产管理人员要按作业计划合理投产、合理派工，控制窝工、停工、加班、加点等。

（3）车间劳资员（或定额员）对人工成本指标负责控制和核算，对已发现的偏差，要找出原因并采取措施，找出工资费用变动的原因，进行控制。

3. 制造费用的日常控制

制造费用是各个生产分厂、车间为组织和管理生产所发生的各项间接费用。包括工资和福利费、折旧费、修理费、办公费、水电费、机物料消耗、劳动保护费、季节性和修理期间的停工损失等。有定额的按定额控制，没有定额的按各项费用发生地点和项目编制费用预算作为控制的依据来实行控制。

【导入案例解析】

小李要从以下几方面提出合理化建议。

（1）加强材料消耗控制，节约原材料；

（2）搞好人工调配，调动职工积极性，提高生产效率；

（3）提高设备利用率；

（4）搞好配套生产与均衡生产，减少在制品资金占用和资金积压；

（5）加强生产管理，严格各种消耗定额，落实奖惩制度，保证管理落实到位。

【技能训练】

分组讨论：在材料控制中，领料与发料各有什么特点？各适应什么样的生产类型？

【要点总结】

生产成本控制的主要途径是节约材料、提高效率和减少浪费。必须制定合理的成本标准，并落实到位，抓好日常成本控制管理，是有效控制成本的重要方法。

任务三 产品质量控制

"质量是企业的生命"的标语在企业中随处可见，因为质量是企业竞争力与生存最重要的保障因素之一。质量控制就是在生产活动中运用管理手段和技术方法保证产品达到质量标准要求。贯彻质量保证体系，落实全面质量管理，不断改进企业的质量管理，提高产品质量，是企业生产管理的重要任务。

【导入案例】

【情境 7.3】 小陈是某企业的质量管理员，所在企业开展全面质量管理活动十余年，取得了很好的效果，他本人也成为了质量管理专家。他被另外一户企业邀请指导质量管理培训，由他负责两个专题：①进行全面质量管理宣讲，并介绍经验；②讲解质量管理统计控制常用方法。小陈应该准备哪些内容。

【案例分析】 小陈应该准备以下两个专题的内容：①全面质量管理；②质量管理统计控制方法。

一、全面质量管理

（一）全面质量管理的基本思想

全面质量管理就是企业以质量为中心，全体人员及各个部门同心协力，运用经营管理技术、专业技术、科学方法和思想教育等，建立产品的研究与开发、设计、生产、服务等全过程的质量管理体系，从而有效地利用人力、物力、财力、信息等资源，以最经济的手段生产出符合规定标准和用户要求的产品。它强调全体员工参与管理，企业持续不断改进和提高产品质量，全面质量管理的思想可以概括为"三全一多"四个基本特点。

全面质量管理
动画演示

（1）全面的质量管理。质量不仅包括产品的质量，还包括与产品质量形成有关的工作质量和工程质量（包括人、机器、材料、方法、检测、环境六个方面）。全面质量管理是将产品质量、工作质量和工程质量三个方面作为综合控制对象，这就包括产品设计质量、制造质量、使用质量、维护质量等方面的质量控制。所以全面质量管理需要企业上上下下、方方面面各个层面落实质量管理目标。

（2）全过程的质量管理。全过程的管理是指产品质量产生、形成和实现的全过程，包括市场调查、产品规划、研究、开发、设计、加工制造、检验、储存、销售、使用和维护等环节和整个过程的质量管理。全过程的质量管理强调了预防为主，不断改进，为顾客服务的思想。

（3）全员的质量管理。调动企业全体员工的积极性和创造性，使每一个员工都参与到质量管理工作中来，人人都做好属于本职的质量管理工作。

（4）多方法的质量管理。利用现代的一切科学成果和现代管理方法，提高各部门的质量管理工作，提高质量管理水平。

下面就全员参与的质量管理和全过程的质量管理进行详细说明。

（二）全员参与的质量管理

产品质量是企业各个部门、各个环节工作质量的综合反映，企业中上到厂长下至工人，每一个人的工作质量都会直接或间接反映在产品质量上，因为企业中所有人的工作成果最终通过产品来体现。因此，必须调动企业中所有人的积极性和创造性，只有人人关心质量，人人高质量地完成本职工作，才能生产出高质量的产品，这就是全员参与质量管理的意义。全员参与质量管理有以下几种方法。

1. QC 小组

QC 小组是开展质量管理活动的小组，QC 小组是企业中群众性质量管理活动的组织形式，可以在同一班组中建立，也可以跨班组建立。QC 小组成员都是自愿加入小组，一般每个小组 6 到 10 人，利用业余时间讨论、交流、研究他们工作中的改进问题。一个 QC 小组可能一年提出上百条改进意见，这些改进意见中有许多是很有价值的，公司管理者要对所有的意见都给予足够重视，如果这些意见中某一条可行意见被采纳后，就能通过工作改进提高质量、提高效率或者降低成本，同时，公司对员工意见的重视能够提高小组成员的成就感，有助于调动小组成员提出改进意见的积极性，有利于全员参与管理。在今天，QC 小组不仅是质量管理的一种方法，同时，它也是开发人力资源、调动广大职工积极性和创造性的一种途径。

2. 全员把关

把质量管理责任落实到每一个人的头上，形成质量管理人人有责的局面。每一个人都对产品质量负有责任，及时发现质量问题，及时解决问题。也就是说，质量问题不仅仅是质检、品管、质管专员等专职质量管控人员的事情，它更是生产活动中每一名员工的事情。企业中每一名员工都有责任及时发现质量问题并寻找其根源，从每道工序的源头上控制加工产品的质量，不让任何有质量缺陷的加工件进入下一道工序，避免无效加工浪费，从而节约大量的成本。

3. 质量教育培训

教育培训是为了让员工在思想上树立质量意识，在质量管理上掌握管理技术方法，在生产操作上提高自己的技术水平。

首先，应当在每个员工的头脑中建立起很强的质量意识，让他们每个人都意识到，质量责任就是他们岗位工作责任的一部分，自己有责任及时发现质量问题，独立地或者和其他人合作，及时解决质量问题。

其次，应该组织各级不同人员，根据工作需要，学习质量管理方法，比如在员工中普及 QC 七种工具的应用等。

最后，要加强对员工的技术培训，提高员工的生产技术水平，这能有效地提高生产率并减少不合格产品的数量。一些企业让每位员工了解与他们各自工作内容相关的环节（如一条生产线的不同工位之间）的工作，以便使他们都能认识到自己这一环节的工作如果出现质量问题，会在哪些方面影响相关环节的工作，要在生产中把下一道工序的员工看作自己的顾客，树立为顾客服务的思想，尽量满足自己顾客的需求。另外，还应注意对员工提高质量的行为给予物质上和精神上的激励。

质量教育需要连续、重复不断、经常性地进行，只有这样员工的质量意识才能够得到不断强化，管理技术水平得到不断的更新与提升，操作技术水平也得到不断的提升。

（三）全过程的质量管理

全面质量管理贯穿于企业生产经营的全过程，影响产品质量的全过程可以划分为设计过程、制造过程、辅助过程和使用过程，在这些过程的各个环节中，存在着影响产品质量的因素，把这些因素控制起来，也就是控制影响产品质量全过程各个环节的因素，就实现了对产品质量全过程、各环节的监控管理。

1. 设计过程的质量管理

设计阶段是影响产品质量的首要环节，是全过程质量管理的起点，产品质量大多数问题源自于产品设计质量。产品设计过程包括市场调查、产品设计、工艺准备、产品试制和产品鉴定等环节。对产品设计过程的质量控制，就是在产品的技术准备阶段能够保证产品设计质量和产品工艺设计质量，避免设计缺陷，从产品的源头控制产品质量，避免产品由于设计缺陷而产生先天不足。设计过程的质量管理包括以下几方面工作。

（1）制订质量目标。根据市场调查确定符合市场需求的产品质量标准，明确设计质量标准。

（2）产品设计论证。在进行重大产品开发设计前，做好产品开发项目的可行性研究，经充分论证可行后再进行设计开发工作。

（3）设计审查与工艺验证。开发过程应进行并行设计，并会同市场、销售、工艺、生产、维护、使用等相关部门和人员进行设计评审，保证设计方案质量。

（4）产品试制与鉴定。试制是验证产品设计达到质量要求，为设计评审、可靠性分析、可维修性分析等提供实物证据，产品试制与鉴定目的是保证最终定型产品的设计质量。

2. 制造过程的质量管理

制造过程质量管理是制造企业全面质量管理的中心环节，产品在加工过程中，涉及人、机器设备、工装夹具、材料、量具、生产技术和方法等因素，在生产过程中控制这些因素，使产品在加工形成过程中质量得到保证。制造过程的质量管理包括以下几方面工作。

（1）加强工艺管理。建立和完善工艺卡、工序卡、作业指导书等工艺文件，严格执行作业规范要求，按工艺文件组织生产，保证生产过程的规范化、秩序化，从而保证生产质量。

（2）严格产品质量检验。生产过程的产品检验是产品质量保证的重要手段，是全员参与的质量管理活动。每一个员工都要对质量进行自检，同时还要进行互检，并与质检员的专检结合起来，实行生产过程各环节全面的质量控制，及时发现不合格品。

（3）不断改进。对出现的质量问题及时分析找出原因，制订出有效的改进措施，使质量管理工作不断改进提高。

3. 辅助过程的质量管理

辅助生产过程包括物料供应、设备维护、库存保管、生产运输服务等。这些过程直接或间接地影响着产品质量。比如材料的质量、设备的完好状况都与产品质量直接相关，库存保管也直接影响产成品和库存半成品的质量等，设备维护影响设备的完好状况。抓好辅助生产过程的质量管理，是产品质量的重要保证之一。辅助过程的质量管理包括以下几方面工作。

（1）搞好物料供应的质量管理。原材料质量好，产品质量才能好，只有生产物料质量得到了保障，产品质量才有了保障的基础。必须抓好原材料、外购件、外协件的质量管理，要建立严格的采购制度，并认真执行，规范供应商管理、采购程序、验收检验等工作，同时做好供应物资的库存管理，确保生产物料质量符合要求。

（2）搞好工装夹具的质量管理。工装夹具是制造某产品过程中配备的专用设施和工具。虽然它不是生产设备，但它是必不可少的生产设施，它的质量直接影响到产品的生产质量。随着使用时间的延长，其质量会受到一定的影响，需要及时地调整、维护、维修和更新，因此，必须做好工装夹具的相关质量管理工作。

（3）搞好设备维修的质量管理。设备质量直接影响产品的制造质量，设备的安装、使用、维护保养又直接关系到设备质量。要保持设备的良好状态，避免设备失修和故障而影响产品质量。

4. 使用过程中的质量管理

使用过程是考验产品实际质量的过程，是企业内部质量的延续，是全面质量管理结果的最终体现。在这一过程中重点是做好售前和售后服务，根据客户的要求不断改进产品质量。使用过程的质量管理包括以下几方面工作。

（1）加强技术服务工作。为顾客提供技术服务支持，及时解决顾客的技术困难，保证顾客掌握产品的使用技术和方法，实现顾客对产品的有效利用。

（2）妥善处理质量问题。当产品出现质量问题的时候，及时了解情况。如果是生产厂家原因，应该及时修理、更换；如果是顾客的原因，要帮助顾客解决问题，维护顾客的利益。

（3）调查顾客要求和产品使用效果。应及时收集产品使用效果和顾客的使用要求，为提高产品质量提供依据。

（四）全面质量管理的工作方法

美国质量专家戴明总结了一套全面质量管理的科学方法，被称为戴明循环或者PDCA循环。它是指计划（plan）、执行（do）、检查（check）、处理（action）的工作循环，见图7.7。这套工作方法是一套持续改进的工作方法，每一个工作循环之后，质量管理得到改进，管理水平上一个新的台阶。

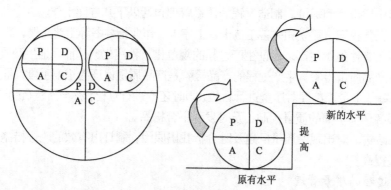

图7.7　PDCA循环

PDCA 循环有如下几个特点。

（1）大环带小环，相互衔接，相互促进。如果把整个企业的工作当作一个大的 PDCA 循环，各个部门又有各自的 PDCA 循环，下级机构依次又有更小的 PDCA 循环，直到具体落实到每个岗位每个人。这样大环带动小环，小环服从大环，一级带动一级，各层组织紧密相连，形成了有机的管理体系。

（2）阶梯式上升循环。PDCA 每循环一次都有新的目标，解决新的问题，工作有新的进步，质量上一个新的台阶；到了下一次循环，工作又有了新的目标，工作又取得了新的进步，质量又上了一个新的台阶，如此周而复始，不断进步提高。

（3）科学管理方法的综合运用。PDCA 应用科学的工具和方法进行质量控制和改进，将定性方法与定量方法相结合。质量管理四个阶段的工作程序中，可具体分为八个步骤，对应这八个步骤可以运用相应的科学方法进行 PDCA 循环工作，见表 7.12。

表 7.12 PDCA 循环步骤和方法

阶段	步骤	主要方法
一、计划阶段（P）	1. 分析现状找出问题	排列图、直方图、控制图
	2. 分析产生问题的原因	因果图
	3. 找出影响质量问题的主要因素	排列图、相关图
	4. 针对问题制订改进措施计划	回答"5W1H" 为什么制订该措施 达到什么目标 在什么地点执行该措施 谁来负责该措施 什么时间完成 怎样完成
二、实施阶段（D）	5. 执行实施计划	
三、检查阶段（C）	6. 检查执行结果，发现新的问题	排列图、直方图、控制图
四、处理阶段（A）	7. 总结成功的经验，把工作结果、方法标准化	制定修改工作规程、检查规程及其相关规章制度
	8. 遗留问题转入下一抽样时间	

二、质量管理统计控制方法

质量管理的统计分析方法有很多，经常使用的方法有以下七种。

（一）排列图

排列图也称**帕累托图**，它是分析影响产品质量主要原因的一种工具。它将质量问题按照出现频数进行排列，显示质量问题的主次关系，从而找出影响质量的关键问题。如图 7.8 所示，图中左边的纵坐标表示频数，单位为件，右边的纵坐标表示频率（用百分比表示），横坐标表示影响质量的各个因素。完成排列图后，就可以从影响质量的各个主要因素中找出关键因素，通常对关键因素有如下分类方法。

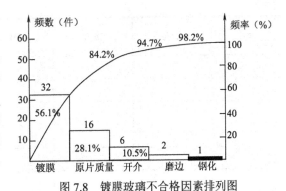

图 7.8 镀膜玻璃不合格因素排列图

（1）频率在 0～80% 之间的质量影响因素是关键因素，称为 A 类因素，是应重点控制的关键因素；

（2）频率在 80%～95% 之间的质量影响因素是次要因素，称为 B 类因素，是应该重视的次要因素；

（3）频率在 95%～100%之间的质量影响因素是一般因素，称为 C 类因素，是应该注意的次要因素。

这些因素按频率分类的比例不是绝对的，根据情况按照重要程度而定。例如，镀膜玻璃产品的质量影响因素包括玻璃原片质量、开介、磨边、钢化、镀膜。经统计分析，不合格品列于表 7.13 中，依此做出排列图 7.8，从图 7.8 中可以看到，镀膜工序和原片质量占到镀膜玻璃质量不合格问题的 84.2%，是需要控制的关键因素，开介问题占到 10.5%，是次要因素，磨边与钢化共占 5.3%，是一般因素。

表 7.13　镀膜玻璃不合格品统计表

因素	不合格品数	累计数	频率（%）	累计频率
镀膜	32	32	56.1	56.1
原片质量	16	48	28.1	84.2
开介	6	54	10.5	94.7
磨边	2	56	3.5	98.2
钢化	1	57	1.8	100

（二）检查表

检查表又称**调查表**、**统计分析表**，是以表格的形式记录质量项目情况和原因。检查表又分为以下两种形式。

（1）**点检用检查表**，是对表格内容进行选择记录，用于确认产品质量内容、确认设备仪器状态、确认各项作业执行等，以防止作业疏忽或遗漏。例如表 7.14 为××公司镀膜玻璃产品外观质量检查表示例，用以对产品质量的项目内容是否合格做出判断记录；表 7.15 为车床设备保养检查表示例，用以对设备的完好情况做出判断和记录；再如行车前车况检查表对车辆的完好情况和安全情况做出判断和记录等等。

表 7.14　××公司镀膜玻璃外观质量检查表

客户名称　　　　　　　产品型号　　　　　　　检验日期　　　　　　　检查者

序号 ＼ 项目	针孔	斑点	斑纹	暗道	膜面划伤	玻璃划伤

注：合格划√　　不合格划×。

表 7.15　普通车床点检表

车间　　　　　　　　　　　班组　　　　　　　　　　　设备型号

序号	点检内容	日 期											
		1	2	3	4	5	6	7	8	9	10	...	31
1	传动系统无异常声响												
2	手柄操作灵活、定位可靠												
3	正反转及刹车性能良好												
4	各变速箱油量在油标刻线以上												
5	主轴变速箱油镜显示供油正常												
6	光杠、丝杠、操作杆表面无拉伤、研伤												
7	各导轨面润滑良好，无拉伤、研伤												
8	各部位无漏油，冷却系统不漏水												
9	油孔、油杯不堵塞、不缺油												
10	无缺损零件												
11	车身无铁屑、杂物												
12	安全防护装置良好												

点检方法：目视、手摸、听音、敲击　　　　记录符合：正常√　　不正常×　　已处理※

（2）**记录用检查表**，是用来搜集计数资料，用于记录不良原因和不良项目，它是将数据分类为数个项目类别，以符号、划记或数字记录的表格或图形。由于常用于作业缺失，品质良莠等记录，故亦称为改善用检查表。表 7.16 为××公司镀膜玻璃质量缺陷统计表。

表 7.16　××公司镀膜玻璃质量缺陷统计表

年　　　月　　　　　　　　　　　　　　　　　　　　　　　　　（单位：件）

序号	质量缺陷	日 期											
		1	2	3	4	5	6	7	8	9	10	...	31
1	尺寸偏差	4											
2	玻璃划伤	9											
3	膜层划伤	6											
4	针孔、斑点超标	5											
5	斑纹、暗道	2											
6	色差	—											
7	其他	—											
质管员		李晓红											

车间主任：

（三）因果图

因果图是反映质量问题原因与结果的关系图，也称**鱼刺图**。产生质量问题的原因很多，立刻找到原因不容易，当发生质量问题时，可以运用因果图分析质量产生的根源，最终找到解决问题的办法和对策。通常质量问题列在图的右侧，将影响质量问题的原因列在图的左侧，并用一条指向质量问题的主剑线表示引起质量问题的总体原因，用剑线表示引起质量问题的各种原因并指向上一级的剑线，以反映原因的层次性。图 7.9 为镀膜玻璃质量缺陷的因果图。可以继续分析第二层、第三层原因。

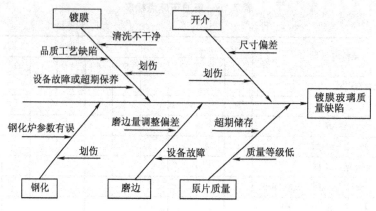

图 7.9　镀膜玻璃质量不合格的因果图

（四）散布图

散布图又称**散点图**、**相关图**，它是将两个对应变量以点的形式画在坐标系上，反映两个变量数据的相关关系和相关程度，以此判断两个变量是否存在相关性。相关图的典型形式有以下六种形式，见图 7.10。

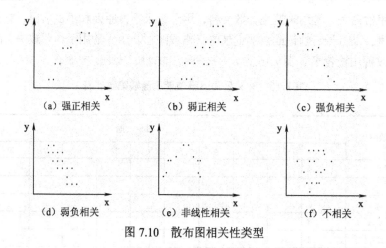

图 7.10　散布图相关性类型

例如，某铜制品焊点温度与强度的数据如表 7.17 所示，绘制焊点温度与强度相关图如图 7.11 所示。从散布图中可以看出，随着焊点温度的升高焊点强度增强，焊点温度与焊点强度呈强正相关。

表 7.17　某铜制品焊点温度与强度的数据表

序号	焊点温度 x（℃）	焊点强度 y（kgf）	序号	焊点温度 x（℃）	焊点强度 y（kgf）	序号	焊点温度 x（℃）	焊点强度 y（kgf）
1	310	47	6	390	59	11	340	52
2	390	56	7	370	50	12	370	53
3	350	48	8	360	51	13	330	51
4	340	45	9	310	52	14	330	45
5	350	54	10	320	53	15	320	46

序号	焊点温度 x（℃）	焊点强度 y（kgf）	序号	焊点温度 x（℃）	焊点强度 y（kgf）	序号	焊点温度 x（℃）	焊点强度 y（kgf）
16	320	48	21	310	44	26	380	54
17	360	55	22	350	53	27	330	46
18	370	55	23	380	54	28	360	52
19	330	49	24	380	57	29	360	50
20	320	44	25	340	50	30	340	49

注：kgf（公斤力）为非法定计量单位。本表中数值为该焊点能承受的拉力，换算成强度还需要除以面积。

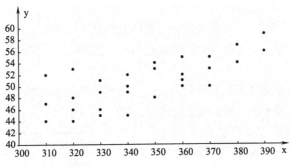

图 7.11　某铜制品焊点温度与强度相关图

（五）分层法

分层法就是将收集到的某类数据，按照不同的来源、不同的时间、不同的使用者、不同的性质等进行分层分类，使笼统的信息进一步细化，以找出问题的原因。具体的分层标准有以下几种。

（1）按操作人员分层。可以按照操作人员的性别、年龄、文化程度、技术水平、工作经验等进行分层。

（2）按工作时间、班次分层。可以按照工作时间的不同时段、早晚班、同时段的不同班次等进行分层。

（3）按使用设备分层。可以按照设备的类别、型号、同型号设备的不同工作地等进行分层。

（4）按使用的原材料分层。可以按照原材料的厂家来源、等级等进行分层。

（5）按照工艺方法分层。比如机加工中的镗孔、铣孔、钻孔，钢结构的焊接与紧固件连接等。

（6）按工作环境分层。如新厂房车间干净、整洁的环境；旧厂房车间洁净度差的车间环境；严苛令人压抑的工作环境；轻松愉快的工作环境等。

例如，某镀膜玻璃公司对产品质量缺陷按照镀膜生产线分层统计，寻找产生质量问题的原因。如表 7.18 所示。

表 7.18　××公司镀膜玻璃质量缺陷分层统计表

2016 年 10 月　　　　　　　　　　（单位：个）

序号	质量缺陷	不合格产品数量		
		1 号镀膜生产线	2 号镀膜生产线	合计
1	尺寸偏差	26	41	67
2	玻璃划伤	52	21	73
3	膜层划伤	41	34	75
4	针孔、斑点超标	79	46	125
5	斑纹、暗道	51	4	55
6	色差	—	—	0
7	其他	—	0	0
合　计		249	146	

对照两个车间情况，寻找分层数据存在差异的原因。

（1）尺寸偏差。2号镀膜生产线玻璃厚度规格较多，在开介和磨边机调整上变动次数较多，出现偏差缺陷多。

（2）玻璃划伤。1号镀膜生产线玻璃尺寸规格较大，造成操作不便，出现划伤比例高。

（3）膜层划伤。原因与（2）同。

（4）针孔、斑点超标。两条镀膜生产线加工玻璃原片厚度不同，同时，1号镀膜生产线使用原片储存期稍长，质量稍差。

（5）斑纹、暗道。1号镀膜生产线使用的原片存储期过长，有发霉现象。

（六）直方图

直方图又称**质量分布图**，它是通过对大量数值数据整理、加工绘制直方图，通过观察图的形状，判断生产过程是否稳定，分析引起质量波动因素，预测生产过程的质量。绘制直方图的方法如下。

（1）随机收集100个以上的质量特性数据，如果样本数量相对较少，也要收集不少于50个以上的数据，将数据按照大小排列，找出数据最大值（L）、最小值（S）及其差值，即极差（R）；

（2）对数据进行分组，分组数通常根据经验确定，见表7.19；

表 7.19　分组数参考表

数据数量（Q）	50左右	50~100	100~250
分组数（K）	5~7	7~10	10~20

（3）计算组距（H），即组与组的间隔 $H = \dfrac{R}{K}$；

（4）计算组的上、下界限值。第一组的下界限值（S_d）等于样本数据最小值减去二分之一倍的组距 $S_d = S - \dfrac{H}{2}$；上界限值（S_u）等于样本数据最小值加上二分之一倍的组距，$S_u = S + \dfrac{H}{2}$；第二组的下界限值等于第一组的上界限值，上界限值等于下界限值加组距，以后各组的界限值计算以此类推；

（5）统计各组数据频数，列出频数分布表；

（6）以分组数为横坐标，以频数为纵坐标画出直方图；

（7）对照标准直方图形，判断产品质量的稳定性。

直方图形状见图7.12，一般有以下几种形态。

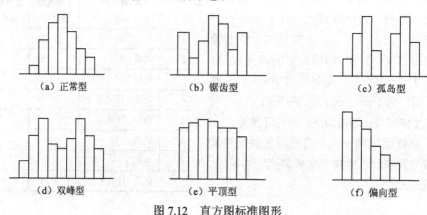

(a) 正常型　　(b) 锯齿型　　(c) 孤岛型

(d) 双峰型　　(e) 平顶型　　(f) 偏向型

图 7.12　直方图标准图形

（1）正常型，左右对称分布，是正常的质量分布状态。

（2）锯齿形，图形呈锯齿状，可能是测量方法和读数有问题造成的，也有可能是数据分组不当引起的。

（3）孤岛型，分布图中间有空隙组，呈现岛状，工作条件可能有变动。

（4）双峰型，有两个峰值，可能是两个不同的分布混在一起所致。

（5）平顶型，工作中有缓慢的因素起作用造成，如工具的磨损，操作者疲劳等因素所致。

（6）偏向型，峰值偏向一方，有时是加工习惯造成，如加工孔偏小、轴偏大，或单侧控制时造成。

【小练习 7.6】 某厂加工一批长度为 $300^{+0.5}_{-0.4}$ mm 的轴类零件，选取 100 件完工产品检验尺寸，数值如表 7.20 所示，分析其质量分布情况。

表 7.20 轴零件检测数据表 （单位：mm）

9.95	10.24	10.16	9.89	10.21	10.31	10.04	9.94	9.99	9.98
10.21	9.90	10.30	10.14	10.10	10.24	10.24	10.27	10.05	10.10
10.02	10.09	10.18	10.15	10.07	9.93	10.06	10.26	9.95	10.22
10.06	10.11	9.90	10.20	10.33	10.11	9.97	10.13	10.01	9.96
10.22	10.02	10.20	10.09	9.91	10.25	10.16	10.03	10.01	10.06
9.81	9.78	10.07	9.93	*9.66*	9.91	10.03	9.92	9.83	9.86
10.40	9.97	9.83	10.15	10.06	*10.42*	9.75	9.85	10.38	10.03
9.78	10.06	10.03	9.77	9.80	9.81	10.05	10.09	9.69	10.11
9.86	9.82	9.83	10.08	9.84	9.94	9.90	9.82	10.00	9.75
10.12	9.98	9.93	9.85	10.05	9.71	9.85	9.89	10.01	10.14

注：表中数据是实际测得数据减去 290；表中黑斜体为极大值与极小值。

解：（1）最大值 L=10.42；最小值 S=9.66；极差 R=0.76。

（2）分组，取 9 组。

（3）计算组距 $H = \dfrac{R}{K} = \dfrac{0.76}{9}$ =0.084；为了方便计算组距取 0.09。

（4）计算第一组下界限 $S_d = S - \dfrac{H}{2}$ =9.66 - 0.09/2=9.615；

第一组上界限 $S_u = S + \dfrac{H}{2}$ =9.66 + 0.09/2=9.705；

第二组上界限=9.705 + 0.09=9.795；

第三组上界限=9.795 + 0.09=9.885；

第四组上界限=9.885 + 0.09=9.975；

第五组上界限=9.975 + 0.09= 10.065；

第六组上界限=10.065 + 0.09=10.155；

第七组上界限=10.115 + 0.09=10.245；

第八组上界限=10.245 + 0.09=10.335；

第九组上界限=10.335 + 0.09=10.425。

（5）统计频数分布，见表 7.21。

（6）以零件尺寸为横轴，频数为纵轴画直方图。根

表 7.21 频数分布表

序号	轴长（mm）	组距（mm）	频数（件）
1	299.615～299.705	9.615～9.705	2
2	299.705～299.795	9.705～9.795	6
3	299.795～299.885	9.795～9.885	14
4	299.885～299.975	9.885～9.975	18
5	299.975～10.065	9.975～10.065	22
6	300.065～300.155	10.065～10.155	17
7	300.155～300.245	10.155～10.245	12
8	300.245～300.335	10.245～10.335	6
9	300.335～300.425	10.335～10.425	3

据已知 $300^{+0.5}_{-0.4}$ mm，轴长最小值 T_L=300 − 0.4=299.6；最大值 T_U=300 + 0.5=300.5。见图 7.13。

（7）对照标准直方图判断，该直方图是正常型的图，表明质量稳定。

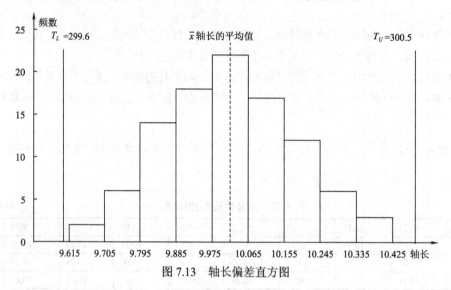

图 7.13　轴长偏差直方图

（七）控制图

控制图是根据生产过程的关键质量特性值随时间变化情况，分析工序是否处于控制状态的一种图形方法。通过观察图形是否在合理的控制界限内，判断生产工序的稳定性，它是一种研究质量特性的动态方法，能够区分偶然因素或者系统因素引起的质量波动。

1. 控制图的基本模式

控制图的上、中、下线基本模式如图 7.14 所示。

2. 控制图的类型

控制图分为计量值控制图与计数值控制图，基本分类如表 7.22 所示。

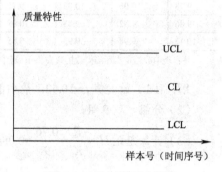

图 7.14　控制图基本模式

3. 控制图的判断与分析

在满足下列两个条件的情况下，可以判断生产处于控制状态。

一是控制图上的点不超出控制界限，在控制范围内，下列情况可以判断在控制范围内：

（1）连续 25 点以上处于控制线内。

（2）连续 35 点中仅有 1 点超出控制线。

（3）连续 100 点中不多于 2 个点超出控制线。

二是点的排列没有缺陷，如果有下列几种情况之一，则认为生产过程失控。

（1）链状点。有 5 个点连续出现在中心线一侧要注意，7 个及以上点连续出现在中心线一侧为异常。

（2）偏离。较多的点间断地出现在中心线一侧，当连续 11 点有 10 点，连续 14 点至少有 12 点，连续 17 点至少有 14 点，连续 20 点至少有 16 点时，可判断生产过程失控。

（3）倾向。点连续上升或者下降状态，当有 7 点连续上升或者下降时，可判断生产过程失控。

（4）接近。点在控制线上下附近，即点远离中心线，在 $\pm 2\sigma \sim \pm 3\sigma$ 范围内，3 点有 2 点，7 点至少有 3 点，10 点至少有 4 点在 $\pm 2\sigma \sim \pm 3\sigma$ 范围内，可判断生产过程失控。

（5）周期。点的上升、下降呈周期性排列，可判断异常。

表 7.22　控制图分类与控制界限设计

计量值控制图			计数值控制图		
控制图类型	控制界限计算	备　注	控制图类型	控制界限计算	备　注
x 控制图	$\begin{cases} \text{UCL} = \bar{x} + 3s \\ \text{CL} = \bar{x} \\ \text{LCL} = \bar{x} - 3s \end{cases}$	单值控制图	p 控制图	$\begin{cases} \text{UCL} = \bar{p} + 3\sqrt{\dfrac{1}{n_i}\bar{p}(1-\bar{p})} \\ \text{CL} = \bar{p} \\ \text{LCL} = \bar{p} - 3\sqrt{\dfrac{1}{n_i}\bar{p}(1-\bar{p})} \end{cases}$	不合格品率控制图
$\bar{x} - R$ 控制图	$\bar{x}$ 控制图 $\begin{cases} \text{UCL} = \bar{x} + A_2\bar{R} \\ \text{CL} = \bar{x} \\ \text{LCL} = \bar{x} - A_2\bar{R} \end{cases}$ R 控制图 $\begin{cases} \text{UCL} = D_4\bar{R} \\ \text{CL} = \bar{R} \\ \text{LCL} = D_3\bar{R} \end{cases}$	平均值－极差控制图，A_2、D_3、D_4 是与 n（样本组号）相关的常数，可以查询计量控制图系数表得到（可扫描二维码查询）	c 控制图	$\begin{cases} \text{UCL} = \bar{c} + 3\sqrt{\bar{c}} \\ \text{CL} = \bar{c} \\ \text{LCL} = \bar{c} - 3\sqrt{\bar{c}} \end{cases}$	缺陷数、疵点数控制图
p_n 控制图	$\begin{cases} \text{UCL} = n\bar{p} + 3\sqrt{n\bar{p}(1-\bar{p})} \\ \text{CL} = \bar{p} \\ \text{LCL} = n\bar{p} - 3\sqrt{n\bar{p}(1-\bar{p})} \end{cases}$	不合格品数控制图	u 控制图	$\begin{cases} \text{UCL} = \bar{c} + 3\sqrt{\dfrac{\bar{u}}{n_i}} \\ \text{CL} = \bar{c} \\ \text{LCL} = \bar{c} - 3\sqrt{\dfrac{\bar{u}}{n_i}} \end{cases}$	单位缺陷数控制图

【小练习 7.7】某企业加工一批盖板，单班生产，盖端有两个孔，孔距为 450 ± 1mm，每 2 小时取 5 件产品进行检测，每班取样本 4 次，连续抽取 5 个班的样本，如表 7.23 所示，做 $\bar{x} - R$ 控制图。

表 7.23　某零件孔距测量值　　（单位：mm）

抽样时间 测量值 子样本号	9:00 X_1	11:00 X_2	13:00 X_3	15:00 X_4	$\bar{x}_i$	R_i
1	449.2	450.6	450.1	449.9	450.0	1.4
2	449.6	450.8	450.8	450.1	450.3	1.2
3	450.6	449.3	450.1	450.7	450.2	1.4
4	450.3	449.7	450.3	450.4	450.2	0.7
5	450.9	449.5	449.7	450.3	450.1	1.4
6	450.3	449.2	449.2	449.5	449.6	1.1
7	450.3	450.2	449.3	449.1	449.7	1.2
8	449.6	450.5	449.9	450.4	450.1	0.9
9	449.2	450.6	449.1	450.2	449.8	1.5
10	449.9	449.3	450.2	449.1	449.6	1.1

续表

抽样时间 测量值 子样本号	9:00 X_1	11:00 X_2	13:00 X_3	15:00 X_4	$\bar{x}_i$	R_i
11	450.4	449.6	450.5	449.3	450.0	1.2
12	449.9	449.1	450.4	449.7	449.8	1.3
13	450.7	450.7	449.8	450.2	450.4	0.9
14	450.5	450.9	449.6	450.4	450.4	1.3
15	450.4	450.5	449.2	450.6	450.2	1.4
16	449.1	449.4	450.9	450.8	450.1	1.8
17	449.5	449.3	450.1	450.9	450.0	1.6
18	449.6	449.9	450.5	449.9	450.0	0.9
19	449.8	450.1	450.4	449.5	450.0	0.9
20	449.4	450.3	449.7	449.3	449.7	1
21	449.7	449.3	449.2	450.2	449.6	1
22	450.2	449.8	449.5	450.8	450.1	1.3
23	450.6	450.2	450.1	449.6	450.1	1
24	449.3	449.2	450.6	450.9	450.0	1.7
25	450.1	449.5	449.7	449.2	449.6	0.9

解：（1）按以下公式计算各子样本组 $\bar{x}$、R：

$$各组的平均值\,\bar{x}_i = \frac{(X_1 + X_2 + X_3 + X_4)}{4}$$

$$各组极差\,R_i = R_{max} - R_{min}$$

子样本共 25 组，各组 $\bar{x}$、R 列于表 7.23 中。

（2）计算 $\bar{\bar{x}}$、$\bar{R}$。

$$各组均值的平均值\,\bar{\bar{x}} = \frac{\sum_{i=1}^{25} \bar{x}_i}{25} = 450\,（mm）（子样本共25组，求25组的平均值）$$

$$各组极差的平均值\,\bar{R} = \frac{\sum_{i=1}^{25} R_i}{25} = 1.2$$

（3）计算 $\bar{x}$ 控制图界限：

$$\begin{cases} UCL = \bar{\bar{x}} + A_2 \bar{R} \\ CL = \bar{\bar{x}} \\ LCL = \bar{\bar{x}} - A_2 \bar{R} \end{cases}$$

$n=4$，查计量控制图系数表 $A_2=0.729$，

上控制界限值 UCL=450 + 0.729 × 1.2=450.9（mm）

中线值 CL=450（mm）

下控制界限值 LCL=450 − 0.729 × 1.2=449.1（mm）

（4）计算 R 控制图界限：

$$\begin{cases} UCL = D_4 \overline{R} \\ CL = \overline{R} \\ LCL = D_3 \overline{R} \end{cases}$$

$n=4$，查计量控制图系数表 $D_3=0$，$D_4=2.282$，

上控制界限值 UCL=2.282 × 1.2=2.7

中线值 CL=1.2

下控制界限值 LCL=0 × 1.2=0

（5）绘制控制图。分别建立 $\overline{x}$、R 控制图坐标系，根据表 7.23 中 25 组 $\overline{x}$、R 子样本画出折线图，见图 7.15 和图 7.16。

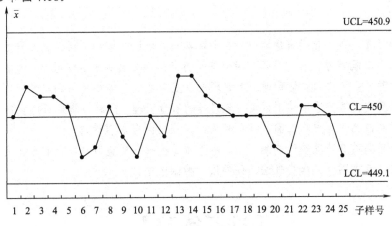

图 7.15　$\overline{x}$ 图

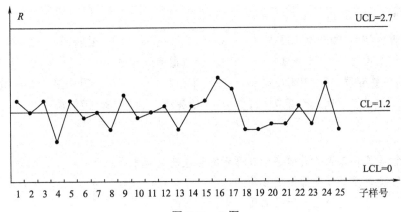

图 7.16　R 图

【导入案例解析】

小陈应该准备以下内容：

1．全面质量管理专题内容提纲

（1）全面的质量管理的思想；

（2）结合实际介绍全员的质量管理的过程与工作方法；

（3）结合实际介绍全过程的质量管理的工作内容及经验；

（4）结合实际介绍不断改进的方法。

2. 质量管理统计控制方法

举例讲解常用七种质量管理统计控制方法：①排列图法；②因果图法；③散布图法；④直方图法；⑤检查表法；⑥分层法；⑦控制图法。

【技能训练】

分组讨论：在原材料采购过程中可否用控制图管理采购质量？

【要点总结】

全面质量管理就是企业以质量为中心，全员参与、全过程控制不断改进的质量管理。全面质量管理的思想可以概括为"三全一多"四个基本特点，即全面的质量管理、全过程的质量管理、全员的质量管理、多方法的质量管理。上到厂长下至普通员工都要参与到质量管理的工作中，从产品开发到产品交付客户手中使用，实行全过程的质量管理，同时将质量目标责任落实到每一个人，落实到产品、工作等方方面面，并不断总结，找出问题加以改进。

有七种常用的质量管理统计控制方法，用于质量控制和质量改进，它们是排列图法、因果图法、散布图法、直方图法、检查表法、分层法、控制图法。

【课后练习】

一、名词解释

1. 生产进度控制　　2. 单工序工票　　3. 加工路线单　　4. 甘特图　　5. 生产配套性

6. 生产均衡性　　7. 定额法　　8. 计划指标分解法　　9. 预算法

10. 全面质量管理　11. PDCA 循环　12. 排列图　　13. 因果图　　14. 散布图

15. 直方图　　16. 检查表　　17. 分层法　　18. 控制图

二、判断题

1. 质量管理成功与否的关键在于管理者的管理能力与水平。　　（　　）

2. 质量管理是质量管理部门的工作。　　（　　）

3. 全面质量管理是企业对产品的质量进行全面的检验。　　（　　）

4. 工序质量是保证产品质量的最基本环节，产品质量是工序质量的综合反映。　（　　）

5. 在工序质量控制图中，只要描点落在控制线之外就表示出现质量控制失控。　（　　）

6. 在工序质量控制图中，只要描点落在控制线之内就表示质量控制处于控制状态。（　　）

7. 成本控制最终要落实到每个作业人员，由他们独立核算成本。　　（　　）

8. 只要控制材料领用和使用不浪费，保证用工合理，成本控制就可以得到保证。（　　）

9. 6σ 原则下产品出现不合格的比例比 3σ 原则降低了一半。　　（　　）

10. $\bar{x}-R$ 控制图比 X 控制图更精确。　　（　　）

三、单项选择题

1. 属于生产进度控制的工具是（　　）。
   A. 工票　　　　B. 加工路线单　　C. 成套进度表　　D. 配套计划
2. 不属于生产调度的工具是（　　）。
   A. 工票　　　　B. 加工路线单　　C. 发料单　　　　D. 生产日报表
3. 你认为仓管员应该（　　）发料。
   A. 按生产需求发料　　　　　　　B. 按定额发料
   C. 按发料单发料　　　　　　　　D. 按 BOM 表发料
4. （　　）不是材料日常控制的必须内容。
   A. 实行首件检查，防止成批报废　　B. 控制合理生产批量，提高材料利用率
   C. 保证设备完好，防止因故障浪费　　D. 严格限额领料，超额使用不补
5. （　　）不是节约人工费的必须内容。
   A. 合理派工，防止窝工　　　　　　B. 按照工艺技术等级要求配备工人
   C. 加快工作进度，减少加班费　　　　D. 严格执行工时定额，工资包干
6. 产品质量特性值的正常波动可由（　　）图形表示。
   A. 双峰型　　　B. 平顶型　　　　C. 锯齿型　　　D. 钟型
7. 有助于我们抓住主要矛盾，先集中解决最主要问题，再适当考虑次要问题的分析是（　　）。
   A. 帕累托分析　　B. 因果分析　　　C. 正交分析　　　D. 控制图分析
8. 在判别两个变量之间是否存在相互关联方面有显著作用的管理工具是（　　）。
   A. 趋势图　　　B. 散点图　　　　C. 直方图　　　　D. 鱼刺图
9. 持续改善常用工具中的"鱼刺图"是指（　　）。
   A. 帕累托分析图　　　　　　　　B. 因果分析图
   C. 直方图　　　　　　　　　　　D. 散布图
10. 覆盖企业的各个职能部门，从各个环节持续不断地改进产品质量的管理思想是（　　）。
    A. 全面质量管理　　　　　　　　B. 过程管理
    C. PDCA 循环　　　　　　　　　D. 准时化生产

四、简答题

1. 控制生产进度要做好哪些工作？
2. 控制生产成本要做好哪些工作？
3. 全面质量管理的思想是什么？

五、计算题

1. 一车间中旬生产完成情况如表 7.24 所示，计算生产均衡率。

表 7.24　某车间生产完成情况

日期	11	12	13	14	15	16	17	18	19	20
计划产量（件）	140	140	140	160	160	160	180	180	180	180
实际产量（件）	134	140	148	165	164	165	170	174	180	185
计划完成（%）	95	100	105	103	103	103	106	97	100	102

2. 某车间每 2 小时抽取 100 件样本来检查，将检查不合格品数列于表 7.25，利用此项数据，绘制不合格品率（p）控制图。

表 7.25　某车间不合格品数

组别	样本数（n）	不合格品数（d）	不合格品率（p, %）	组别	样本数（n）	不合格品数（d）	不合格品率（p, %）
1	100	4	0.04	15	100	6	0.06
2	100	6	0.06	16	100	8	0.08
3	100	5	0.05	17	100	6	0.06
4	100	7	0.07	18	100	5	0.05
5	100	8	0.08	19	100	6	0.06
6	100	5	0.05	20	100	5	0.05
7	100	5	0.05	21	100	6	0.06
8	100	6	0.06	22	100	7	0.07
9	100	7	0.07	23	100	5	0.05
10	100	5	0.05	24	100	5	0.05
11	100	9	0.09	25	100	6	0.06
12	100	6	0.06	合计	2500	150	
13	100	7	0.07	平均	100		0.06
14	100	5	0.05				

【单元小测验】

扫描二维码，获得更多练习题目。

项目八

生产现场管理

【引言】

生产现场是指生产车间、工段、班组等作业场所，生产现场集中了机器设备、生产物料、作业人员等人、财、物。为了保证现场生产处于良好状态，保证生产现场的各项活动秩序井然，必须使生产现场的活动状况一目了然，这就需要对生产现场进行管理，以达到安全生产、文明生产、提高生产效率的目的。

生产现场管理工作任务的基本内容如图 8.1 所示。

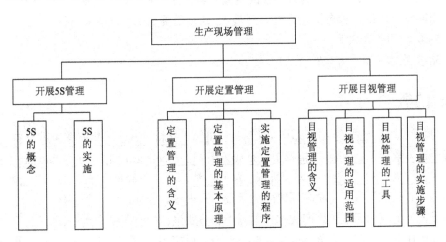

图 8.1 生产现场管理的基本内容

【学习目标】

【知识目标】

1. 掌握生产现场管理的基本内容；
2. 掌握 5S 活动的内容和开展步骤；
3. 掌握目视管理的应用方法；
4. 掌握定置管理的应用方法。

【能力目标】

1. 能根据现场管理理论知识评价生产现场管理水平；

2. 能按照 5S 活动、定置管理和目视管理的要求开展生产现场管理；

3. 能够以生产现场为对象，设计 5S 活动方案。

任务一　开展 5S 管理

制造企业的日常生产除了保障生产物料供应，安排生产计划，进行库存管理之外，日常的生产现场管理对确保生产计划的实施、降低成本、提高效率发挥着十分重要的作用。5S 活动是一项广泛开展的现场管理方法，5S 管理能够使现场管理实现规范化、标准化，改善生产作业管理、提高服务质量、提高员工素质，提高企业形象。

【导入案例】

【情境 8.1】 某工厂现场管理比较粗放，在车间经常随处可见废料、油漆、铁锈等垃圾，零件、纸箱胡乱堆在地板上，人员、车辆都在狭窄的过道上穿插而行。工人经常找不到自己要找的东西，浪费了大量的时间；机器周围环境比较乱，经常影响日常保养。工作环境脏、乱、差，也影响到员工的精神面貌，使员工缺乏干劲，生产效率低。后来工厂借鉴其他工厂现场的管理经验，准备在全厂开展 5S 活动，请简单描述开展 5S 活动应做哪些工作。

【案例分析】 开展 5S 活动要制订详细的实施方案，并要明确以下问题。

（1）需要向全体员工明确什么是 5S，开展 5S 活动需要员工的理解支持；

（2）5S 实施的要点有哪些？

（3）5S 实施的步骤有哪些？

一、5S 的概念

5S 起源于日本，是指在生产现场中对人员、机器、材料、方法等生产要素进行有效的管理，日文译音 seiri（整理）、seiton（整顿）、seiso（清扫）、seiketsu（清洁）、shitsuke（素养）这五个单词字头均为 "S"，故将整理、整顿、清扫、清洁、素养简称为 5S。日本企业将 5S 活动作为管理工作的基础和推行各种品质管理的手段。开展 5S 活动提高了企业形象；提高了员工士气；降低了生产成本；提高了服务质量；促进了安全生产；推进了标准化作业。第二次世界大战后，5S 逐渐被各国管理界所认识，有的公司在原来 5S 的基础上又增加了节约（save）及安全（safety）这两个要素，形成了 "7S"；也有的企业加上习惯化（shiukanka）、服务（service）及坚持（shikoku），形成了 "10S"。但是万变不离其宗，所谓 "7S" "10S" 都是从 "5S" 中衍生出来的。

5S 管理动画演示

二、5S 的实施

（一）整理

整理是指将必需品与非必需品区分开来，清理非必需品，现场只保留必需品。整理的目的是清除现场杂物腾出空间增加作业面积，防止物料混放出现误用、误送等差错，塑造良好的工作场所，使员工心情舒畅。

1. 整理的实施要点

（1）区分必要和非必要物品。首先区分要与不要的物品，通常情况下要与不要的物品弃留的执行规范如表 8.1 所示。

表 8.1　整理中弃留的执行规范

要	不要
（1）生产用的设备、机器、夹具、电气设备等 （2）使用中的工作台、凳子、货架等 （3）使用中的手工具、工业辅料 （4）生产中的原料、在制品、制成品等 （5）生产过程中使用的胶盆、吸塑盘等 （6）使用中的垃圾桶、扫把、拖把等 （7）使用中的样品、图纸、说明书、办公文具、设备等 （8）使用中的宣传海报、黑板 （9）办公室的书籍、资料、报表 （10）其他的私人用品，如茶杯、茶叶、咖啡、饮料等	（1）生产车间：①灰尘、废品、杂务、油污。②不再使用的夹具、模具、设备。③报废的机器和设备。④不再使用的办公用品和设备。⑤报废的物料、在制品和制成品 （2）货架上：①不要的物料和其他物品。②报废的物品 （3）墙壁上：①灰尘。②过期的宣传品。③过期、不使用的标语 （4）文件和作业指导：①过期的文件和作业指引。②不适用的文件和作业指引。③错误的文件和作业指引。④报废的文件和作业指引

（2）对区分出来的物品明确场所。对于没有使用价值的物品坚决清理掉，有使用价值的物品，根据物品的使用次数、使用频率来判断物品应该放在合适的位置，物料处理标准见表 8.2。

表 8.2　物料处理标准

物品	使用时间	使用频率	类别	处理方法
少量	月、年	偶尔	机器、夹具	远离生产或办公区域
普通	星期、几日	几次	机器、夹具	生产或办公现场隔离放置
大量	时时、天天	天天、时时	物料、夹具、设备	生产区域或办公现场

2. 整理的实施步骤

（1）检查现场。对现场进行全面清查，包括看见和看不见的地方，比如设备内部、文件柜子顶部、桌子底部等位置，对清查结果进行全面登记。

（2）区分必需品和非必需品。对于必需品根据使用频率来决定管理方法，使之便于寻找和使用。对于必需品需要注意的是要区分"主观想要"和"客观需要"，克服"以防万一"的思想，否则，非必需品将很难彻底清理。

（3）整理非必需品。整理非必需品时要考虑其现在的使用价值，而不用考虑其购买价值，对于没有使用价值的非必需品坚决处理掉，有使用价值的分类保管。

（4）每天循环整理。整理是循环不断的过程，每天的工作不断变化，需求也会发生变化，只有每天不断整理才能保持岗位上只保留必需品。

《某公司整理活动推行方案》

3. 整理活动的具体开展方法

整理活动的开展通常根据推行方案进行，参见二维码内某公司整理活动推行方案的实例。

（二）整顿

整顿是经过整理后，对现场留下的必需品进行科学合理的布置和摆放，能在最短的时间内找到要找的东西，并将寻找必需品的时间减少为零。整顿的目的是使工作场所和环境明亮、整洁，工作秩序井井有条。

1. 整顿的实施要点

（1）物品摆放要有固定的地点和区域，消除因混乱而造成的差错。

（2）物品摆放要科学合理。比如，根据物品的使用频率决定放置场所，经常使用的物品放置在较近的地方，不经常使用的物品放置在较远的地方。

（3）物品摆放目视化，尽量做到过目知数。摆放不同物品的区域采用不同的颜色和标志加以区分，如地板画线定位、对场所物品进行标识；再如，物资摆放做到五五成方、五五成堆，做到过目知数。

2. 整顿的实施步骤

（1）分析现状。分析作业场所物品存放时间过长的原因，取放困难的原因。

（2）对物品进行分类。为物品制定标准和规范，并正确命名、标示。

（3）摆放整齐，便于使用。确定物品的摆放地点和区域，并将物品按照一对一的原则进行标示，在标示方法上要便于区分，在放置方法上要按规范存放便于拿取。

《某公司整顿活动推行方案》

3. 活动的具体开展方法

整顿活动开展通常根据推行方案进行，参见二维码内某公司整顿活动推行方案的实例。

（三）清扫

清扫是将工作场所打扫干净，保持现场无垃圾、无灰尘、干净整洁，并使被污物掩盖的问题暴露出来。清扫的对象包括机器、工具、测量用具、地板、天花板、墙壁、工具架、橱柜等。清扫的目的是提升作业质量，保持良好的工作环境，及时发现问题，消除设备故障及安全隐患。

1. 清扫的实施要点

清扫就是将现场的垃圾、脏污清扫干净，消除由于脏污掩盖的机器故障隐患，减少由于污物对产品质量的影响，消除环境脏乱对员工工作情绪的影响。清扫的实施要点有以下几个。

（1）领导以身作则。这是清扫开展活动成功的关键，只有领导带头坚持清扫，普通员工才能认真对待。只让普通员工来做清扫工作，领导不做，结果将是走过场，5S 活动就不能真正推行下去。

（2）人人参与。公司的所有部门、所有人员都要参与清扫工作。

（3）明确清扫责任。将所有的清扫区域责任落实到人，不留死角，并且自己清扫，不依赖他人。

（4）一边清扫，一边改善设备状况。把设备清扫与设备的日常检查、维护、保养结合起来。

（5）建立清扫标准，使清扫工作标准化、规范化。

2. 清扫的实施步骤

（1）做好清扫准备。对员工做好清扫工作的安全教育，对清扫工作中可能发生的事故等不安全因素进行预防和警示；做好设备常识教育，教育员工了解设备的基本结构、原理，使员工能够分析设备的异常原因，防止事故的发生；做好技术准备，制定相关指导说明书，明确清扫工具和清扫位置，详细说明清扫零部件的拆装方法。

（2）从工作岗位上清除一切垃圾灰尘。清扫地面、墙壁和窗户，清扫地面放置的物品，处理不需要的东西。

（3）清扫和改进设备。对设备和工具进行检查，并认真清扫，同时把设备清扫与设备的点检结合起来，对设备进行日常保养、维护。

（4）查明污垢的发生源。在清扫灰尘、污垢、油渍、碎屑的同时，要查明污物产生的原因，并从根本上予以解决。

（5）检查清扫结果。检查内容包括是否清扫了污染源；是否对地面、窗户等地方进行了彻底清扫；是否对机器设备从里到外进行了全面清扫。

3. 清扫活动的具体开展方法

清扫活动的开展通常根据推行方案进行，参见二维码内某公司的实例。

《某公司清扫活动推行方案》

（四）清洁

在 5S 管理中清洁是在整理、整顿、清扫之后，对取得的成果进行保持与维护，保持现场最佳状态，使整理、整顿、清扫工作制度化、标准化，而不仅仅是"清洁"的字面含义。清洁的目的是通过制度化、标准化维持前面的 3S 的成果，并养成良好的工作习惯，形成卓越的企业文化，提升企业形象。

1. 清洁的实施要点

（1）车间环境不仅要整齐，而且要做到清洁卫生，保证员工身体健康，增强员工的劳动热情。

（2）不仅物品要清洁，而且整个工作环境都要清洁，进一步消除浑浊的空气、粉尘、噪音和污染源。

（3）不仅物品、环境要清洁，而且员工本身也要做到清洁，如工作服要清洁，仪表也要清洁，需及时理发、刮须、修指甲和洗澡等。

（4）员工不仅要做到身体上的清洁，而且要做到精神上的"清洁"，待人要礼貌，要尊重别人。

2. 清洁的实施步骤

（1）明确清洁的标准。清洁的标准包括干净、高效和安全三个要素。开始时，要对清洁度进行检查，制订详细的检查表，以明确检查指标内容。

（2）进行员工教育。企业上下思想统一才能朝着共同的目标奋斗。所以，要对全体员工进行 5S 宣传教育，统一思想，明确目标。

（3）制定制度，保证 5S 的落实。必须制定制度保证前面 5S 的成果，保证 5S 活动的制度化，培养员工良好的素养，这些制度包括 5S 的实施办法、检查制度、考评制度以及奖惩制度等。

《某公司清洁活动推行方案》

3. 清洁活动的具体开展方法

清洁活动开展通常根据推行方案进行，参见二维码内某公司的实例。

（五）素养

素养是指员工遵守规章制度，养成良好的工作习惯，提高文明礼貌水平。只有提高员工素养，5S 活动才能不断开展下去。开展素养活动的目的是培养员工形成良好的习惯，遵守各项规则；提升人的品质，对任何工作都认真负责；培养员工做文明人，营造团队精神。

1. 素养的实施要点

（1）统一员工标识，包括服装、臂章、工作帽等识别标识。

（2）发挥领导的榜样作用，创造和谐的氛围。

（3）利用晨会推动各种精神提升活动。

（4）借助企业文化推行素养。

（5）严格执行员工守则。

2．素养的实施步骤

（1）明确素养的目的，制定员工行为准则。员工行为准则能够规范员工的行为，包括礼仪、员工守则等，能够约束员工达到素养的最低限度。

（2）实施员工培训。培养员工遵守规章制度、工作纪律的意识，养成遵守规章制度的习惯；培养员工对公司的责任意识，养成员工的集体责任感。

（3）检查素养效果。检查素养效果包括以下三个方面。

1）日常活动检查。企业是否成立了 5S 活动小组；公司是否开展 5S 活动的交流与培训；公司领导是否重视 5S 活动并率先推广；全体员工是否都明确实施 5S 活动对企业和个人的好处，是否对 5S 充满热情。

2）员工行为规范。是否举止文明；是否遵守公共场所的规定；是否工作齐心协力，团队协作；是否遵守工作时间，不迟到不早退；是否能够友好沟通相处。

3）服装仪表。是否穿戴规定的工作服上岗，服装是否整洁干净；是否按规定佩戴厂牌；是否保持个人干净整洁，精神饱满。

《某公司素养活动推行方案》

3．素养活动的具体开展方法

素养活动的开展通常根据推行方案进行，推行方案内容参见二维码内某公司的实例。

【导入案例解析】

根据【情境 8.1】资料，任务实施步骤如下：

步骤一，成立专门的 5S 推行组织，负责 5S 的开展工作。5S 推行组织成员的工作责任要明确。

步骤二，拟定 5S 活动计划。活动计划包括宣传计划，5S 各项活动的推行计划。推行计划中包括实施的时间、目的、执行范围、执行步骤、执行标准、执行方法等。

步骤三，开展宣传教育。编制宣传手册，让全体员工知道什么是 5S，并接受 5S 活动的推行工作，要进行 5S 活动开展前的培训宣传，培训全体人员。宣传过程中可以采用标语宣传、征文比赛、演讲比赛等形式，宣传教育阶段企业高层领导一定要积极参与以示重视。

步骤四，试行 5S 活动。

（1）5S 前期作业准备，主要包括：分配责任区；制定"要"与"不要"物品区分基准；制定基准说明等。

（2）检查评价阶段，主要包括：制定评分标准；对完成的工作进行考核评定；统计出现的问题，并提出改进措施；责任部门按期整改，验收合格的整改结果。

步骤五，正式推行施 5S 活动。

（1）正式推行 5S 活动，主要包括：修订试行的 5S 实施办法，确定正式的 5S 实施办法；公布 5S 活动推行办法、时间；5S 推行委员安排推行工作事项；各部门按照推行办法落实 5S 推行工作。

（2）活动检查评价，主要包括：各部门 5S 推行委员会成员定期自我检查、纠正 5S 推行工作；5S 推行组织定期和不定期巡查监督各部门工作的开展情况；定期公布 5S 活动检查、评比结果，表扬优秀单位、部门；纠正问题。

【技能训练】

请从仪表、行为、形象等方面说出素养的内容和要求。

【要点总结】

开展整理、整顿、清扫、清洁和素养为内容的活动称为 5S 活动。5S 活动是对生产现场人员、设备、材料等生产要素进行有效管理的方法。实施 5S 活动能够有效地改善生产现场管理，改变员工的精神面貌和工厂的形象。5S 活动的开展重在持续坚持、不断推行，素养是 5S 的核心，是有效开展 5S 活动的基础。

任务二 开展定置管理

生产现场有设备、物料、工具、夹具、量具、仪表、半成品等，开始时摆放得很整齐，但是不久摆放位置就变得混乱，有用和无用的物品同时存放，找一个工具需要很长时间；有时作业场所车道被堵塞，使行人、被搬运物资无法通过；有时一次搬入生产现场的物品太多，连摆放的地方都没有。如果没有明确各车间、各工段的管理范围，一些含糊不清的区域无人管理，就会出现乱堆乱放的物品、物料，影响生产效率和生产进度。为确保各区域的秩序，就需要对车间各区域开展定置管理。

【导入案例】

【情境 8.2】 某车间有一些不用或放杂物的箱子、柜子，由于不经常使用，造成了周边环境不整洁，卫生死角很多。为了使车间管理做到统一、规范、整洁，车间主任建议各工段开展定置管理，明确标明应该放置哪些东西，不应该放置哪些东西，把以前不常用的箱子和柜子一一清理掉。将定置摆放的各种器具用不同颜色的小图标表示出来，组成全车间的定置管理图，请指出定置管理推行方案的要点。

【案例分析】 开展定置管理活动，需要员工的理解配合，制订定置管理推行方案需要向全体员工解释什么是定置管理，另外还需要明确以下问题。

（1）定置管理的好处是什么？实施要点是什么？

（2）定置管理的工作程序是什么？

一、定置管理的含义

定置管理是对生产现场中人、物、场所三者之间的关系进行科学分析研究，做到"人定岗、物定位、危险工序定等级，危险品定存量，成品、半成品、材料定区域"，使之达到最佳结合状态的一种科学管理方法。通过整理、整顿把生产过程中不需要的物品清除掉，把需要的物品放在规定的位置。通过对物品的科学定置，不断改善生产现场条件，科学地利用场所，促进人与物的有效结合，使生产中需要的东西随手可得，从而实现生产现场管理规范化与科学化。

二、定置管理的基本原理

1. 人、物、场所的三种状态与结合状态

定置管理将生产现场中人、物、场所三要素分别划分为三种状态，并将三要素的结合状态也划分为三种，见表8.3。

表8.3 人、物、场所的结合状态

要素	A状态	B状态	C状态
场所	指良好的作业环境。如场所中工作面积、通道、加工方法、通风设施、安全设施、环境保护（包括温度、光照、噪声、粉尘、人的密度等）都应符合规定	指需不断改进的作业环境。如场所只能满足生产需要而不能满足人的生理需要，或相反。故应改进，达到既满足生产需要，又满足人的生理需要	指应消除或彻底改进的环境。如场所环境既不能满足生产需要，又不能满足人的生理需要
人	指劳动者本身的心理、生理、情绪均处在高昂、充沛、旺盛的状态；技术水平熟练，能高质量地连续作业	指需要改进的状态。人的心理、生理、情绪、技术四要素，部分出现了波动和低潮状态	指不允许出现的状态。人的四要素均处于低潮，或某些要素如身体、技术居于极低潮等
物	指正在被使用的状态。如正在使用的设备、工具、加工工件，以及妥善、规范放置，处于随时和随手可取、可用状态的坯料、零件、工具等	指寻找状态。如现场混乱，库房不整，零件与工具等物品放置不规范，需用的东西要浪费时间逐一去找的状态	指与生产和工作无关，但处于生产现场的物品状态。需要清理，即应放弃的状态
人、物、场所的结合	三要素均处于良好与和谐的、紧密结合的、有利于连续作业的状态，即良好状态	三要素在配置上、结合程度上还有待进一步改进，还未能充分发挥各要素的潜力，或者部分要素处于不良好状态等，也称为需改进状态	指要取消或彻底改造的状态。凡严重影响作业，妨碍作业，不利于现场生产与管理的状态

定置管理就是把"物"放置在固定的、适当的位置。但对"物"的定置，不是把物拿来定一下位就行了，而是从安全、质量和物的自身特征进行综合分析，以确定物的存放场所、存放姿态、现货标示定置三要素的实施过程，因此要对生产现场、仓库料场、办公现场定置的全过程进行诊断、设计、实施、调整、消除，使之管理达到科学化、规范化、标准化。定置管理的核心就是尽可能减少和不断清除C状态，改进B状态，保持A状态，同时还要逐步提高和完善A状态。

2. 人与物的结合状态

人与物的结合状态分为A、B、C三种。

（1）A状态。人与物处于能够立即结合并发挥作用的状态。比如，操作人员立即可以拿到需要使用的工具，这是一种理想状态。

（2）B状态。人与物处于寻找状态。比如，需用的物品没有放置在固定的位置，随意丢放，现场杂乱无章，当需要时要经过寻找才能拿到，寻找浪费了时间，有时找到需用的物品要经过整理维护才可以使用等。

（3）C状态。物与人无关，因为物与生产无关，不需要人与物结合。比如，报废的设备、工装、工具等。这些物品放置在生产现场占用生产空间，影响生产效率与安全。

3. 物与场所的结合状态

人与物的结合是在一定的场所进行的。人与物的结合状态，是以物与场所结合的状态为基础。

（1）场所本身的状态。①A状态。良好状态。工作环境良好，场所中的作业面积、通风、照明、噪音、粉尘等符合人的生理、生产、安全等要求。②B状态。需要改进作业环境与作业条件的状态。工作场所不能满足生产作业要求，或者不能满足操作者的生理要求，工作易疲劳等。③C状态。需要彻底改造的状态。这种场所对人的生理要求及工厂生产、安全要求都不能满

足。比如，现场环境阻碍工人正常操作，无效劳动过多，影响安全生产等。

（2）定置。

1）固定位置。场所固定、物品存在固定位置、物品的信息媒介物固定，这"三种固定"的方法，适用于那些物流系统中周期性地回归原地、在下一生产活动中重复使用的物品。比如，工具、量具、工艺装备、运输机械、机床附件等用作加工手段的物品，这些物品多次参加生产过程，周期性地往复运动。对这类物品需固定存放位置，使用后要放回到原位。

2）自由位置。物品相对固定一个存放物品的区域，在这个固定区域的具体什么位置，要根据当时的生产情况和一定的规则来定。这种方法适用不回归、不重复使用的物品。比如，原材料、毛坯、产成品、零部件等。这些物品按照工艺流程不停地从上一道工序向下一道工序流动，直到最后出厂。这类物品种类、规格多，数量时多时少，很难对每种物品规定具体的存放位置，只能规定一定的范围区域来定置。比如，在制品停放区，零部件检验区等。在这个区域存放的物品，要遵循充分利用空间、便于收发、便于清点等规则来确定具体存放地点。

4. 信息媒介与定置的关系

信息媒介就是在人与物、物与场所合理结合的过程中，对作业进行指导、控制、确认的信息载体。在生产过程中使用的物品品种多、规格杂，它们不可能都放置在操作者的手边，找到它们需要信息指引；许多物品在生产中流动，它们的流向和数量也需要信息指导和控制；混放的物品也需要信息确认，在定置管理中完善而准确的信息媒介非常重要，它直接影响人、物、场所的有效结合程度。根据信息媒介在定置管理中所起的作用，信息媒介可以分为两类。

（1）引导信息。引导信息告诉人们"某物在何处，某处在哪里"，便于人与物结合。比如，车间里记录物品位置的台账，台账中记录物品的编号，指示了物品存放的位置，移动看板记录了物品移动的方向，定置平面布置图，标记了物品的存放区域与位置，凭借图的标示信息，使用人便很容易找到所需物品。

（2）确认信息。确认信息告诉人们"此物是某物，此处是某处"，是避免物品混放和场所误置所需的信息。比如，各种区域的标志线、标志牌和物品卡片等，它告诉人们这是该场所，这是该物品。

实行定置管理，各种信息媒介很重要，必须建立和健全各种信息媒介物，并达到以下五点要求。①场所标志清楚；②场所设有定置图；③位置台账齐全；④存放物的编号齐备；⑤信息标准化。

三、实施定置管理的程序

定置管理实施程序包括以下几个步骤。

1. 调查研究

对生产现场进行调查研究，调查的内容包括以下几个方面：①生产现场人、物、场所结合情况；②物流及搬运情况；③现场信息流情况；④生产作业场所的面积和空间的利用情况；⑤设备、工装、工具利用管理情况。

2. 进行定置管理设计

（1）制定定置标准。定置过程中要实行统一的标准，定置标准包括定置物品分类标准、定置管理的信息标志标准、定置管理的颜色标准、定置物放置标准、各个场所定置标准等，参见二维码内某公司的办公室及库房定置标准。

定置管理示频演示

《某公司办公室及库房定置标准》

（2）绘制定置图。**定制图**是对生产现场所有物品进行定制，并通过调整物品来改善场所中人与物、人与场所、物与场所之间的关系的综合反映图。它的种类有室外区域定置图、车间定制图、各作业区域定置图、办公室定置图等各个场所定制图。其形式如图 8.2 某车间容器、器具平面定置图所示。

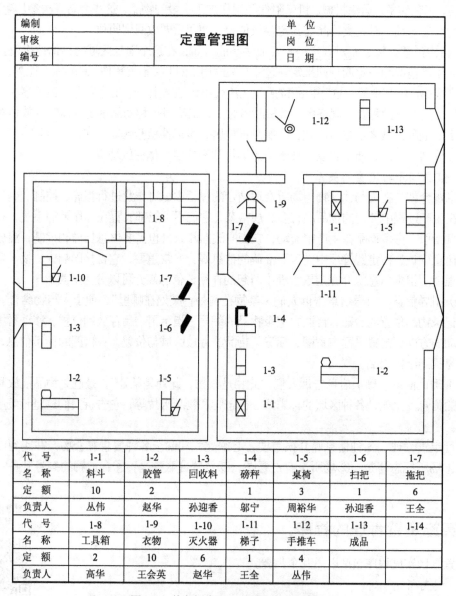

代　号	1-1	1-2	1-3	1-4	1-5	1-6	1-7
名　称	料斗	胶管	回收料	磅秤	桌椅	扫把	拖把
定　额	10	2		1	3	1	6
负责人	丛伟	赵华	孙迎香	邬宁	周裕华	孙迎香	王全
代　号	1-8	1-9	1-10	1-11	1-12	1-13	1-14
名　称	工具箱	衣物	灭火器	梯子	手推车	成品	
定　额	2	10	6	1	4		
负责人	高华	王会英	赵华	王全	丛伟		

图 8.2　某车间容器、器具平面定置图

（3）信息媒介物的标准设计。信息媒介物设计包括信息符号设计和示板图、标牌设计等。在推行定置管理时需要运用各种信息符号，来表示各种物品、场所区域、位置等，以便人们能够直观地、迅速地掌握情况。各个企业应该根据实际情况设计和应用有关信息符号，并将信息符号设计应用纳入定置管理标准中。在设计信息符号时，有国家标准规定的（如安全、环保、搬运、消防、交通等符号标志）应直接采用国家标准，对于其他符号标志，应根据行业特点、产品特点、生产特点进行设计，设计的符号应简明、形象、美观。

定置示板图是现场定置情况的综合信息标志。标牌是指示定置物所处的状态、标志区域、定置类型的标志，包括建筑物标牌、货架、货柜标牌，原材料、在制品、成品标牌等，各生产现场、库房、办公室及其他场所都悬挂示板图和标牌。示板图和标牌底色宜选择淡色调，图面应清洁、醒目、不易脱落，各类定置物、区域应分类规定颜色标准。

3. 定置管理方案实施

定置管理方案实施主要包括以下几个步骤。

（1）清理与生产无关之物。生产现场中与生产无关的物品都要清除干净。清除与生产无关之物要本着"增产节约，增收节支"的精神，能转变利用时转变利用，不能转变利用时，可以变卖转化为资金。

（2）按定置图实施定置。各车间、部门都应该按照定置图的要求，将生产现场、场所区域、物品进行分类并予以定位，定置物要与图相符，位置正确，摆放整齐，储存有器具。可移动物品，如手推车、手推叉车等也要定置到适当位置。

（3）放置标准信息名牌。放置标准信息名牌要做到牌、物、图相符，设专人管理，不得随意挪动，要以醒目和不妨碍操作为原则。做到有图必有物，有物必有区，有区必挂牌，有牌必分类，按图定置，按类存放，图物一致。

4. 定置检查与考核

保证定置管理持之以恒地开展下去，才能巩固定置成果。这就必须建立定置管理的检查、考核制度，制定检查与考核办法，并按照奖罚标准进行奖罚，以实现定置管理的制度化、标准化和长期化。

当定置后验收检查不合格时要重新定置，直到合格为止。在验收合格之后还要定期进行检查考核，以保证定置的持续性。定置考核的基本指标是定置率，它表示物品实现定置的程度。定置率的计算公式为

$$定置率 = \frac{实际定置物品个数（种类）}{定置图规定的定置物品个数（种类）} \times 100\%$$

【导入案例解析】

根据【情境 8.2】资料，定置管理推行方案的主要内容包括以下几方面：

1. 做好定置前的生产现场情况调查研究。

2. 做好对人、物结合的状态分析。改善人与物处于寻找状态或尚不能很好发挥效能的状态；消除人与物没有联系的状态。

3. 做好标识确认。

（1）建立对各类物品和设备位置台账，以表明"该物在何处"，通过查看位置台账，可以了解所需物品的存放场所；

（2）设计平面位置图，以表明"该处在哪里"；

（3）明确场所标志；

（4）对现货标示，用各种标牌表示。

4. 定置管理设计。对车间及物品（机台、货架、箱柜、工作器具等）科学、合理定置、统筹安排。

（1）进行车间定置图设计，包括各作业区、仓库及办公区等的定置图设计；

（2）定置标识设计。对各类物品停放布置、场所区域划分等都需要运用各种标识符号表示。

5. 定置实施。

（1）清除与生产无关之物；

（2）按定置图实施定置；

（3）放置标准铭牌。

总之，定置实施必须做到：有图必有物，有物必有区，有区必挂牌，有牌必分类；按图定置，按类存放，账（图）物一致。

6. 定置检查与考核。制定考核标准与奖罚制度。

【技能训练】

请根据定置管理的基本原理，对自己的宿舍进行调查分析，制订宿舍定置管理推行方案。

【要点总结】

定置管理是对生产现场中的人、物、场所三者之间的关系进行科学分析，使之达到最佳组合的状态。定置实施必须做到：有图必有物，有物必有区，有区必挂牌，有牌必分类；按图定置，按类存放，账（图）物一致。要保证定置管理能够长期不断进行下去，必须建立检查、考核制度，使之标准化、制度化。

任务三　开展目视管理

据统计，人的行动的 60% 是从"视觉"的感知开始的。通过对生产现场人员、设备、材料、工具、仪表、半成品等进行标示、标识，各种管理指令进行标示、标识，通过视觉信息改善生产环境，调动员工的积极性，促进文明生产、安全生产。在生产现场管理中，让管理状况"一目了然"，让员工自主地理解、接受、执行各项工作，将大大提高管理效率。

【导入案例】

【情境 8.3】某工厂推行目视管理，在推行方案中对颜色做出了如下要求。

（1）管道颜色：①水管：灰色。②气管：黄色。③线管：白色。④高温管：红色。⑤高压气管：红色。⑥楼梯栏杆：黄色。⑦消防管：红色。

（2）区域：①黄色（实线）：一般通道线、区画线、固定物品定位线。②绿色：合格区。③红色：不合格区、废品区、危险区。④红色斑马线：不得放置、不得进入等。⑤黄黑斑马线：警告、警示（地面突起物、易碰撞处、坑道、台阶等）。⑥红色：配电装置、消防栓处、升降梯下。

请指出工厂对颜色规定的鲜明特点。

【案例分析】制订目视管理推行方案需要向全体员工明确什么是目视管理，还需要解释以下问题。

（1）目视管理的好处是什么？目视管理的工具有哪些？

（2）目视管理的工作程序是什么？

一、目视管理的含义

目视管理是利用各种形象直观、色彩适宜等视觉感知信息来进行现场管理的活动。它能够让员工用眼看出工作的进展状况是否正常，并迅速地作出判断和决策。比如对生产现场的各种设备标以醒目的标志、标牌、色彩、符号来标示设备的类型与运行状况；再比如电脑上有许多形状各异的接口，有圆的、扁的、长的、方的，其接口不仅形状各异，并且各接口是不同的颜色，各连接线的插头也是相应的颜色，这样只要看颜色插线，安装就会又快又准。目视管理是以视觉信号显示为基本手段，以公开化为基本原则，尽可能将管理者要求和意图让大家看得见，以推动自主管理、自我控制，是一种利用视觉来进行管理的科学方法，又被称为"看得见的管理"。

目视管理动画演示

二、目视管理的适用范围

1. 人员

通过服装颜色、制式表示人员的岗位、职务、熟练程度等。比如蓝色衣服——生产工人，白色衣服——质检人员，红色衣服——维修人员；无肩章——普通工人，一杠——班组长，两杠——车间主任，三杠——生产主管，四杠——生产经理；红色牌——新员工，黄色牌——非熟练工，白色牌——熟练工人，绿色牌——技工。

2. 机器设备

使用不同颜色标示包括设备名称、型号、产地、管理编号、使用人员、警示、状态、检查维修日期等。

3. 物品

物品包括产品、材料、零件、工具、量具等，通过包装、标记、标示牌进行标示。标示的内容包括名称、型号、规格、管理编号、数量、状态。

4. 作业

通过工序卡、指导书、印记、标示牌进行标示。包括：作业状态的开始、中段、结束状态；检验状态的未检验、检验中、已经检验；作业类别的焊接、冲压、表面处理、组装等。

5. 环境

通过颜色和各类标示牌进行标示。包括：通道中的人行道、机动车道、消防通道、特别通道；区域中的办公区、作业区、检查区、产品不良区、禁烟区；设施管线中的水、汽、油管道等。

6. 质量

将合格品与不合格品分开摆放，并予以标示。

7. 安全

使用各种安全标志牌、警示牌标示危险源、危险状态、禁止操作指令等。

三、目视管理的工具

1. 红牌

红牌是使用红色标签粘贴在各个"问题点"处，用来指示日常生产活动中的问题点，如有油污、不清洁的设备等。张贴红牌的主要对象，在制造部门则是库存、机械设备、场所等。在事务部门则是文件、机器、文具等。比如在仓库，良品区用黄色油漆画线，不良品区用红色油漆画线。

在生产线上，良品下线用绿色胶带封箱，不良品用红色胶带封箱等。

2. 看板

目视管理多以**看板**为载体。在流水线头的显示屏上，随时显示生产信息（计划台数、实际生产台数、差异数），使各级管理者随时都能把握生产状况。在种类不多的仓库里，对每批来货都用小板标明品名、数量、入库日等，让所有人都看得清清楚楚。生产管理看板是用来揭示生产线生产状况的标识板，用以记录生产实绩、设备开动率、异常原因（停线、故障）等。

3. 信号灯

信号灯是工序内发生异常时用于通知管理人员的工具，生产现场第一线的管理人员必须随时知道作业者和机器是否正常开动和作业。信号灯有很多种类，主要有异常信号灯（用于质量不良及作业异常）、发音信号灯（用于请求物料供应）、运转指示灯（显示设备运转状态）、进度灯（用于组装生产线）等。

4. 错误示范板

将作业过程中容易出错或是产生不良品的地方张贴在看板上。具体表现形式有：不良现象及其结果揭示，不良品在更正前后的对比照片，被示范的错误动作及正确动作相比较的照片。此外，还有不良追踪处理看板，采取公开式的看板来进行持续追踪，直到问题解决为止。

5. 错误防止板

为了减少错误而使用的自我管理的防止板。一般以纵轴表示时间，横轴表示作业单位。以一个小时为单位，展示后续工段接受不良品及错误的消息，在对应时间加上"O""△""×"等符号，O表示正常，×表示异常、△表示注意。持续一个月后，将本月情况与上月进行比较，以便设定下个月的目标。

6. 操作流程图

操作流程图是描述工序重点和作业顺序的简要作业指导书，有时也称为"步骤图"，用于指导生产作业，在现场一般使用将人、机器、工作组合起来的操作流程图。

7. 警示线

警示线用于警示、警告、区分危险和安全区域，在仓库或其他物品放置场所标示警示线，以表示最大或最小的限量。

8. 地面标志

常见的地面标志为安全线。安全线一般为厂房内外的地面通道两侧画以禁止逾越的黄线或白色通道线，工位线是生产现场或库房制定摆放的位置线，如白色方框内。

四、目视管理的实施步骤

目视管理实施一般遵循以下六个步骤。

（1）成立目视管理推行组织结构，各部门将可视化管理的内容纳入本部门的日常工作。

（2）明确管理对象与管理目标。针对管理对象明确管理目标，并且全员参与，特别是高层领导负责时，才能将管理的措施和手段得到落实。

（3）编写培训教材，开展宣传与培训工作，组织专家讲座、员工讨论、发布动员会，并深入部门、车间对员工进行现场辅导。

（4）选择目视管理工具。针对不同的管理对象采用适宜的管理工具。比如安全管理用安全标志牌，生产管理用看板等。目视管理工具的制作要求清晰明了、简洁美观、一看便知。

（5）实施目视管理。按照实施方案推行目视管理。

（6）评估检查。实施一段时间目视管理后，采用巡视、检查、自查、互检等方式进行可视化管理的评估。

【导入案例解析】

根据【情境8.3】资料可知：

（1）用颜色区分管道的用途、区域的使用指令，让员工一看便知，具有视觉化的特点。

（2）通过颜色传达管理指令，管理者的要求和意图让员工看得见，可推动员工的自主管理及自主控制，使管理透明化。

（3）在区域划分上使用不同颜色，将不同的区域区分出来，合格品区与不合格品区等各个区域界限明确，一目了然，具有界限化的特点。

【技能训练】

请参观一个大型医院，观察工作人员的服装颜色、款式，并说出衣着不同人员的岗位。

【要点总结】

目视管理是在生产现场中设置各种信号装置和不同颜色的标志，用直观形象的视觉信号来表示生产状态，使员工和管理人员对生产状态一目了然。在目视管理中，目视管理工具的选择非常重要，目视工具传递的信息一定要简洁、鲜明，一看便知。

【课后练习】

一、名词解释

1. 5S 活动　　　2. 定置管理　　　3. 定制图　　　4. 目视管理

二、判断题

1. 目视管理就是用眼睛实施管理。　　　　　　　　　　　　　　　　（　　）

2. 物料堆放超出通道违反 5S 要求的，但堆放区域不足时也必须先堆放再整理。（　　）

3. 信号灯、看板属于生产管理工具，不属于目视管理的常用工具。　　（　　）

4. 5S 活动既是一种现场管理方法，也是一种现场管理思想。　　　　（　　）

5. 清扫活动就是打扫现场卫生。　　　　　　　　　　　　　　　　　（　　）

6. 各类不合格品、报废品必须及时清理、处置。　　　　　　　　　　（　　）

7. 上班主要是完成工作量，如果把时间花在现场管理上，将会影响有效工作时间。（　　）

8. 定置管理太耽误时间，只要自己取放方便、省时也就做到了定置管理要求。（　　）

9. 各类物品放置的位置我知道就行，没有标识也没关系，这样可以减少浪费。（　　）

10. 5S 管理需要全员参与，如果有部分员工跟不上进度，或内心抵制，5S 管理就会失败。

（　　）

11. 整理就是降低浪费。 （　　）
12. 整顿就是把物品排整齐好看，在必要时可以找到。 （　　）
13. 清洁就是维持整理、整顿、清扫后的局面，使工作人员觉得整洁、卫生。 （　　）
14. 5S 相应也会带动安全、节约、习惯化标准。 （　　）
15. 岗位上只能放置必需品，如个人的水杯、锁匙。 （　　）

三、单项选择题

1. 5S 推行的最理想的目标是（　　）。
　　A. 人人有素养　　　B. 地、物干净　　　C. 产量提高　　　D. 形成制度
2. （　　）不是定置管理的原则。
　　A. 定位置　　　　　B. 定数量　　　　　C. 定区域　　　　　D. 定时间
3. 公司（　　）需要整理整顿。
　　A. 工作现场　　　　　　　　　　　　B. 办公室
　　C. 全公司的每个地方　　　　　　　　D. 仓库
4. 整顿中的"三定"是指（　　）。
　　A. 定点、定方法、定标示　　　　　　B. 定点、定容、定量
　　C. 定容、定方法、定量　　　　　　　D. 定点、定人、定方法
5. 整理阶段是按（　　）对物品进行分类的。
　　A. 生活用品与劳保用品　　　　　　　B. 必需物品与非必需物品
　　C. 工装夹具与模具　　　　　　　　　D. 合格品与不合格品
6. 必需品与非必需品的区别方法是（　　）。
　　A. 物品的使用频率　　　　　　　　　B. 物品的使用类别
　　C. 物品的使用期限　　　　　　　　　D. 报废品与非报废物品
7. 目视化管理就是使工作现场（　　）。
　　A. 标准化　　　　　B. 形象化　　　　　C. 直观化　　　　　D. 直觉化
8. 5S 管理活动的"卫生大扫除"是我们推行 5S（　　）步骤。
　　A. 整理　　　　　　B. 整顿　　　　　　C. 清扫　　　　　　D. 清洁
　　E. 素养
9. 整理主要是排除（　　）浪费。
　　A. 时间　　　　　　B. 工具　　　　　　C. 空间　　　　　　D. 包装物
10. 在增加场地前，先要对场地进行（　　）。
　　A. 整理　　　　　　B. 整顿　　　　　　C. 清扫　　　　　　D. 清洁

四、简答题

1. 整理的实施要点和实施步骤有哪些？
2. 整顿的实施要点和实施步骤有哪些？
3. 清扫的实施要点和实施步骤有哪些？
4. 清洁的实施要点和实施步骤有哪些？
5. 素养的实施要点和实施步骤有哪些？
6. 人、物、场所的三种状态是怎样划分的？

7. 人、物、场所的三种结合状态是怎样划分的？

8. 人与物的结合状态是怎样划分的？

9. 物与场所的结合状态是怎样划分的？

10. 目视管理适用的范围有哪些？

11. 目视管理的工具有哪些？

五、计算题

　　某车间三个定置区域，其中合格区（绿色标牌区）摆放 15 种零件，其中有 1 种没有定置；待检区（蓝色标牌区）摆放 20 种零件，其中有 2 种没有定置；返修区（红色标牌区）摆放 3 种零件，其中有 1 种没有定置。试确定该场所的定置率。

【单元小测验】

扫描二维码，获得更多练习题目。

常用名词术语及其含义

1. 5P。指 purpose（目标）、people（人）、place（定位）、power（权限）和 plan（计划）。

2. 5S。指 seiri（整理）、seiton（整顿）、seiso（清扫）、seiketsu（清洁）和 shitsuke（素养）。

3. 5W1H。指 why（何因）、what（何事）、where（何地）、when（何时）、who（何人）和 how（何法）。

4. ABC 分类法，activity based classification，ABC 分类库存控制法。

5. Aggregate production planning，综合生产计划。平衡企业资源与市场需求而做的生产规划。

6. Analysis of therbligs，动作分析，又称为动素分析、方法研究或工作方法设计。主要内容是通过各种分析手段，发现、寻求最经济有效的工作方法。

7. Assembling process，装配过程。将零、部件组装成成品的过程。

8. ATP，available-to-promise inventory，待分配库存。可承诺顾客在确切的时间内供货的产品数量。

9. Balance production capacity，生产能力平衡。使各个工艺阶段的出产能力趋于一致的过程。

10. Batch production，成批生产。各种产品在计划期内成批轮番生产。

11. Batch，批量。一次性投入的产出量。

12. BOM，bill of materials，物料清单。反映产品构成关系与数量的表或图。

13. Bottom-round management，现场管理。对生产场所人、机、物的管理。

14. CI，continuous improvement，持续改进。不断检查、总结改进的过程。

15. Continuous production，流水生产。被加工对象依次通过各个工艺环节连续地生产。

16. Cost，成本。生产活动中各种消耗的货币表现形式。

17. CPM，critical path，关键路径法。路线中各项活动最迟开始时间与最早开始时间之差为零的路线。

18. Craft，工艺。使用工具把材料加工成产品的过程。

19. Cycle time，节拍。流水生产线上生产相邻两件相同产品的时间间隔。

20. Delivery time，交货期。从接受订单到交货的时间。

21. Dependence demand，非独立需求。由其他需求引起的需求。

22. Early start time，最早开始时间。某项活动可能最早的开始时间。

23. ECRS。指 eliminate（取消）、combine（合并）、rearrange（调整顺序）和 simplify（简化）。

24. EDD，earliest due date，最早交货期优先规则。优先选择完工期限最早的工件加工。

25. EOQ，economic order quantity，经济订货批量。在年采购成本、订货费用和仓库保管费用总和最小的情况下，每次最经济的采购数量。

26. EPL，economic production lot，经济生产批量，又称经济生产量（economic production quantity，EPQ）。在补充库存的生产中，使得其年储存保管成本、生产准备成本最低的生产批量

27. Equipment inspection，设备检查。按照设备的技术参数、性能要求检查设备情况。

28. Equipment repair，设备修理。恢复设备的技术参数、性能要求的过程。

29. Equipment reform，设备改造。用新技术对旧设备进行改良，提高性能的过程。

30. Equipment renewal，设备更新。更换新设备。

31. Fabrication process，制造过程。使用设备工具按要求完成工艺加工的过程。

32. FCFS，first come first served，先到先服务规则。优先选择最早进入排队等待的任务进行加工。

33. Finished product，成品。已完成全部工艺加工的产品。

34. Fixation management，定置管理。在现场使人、物、场所状态与结合状态达到最佳。

35. FO，fewest operations，最少作业数优先规则。剩余作业数少优先加工。

36. Gantt chart，甘特图。用横条来表示项目、活动进度的图。

37. Independence demand，独立需求。满足企业外部市场需要的需求。

38. Inventory records file，库存文件。反映库存物资种类、数量的文档。

39. Inventory control，库存管理。保证库存物资经济合理。

40. JIT，just in time，准时化。

41. Just-In-Time purchasing，准时化采购。严格按照规定时间采购到货。

42. Job design，工作设计。是对工作内容、工作职能和工作关系的设计。

43. Job order，工票。工作任务单的一种形式。

44. Job shop，工艺专业化生产。按照工艺原则布置形式组织的生产。

45. Johnson-Bellman's rule，约翰逊-贝尔曼规则。以减少加工过程中的空闲时间为目标的一种作业排序方法。

46. Labor quota，劳动定额。规定时间内的生产任务量。

47. Late start time，最迟开始时间。某项活动可能最迟的开始时间。

48. Maintenance，维护保养。为保持设备性能进行的检查、修理等工作。

49. Make to order，订单式生产。按订单需求生产。

50. Make to stock，库存式生产。根据市场预测按计划生产，用库存成品满足客户需求。

51. Mass production，大量生产。品种少、产量大、生产重复程度高的生产。

52. Material consumption quota，材料消耗定额。生产某种产品规定的材料消耗数量。

53. Material management，物料管理。从供应商管理开始，保证物料满足企业的需求。

54. MPS，master production schedule，主生产计划。将综合生产计划在产品出产时间和品种规格上具体化的生产计划。

55. MRP，material requirements planning，物料需求计划。各种物料需要的时间与数理的计划。

56. Network Planning Technology，网络计划技术。用于工程项目的计划与控制的一项管理技术，包括关键路径法（CPM）与计划评审法（PERT）。

57. OM，operations management，运作管理。对服务系统的管理。

58. Operation capability，运作能力。一定时间内能够提供服务的数量。

59. PDCA cycle，PDCA 循环。指 plan（计划）、do（实施）、check（检查）和 action（行动），持续改进工作质量的工具。

60. PERT，program/project evaluation and review technique，计划评审技术。运用反映项目活动之间关系的网络图制定项目计划和进行项目控制以达到节约时间和资源目的的一项管理技术。

61. Price-break order quantity，批量折扣订货量。批量大有价格折扣。

62. Process flow，工艺流程。从原料到制成成品安排的各项工序顺序。

63. Process layout，工艺原则布置。将能够完成相同工艺特点的设备布置在一起。

64. Process sheet，工艺路线卡。零件在整个加工过程中所要经过的路线。

65. Product layout，产品原则布置。按照加工工艺顺序布置设备。

66. Product quality，产品质量。在生产过程中产品质量指符合质量标准的程度。

67. Production and operations management，生产运作管理。对产品生产过程和服务过程的管理。

68. Production and operations，生产运作。出产有形产品为生产，提供无形产品为运作，合称生产运作。

69. Production capacity，生产能力。一定时间内能够生产产品的数量。

70. Production control，生产控制。控制生产活动符合生产计划要求。

71. Production cycle time，生产周期。从原材料投入到成品出产的时间过程。

72. Production lead time，生产提前期。指产品在各工艺阶段投入或者出产时间到产品完工入库经过的全部时间。

73. Production management，生产管理。对生产系统的管理。

74. Production planning and scheduling，作业计划。用来组织完成日常生产活动的计划。

75. Production system，生产系统。将材料转换成产品的体系，这个体系包括人、机器设备等。

76. Productive process，生产过程。从投料开始到最终产品出产的过程。

77. Productivity，生产率。单位投入的产出量。

78. Project management，项目管理。对项目的管理。

79. Project，项目。把一次性完成的复杂任务看作项目。

80. P 模型，fixed-time period model，定期订货模型。按照预先确定的周期补充库存。

81. Quantity on hand，现有库存量。当前满足市场需求后的库存量。

82. Q 模型，fixed-order quantity model，定量订货模型。按照预先确定的数量补充库存。

83. Raw materials，原材料。买来用于加工产品的材料。

84. Route card，工序卡。每道工序的操作方法和要求。

85. SCR，smallest critical ration，紧迫性优先规则。优先选择紧迫性强的工件加工。

86. Seqencing，排序。对作业对象安排顺序。

87. Simplex production，单件生产。数量少、重复性低的生产。

88. SMART，指 specific（明确性）、measurable（可衡量性）、attainable（可实现性）、relevant（相关性）和 time-bound（时限性）。

89. SPT，shortest processing time，最短作业时间优先规则。优先选择加工时间最短的工件加工。

90. SST，shortest slack time，最小松弛时间优先规则。松弛时间等于距离交货日期的剩余时间与工件加工剩余时间之差，差值时间最小的任务优先加工。

91. Standard of scheduled time and quantity，期量标准。为有效组织生产活动，对生产数量和生产期所规定的标准。

92. Standard time，标准时间。完成某项工作的规定时间。

93. Store management，仓库管理。收发仓库物资，并防止库存损坏控制结存数量的工作。

94. Technics card，工艺卡。零部件的每一个工艺阶段的加工整体说明。

95. Time study，工作研究。是改进作业流程和操作方法达到更高工作效率的技术。

96. Time-cost optimization，时间-费用优化。在节约费用的情况下达到项目工期最短。

97. Time-resource Optimization，时间-资源优化。在工期内使资源使用均衡。

98. TQM，total quality management，全面质量管理。以质量为中心全员参与的质量管理。

99. Transportation model，运输表法。表格的行列地址按顺序对应，用来在 M 个"供应源"和 N 个"目的地"之间的任务分配，使得成本最小。

100. Trial method，试算法。一种通过尝试计算得出满意结果的方法。

101. Visual management，目视管理。利用视觉感知信息来进行现场管理的活动。

102. Work factor，工作要素。工作中不能再分解的最小动作单位。

103. Work in process，在制品。未完工的产品。

104. Work instruction，作业指导书。指导操作者作业的说明书。

105. Work measurement，作业测定。对实际完成的工作所需时间的测量。

106. Working place，工作地，作业场所。

主要参考文献

[1] 程国平. 2017. 生产运作管理. 2 版. 北京：人民邮电出版社.

[2] 程灏，杨堉鑫. 2009. 生产运作管理. 北京：经济科学出版社.

[3] 崔斌. 2009. 生产运作管理. 北京：中国人民大学出版社.

[4] 但斌. 2004. 大规模定制——打造 21 世纪企业核心竞争力. 北京：科学出版社.

[5] 方爱华. 2009. 生产与运营管理. 武汉：武汉大学出版社.

[6] 黄安心. 2013. 企业班组现场管理. 武汉：华中科技大学出版社.

[7] 刘宝权. 2012. 设备管理与维修. 北京：机械工业出版社.

[8] 刘帆，李前兵. 2008. 人力资源开发与管理. 北京：北京师范大学出版社.

[9] 刘丽文. 2011. 生产与运作管理. 4 版. 北京：清华大学出版社.

[10] 潘艾华. 2011. 生产运营管理理论与实务. 北京：北京交通大学出版社.

[11] 许兆祥. 汪政. 2011. 生产与运作管理. 2 版. 北京：机械工业出版社.

[12] 杨明. 2012. 人力资源管理实务全书. 北京：人民邮电出版社.

[13] 于淑娟，王生云. 2011. 生产与运作管理. 北京：中国水利水电出版社.

[14] 张晓芹，黄金万. 2015. 采购管理实务. 北京：人民邮电出版社.

[15] 朱春瑞. 2008. 做优秀的设备管理员. 广州：广东经济出版社.

更新勘误表和配套资料索取示意图

（1）登录人邮教育社区（www.ryjiaoyu.com），注册后可下载本书配套学习资料。

（2）教师，请进入"我的账户"点击"教师服务－教师认证"申请教师认证（注意信息填写要完整），后台人员根据您的申请进行审批，完成认证后可下载本书部分教学资料。

（3）选书教师、用书教师（即将本书指定为学生用教科书的教师）可参考示意图中的提示在站内给编辑留言或通过QQ602983359向编辑咨询，以获取本书全部资料下载权限。

（4）扫描"更新勘误及意见建议记录表"内的二维码可查看现有的"更新勘误记录表"和"意见建议记录表"，如发现本书及资料中存在任何不妥，望指正！（联系邮箱：13051901888@163.com）

更新勘误及意
见建议记录表

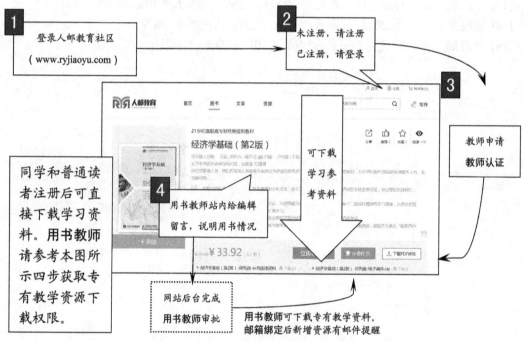

1 登录人邮教育社区
（www.ryjiaoyu.com）

2 未注册，请注册
已注册，请登录

3 教师申请
教师认证

可下载
学习参
考资料

同学和普通读者注册后可直接下载学习资料。用书教师请参考本图所示四步获取专有教学资源下载权限。

4 用书教师站内给编辑留言，说明用书情况

网站后台完成
用书教师审批

用书教师可下载专有教学资料。
邮箱绑定后新增资源有邮件提醒

本丛书部分已出版教材推荐

更多教材请登录人邮教育社区（www.ryjiaoyu.com）搜索

书名（作者）	书 号	特 点 简 介
管理学基础（第3版）（季辉）	978-7-115-50742-6	正文内有丰富的课堂互动栏目，二维码链接网络学习资源；提供课件、视频教学案例、习题答案、试卷、阅读资料等
管理学基础(第2版)(李海峰)	978-7-115-50335-0	以二维码链接视频案例、专业文章、自测试卷等；提供课件、课程标准、教学体会、实训说明、文字与视频案例、参考答案、习题集、试卷等
人力资源管理（第2版）（吴少华）	978-7-115-44162-1	二维码链接新闻、案例等；案例阅读与分析、实战演练等形式促进边学边练；提供课件、课程标准、实训指导、答案、案例和试卷等
生产运作管理（微课版）（王肇英）	978-7-115-46701-0	以二维码链接生产运作动画、视频实例等，以实例解读为依托展开理论知识、操作技能的学习；提供课件、课程标准、答案、教学动画、试卷等
电子商务基础（第2版）（白东蕊）	978-7-115-49698-0	涉及跨境电商、微信运营等新内容，以二维码链接视频案例、专业文章、自测试卷等；提供课件、实训指导、文字与视频案例、试卷等
公共关系理论与实务（吴少华）	978-7-115-38147-7	二维码链接案例、视频等网络资源；提供课件、课程标准、答案、案例和试卷等
经济学基础（第3版）（邓先娥）	978-7-115-51553-7	数百实例解读经典理论，百余二维码链接网络学习资源；提供课件、答案、阅读资料、课程标准、文字与视频案例、试卷等
统计基础与实训（微课版）（邓先娥）	978-7-115-49217-3	以二维码链接操作演示视频、案例视频，统计技能与Excel操作融为一体；提供课件、课程标准、课程标准、视频及文字案例、演示操作视频、答案、基础数据、试卷等
会计基础与实务（第4版）（杨桂洁）	978-7-115-51448-6	山东省潍坊市第二十次社会科学优秀成果二等奖；原始凭证单独成册，方便裁剪；以二维码链接视频等学习资源；提供课件、课程标准、答案、试卷等
财务管理实务（杨桂洁）	978-7-115-50115-8	符合项目式教学理念，配有实训素材、习题等，以二维码链接动画或新闻视频、案例等；提供课件、课程标准、补充习题、试卷等
财务会计（第2版）（贾永海）	978-7-115-39292-3	提供课件、课程标准、教学做一体化训练参考答案；学练结合，重点突出课堂练习及课后实训环节，配有"教学做一体化训练"
成本会计（上、下册）（第3版）（徐晓敏）	978-7-115-48967-8	提供课件、课程标准、习题及实训答案、试卷；实训部分单独成册，方便使用
会计综合实训（第3版）（甄立敏）	978-7-115-49752-9	校企合作开发，根据企业会计的实际情况布置教材内容；凭证单独成册；提供课件、课程标准、答案、电子备份文件等

书名（作者）	书　号	特点简介
国际贸易理论与实务（张燕芳）	978-7-115-48236-5	以二维码链接视频、高清图等；理论简洁，实务安排与外贸工作过程相同；提供课件、大纲、答案、文字案例、视频案例、试卷、单据样本等
国际贸易实务（第3版）（张燕芳）	978-7-115-44060-0	以二维码链接真实业务单据高清照片；提供课件、课程标准、答案、补充习题集、教学案例、试卷等
报检与报关实务（第3版）（熊正平）	978-7-115-52410-2	以二维码链接相关法规、贴近实际操作的高清单证实物照片，后台文档将随时更新；提供课件、课程标准、视频案例、答案和试卷等
商品基础知识与养护技能（于威）	978-7-115-44647-3	百余组课堂讨论、案例分析，八个自学实训+两个综合实训，九十余个二维码链接网络资源；提供课件、实训资料、答案、试卷等
经济法实务（第3版）（王琳雯）	978-7-115-50741-9	近200个案例，近200道习题+补充习题，扫描二维码可查看法律条文和案例等；提供课件、课程标准、答案、视频案例和试卷等
金融法理论与实务（第3版）（罗艾筠）	978-7-115-50129-5	"十二五"职业教育国家规划教材，省级精品资源共享课程配套教材；提供课件、课程标准、答案、文字与视频案例、实训指导、试卷等
金融学概论（第2版）（郭晖）	978-7-115-47097-3	时事、案例提升学习兴趣，视频、图例拓展阅读空间；提供课件、答案、视频案例、试卷等
证券投资实务（孟敬）	978-7-115-43069-4	以二维码链接更多学习资源，学练结合提高学习效果；涵盖证券从业资格考试知识点；提供课件、课程标准、文字与视频案例、试卷等
保险基础与实务（第3版）（徐昆）	978-7-115-49308-8	"十二五"职业教育国家规划教材，校企合作开发，与职业资格证书考核内容和专业岗位要求相衔接；提供课件、文字与视频案例、答案、试卷和实训资料等
商务礼仪　案例与实践（王玉苓）	978-7-115-46646-4	内含实践与训练指导，即学即练；高清彩图、视频案例，边学边看；提供课程标准、课件、视频及文字案例、试卷等
人际关系与沟通技巧（第2版）（龙璇）	978-7-115-52404-1	数十组实训寓教于乐，百余实例开启思考讨论大门，近百二维码链接视频片段、文字案例等；提供课件、课程标准、实训指导手册、答案、补充教学案例集等